ARBEITEN AUS DEM INSTITUT FÜR AFRIKA-KUNDE

— 55 —

Barbara Rocksloh-Papendieck

Frauenarbeit am Straßenrand
Kenkeyküchen in Ghana

INSTITUT FÜR AFRIKA-KUNDE
im Verbund der Stiftung Deutsches Übersee-Institut

Rocksloh-Papendieck, Barbara :
Frauenarbeit am Straßenrand :
Kenkeyküchen in Ghana / Barbara Rocksloh-Papendieck.
Hamburg : Institut für Afrika-Kunde, 1988.
 (Arbeiten aus dem Institut für Afrika-Kunde ; 55)
 ISBN 3-923519-75-3

VERBUND STIFTUNG DEUTSCHES ÜBERSEE-INSTITUT

Das Institut für Afrika-Kunde bildet mit anderen, überwiegend regio-
nal ausgerichteten Forschungsinstituten den Verbund der Stiftung
Deutsches Übersee-Institut.
Dem Institut für Afrika-Kunde ist die Aufgabe gestellt, die gegen-
wartsbezogene Afrikaforschung zu fördern. Es ist dabei bemüht, in
seinen Publikationen verschiedene Meinungen zu Worte kommen
zu lassen, die jedoch grundsätzlich die Auffassung des jeweiligen
Autors und nicht des Instituts für Afrika-Kunde darstellen.

Hamburg 1988
ISBN 3-923519-75-3

I

INHALT Seite

Verzeichnis der Tabellen

Verzeichnis der Abbildungen

Vorbemerkung

Mais hat sich in den letzten Jahrzehnten zum überwiegenden Grundnahrungsmittel im südlichen Ghana entwickelt.[1] Er wird zu verschiedenen Gerichten verarbeitet, hauptsächlich jedoch zu Kenkey, in Mais- oder Plantainblätter eingewickelten Klößen. Der Kenkey ist das Brot des südlichen Ghana, und hat eine
ebenso symbolische Bedeutung wie "unser täglich Brot" in Europa. Sein Preis gilt
wie anderswo der Brotpreis als Maßstab der Lebenshaltungskosten.[2]

Frauen betreiben zwischen 80 und 95% aller Marktstände in Accra .[3] Sie bringen die Waren der landwirtschaftlichen oder gewerblichen Hersteller (oder vom
Importeur) an den Verbraucher, tragen sie dabei in großen Mengen zusammen
und teilen sie wieder in handliche Portionen auf, vermitteln nach Mengen und
Kosten zwischen Erzeuger und Verbraucher und dienen daneben beiden, Lieferanten wie Abnehmern, als Kreditquelle.[4] Andere verarbeiten die Ware, etwa
den Mais, und kochen Essen für den Weiterverkauf. Die Märkte und Straßen wim-
meln von Garküchen und Imbißbuden. Arbeiter, Angestellte, Schulkinder und die
Marktfrauen selbst, sie alle nehmen hier ihre Mahlzeiten ein.

Der Mais, im Gegensatz zur Hirse, ist kein ursprünglich afrikanisches Getreide
und der Maiskloß, der Kenkey, folglich kein ursprünglich afrikanisches, kein
häusliches, sondern ein vermarktetes Gericht. Nicht die Dorf- sondern die
Stadtbevölkerung verzehrt ihn; nicht die Bäuerin stellt ihn her, sondern die
Kenkeyfrau in ihrem Kleingewerbe. Das war auch schon vor 400 Jahren so. Auf
welchen Wegen und warum der Mais an die Goldküste kam und auf welche

---

[1] Dovlo, Florence E. 1970. *Maize in the Ghanaian Diet. Special Report on Local Foods.*
Accra: Food Research Institute. S. 1: "The National Food and Nutrition Survey (1962) found
out that maize furnished between 90 and 95% of the total calories in the diet of the people in
the coastal plains." Vgl. auch Lawson, Rowena. 1966. *Changes in Food Consumption on
the Lower Volta, 1954-1965.* Accra: University of Ghana. Studies in Rural Economic
Growth (2). S. 6: "By comparing the foods consumed in 1954 with 1965 ... consumption of
maize and maize foods increased by 70 % by 1965."

[2] Robertson, Claire C. 1984. *Sharing the Same Bowl. A Socioeconomic History of Women and Class in Accra, Ghana.* Bloomington: Indiana University Press S. 111: "The price
of kenkey in Accra has always been a political football of sorts.... For instance, in 1922 the
Ga Mantse had the gong-gong beaten around Accra warning the kenkey sellers to increase
the size of the balls."

[3] Vgl. Nypan, Astrid. 1960. *Market Trade: A Sample Survey of Market Traders in Accra.*
Accra: University College of Ghana. African Business Series (2). S. 14.

[4] Mintz, Sidney W. 1971. Men, Women and Trade. *Comparative Studies in Society and
History* 13. S. 248 f.

Weise sich der Kenkey zum Standardgericht entwickelte, beschreibe ich in Kapitel 2. - Wie die Frauen ihren Kenkey heutzutage herstellen und vertreiben, wie sie leben, wirtschaften und sich organisieren, ist das Thema der drei weiteren Kapitel. Jedes geht der Frage auf seine eigene Weise nach: Kapitel 3 basiert auf einer Befragung von 46 Kenkeyküchen in einem früheren *Ga*-dorf und heutigen Stadtteil von Accra; Kapitel 4 berichtet von meiner Arbeit mit drei Kenkey-betrieben von 1983 bis 1987. Im 5. Kapitel erzählen zwei Kenkeyfrauen ihre Lebensgeschichte.

Ohne das explizit selbst zu wollen, denn mir selbst reicht es hin, Arbeit und Leben der Kenkeyfrauen historisch und empirisch nachzuzeichnen, ist eine solche Arbeit notwendig in einen theoretischen Diskurs eingebettet, der, ausdrücklich oder versteckt, die eigenen Vorbegriffe, Fragen, Deutungsmuster und Antworten prägt. "Die Berichte über das soziale Leben wilder Völker, aus denen die frühen Anthropologen ihre Schlüsse zogen", sagte Evans-Pritchard 1955, "stammten in aller Regel von Männern; von Männern aus der Mittelschicht, häufig mit evangelischem Hintergund...die Elle, mit der sie den Status der *wilden* Frau maßen, [waren]...ihre eigenen Mütter und Schwestern. Ihre Beobachtungen knüpften Anthropologen zusammen, die im großen und ganzen der gleichen Klasse angehörten und die sich zudem als progressive Denker an der Speerspitze gegen die letzten Festen des Aberglaubens und der herkömmlichen Vorrechte befanden."[5] Es reicht ja nicht hin, weder evangelisch noch Mann zu sein, sondern als Frau über Frauen zu schreiben, um vor den Scheuklappen der eigenen Projektionen gefeit zu sein. Insofern ist eine einleitende Auseinandersetzung mit drei sich überlappenden und vielfach verquickten Themenbereichen unerläßlich: Leben und Arbeit von Frauen in Westafrika, Frauen und Entwicklung und *Informeller Sektor*.

Seit dem Herbst 1982 lebe ich zusammen mit meinem Mann und meinem Sohn in Ghana. Aus Neugierde gegenüber den ghanaischen Frauen, die ich so ganz anders erlebte als mich selbst, ist diese Arbeit zwischen dem Herbst 1983 und dem Herbst 1987 aus freien Stücken, ohne finanzielle Unterstützung und ohne institutionelle Einbindung entstanden. Die Kenkeyfrauen waren meine geduldigen Lehrerinnen. Zwei von ihnen, Ellen Tamakloe und Felicia Sowah, haben mir darüber hinaus ihre Lebensgeschichten erzählt. Ihrem Vertrauen fühle ich mich besonders verpflichtet. Felicity Dzeble hat mich auf vielen meiner Wege zu den Kenkeyfrauen begleitet und dabei klug zwischen unseren Welten vermittelt.

Dem Vorteil der Nähe zu Ort und Gegenstand der Untersuchung über so viele Jahre, steht der Nachteil weiter Entfernung von der wissenschaftlichen Diskus-

---

5 Evans-Pritchard, E .E. 1965. *The Position of Women in Primitive Societies and other Essays in Social Anthropology.* London: Faber & Faber. S. 38 f.

3 *Soziologie Prof.*

sion gegenüber. Gerade zu Anfang haben mir die kritische und verständnisvolle Durchsicht der von mir verschickten Papiere, noch tastender Versuche zumeist, viel geholfen. Briefe, gelegentliche Gespräche, gemeinsame Spaziergänge während kurzer Aufenthalte in Deutschland und England, die Kontakte zu Bertha Schäfke, Ruth Kriss-Rettenbeck, Renate Rott und Jürgen Gräbener haben mich, ebenso wie Gespräche mit Detlef Kantowsky ermutigt, meinen Ansatz weiterzuverfolgen. Der historische Teil ist im Britischen Museum entstanden. Adam Jones, der das Kapitel sorgfältig durchsah, verdanke ich viele wertvolle Anregungen. Beatrice Ampaw hat die Arbeit gründlich Korrektur gelesen. Ohne die ständige Auseinandersetzung mit Henner Papendieck und ohne seine kritische Unterstützung wäre die Arbeit so nicht entstanden. Ihm und meinem Sohn Wieland, der vor allem in den letzten Monaten mit viel Geduld dem Ende der Arbeit entgegensah, gilt mein Dank.

1 Von Frau zu Frau

1.1 Vom Alltag ausgehen

"Wir müssen uns völlig darüber im klaren sein, was wir erklären wollen, bevor wir anfangen, es zu erklären" schreibt Sherry Ortner und benennt die drei Ebenen der Frauenforschung, wie sie sie wahrnimmt:

1. Den universellen, kulturell festgeschriebenen Zweit-Klassen-Status der Frau in jeder Gesellschaft. Was spricht für diese universelle Tatsache und, einmal nachgewiesen, wie läßt sie sich erklären?

2. Von Kultur zu Kultur variierenden, spezifischen Ideologien, Symbolisierungen und soziokulturellen Arrangements, die Frauen betreffen. Wie läßt sich das je vorgefundene kulturelle Gefüge aus Faktoren erklären, die dieser Gruppe eigen sind? Die klassische Frage der Sozialanthropologie.

3. Details tatsächlicher Arbeit, Beiträge, Macht und Einfluß von Frauen stehen oft im Widerspruch zur kulturellen Ideologie. Dies ist die Ebene der direkten Beobachtung, die feministisch orientierte Anthropologen heute anstreben.[6] Ortner!
Diese dritte ist, um es gleich zu sagen, die Ebene meiner Untersuchung: "Wie ordnen und bewerten Frauen diese 'chaotische natürliche' Sphäre, die ihnen zugeordnet ist?"[7] Die universelle Frage nach der Herkunft kultureller Genus-Asymmetrie[8] steht für mich ebensowenig im Vordergrund wie die nach der geschlechtsspezifischen Arbeits- und Rollenverteilung zwischen Frau und Mann.[9] "Die hat, wie alle grundlegenden Institutionen viele Facetten. Innerhalb jeder einzelnen Gesellschaft ist sie Bestandteil des ideologischen Systems, der wirtschaftlichen Organisation, des täglichen Familienlebens und oft zugleich der politi-

---

[6] Vgl. Ortner, Sherry B. 1974. Is Female to Male as Nature is to Culture? In: Rosaldo, Michelle Z.; Lamphere, Louise (Hrsg.) 1974. *Woman, Culture and Society*. Stanford: Stanford University Press. S. 68 f. Die einschlägige Literatur ist überwiegend in englischer Sprache geschrieben. Um die Einleitung nicht mit einer Fülle von englischen Zitaten zu belasten, habe ich alle Auszüge, die im Text erscheinen, übersetzt. Eigene Übersetzungen mache ich deshalb nicht an jeder einzelnen Stelle kenntlich, die zitierten Titel weisen vielmehr auf sie hin.

[7] Blair, Juliet. 1981. Private Parts in Public Places: The Case of Addresses. In: Ardener, Shirley (Hrsg.) 1981. *Women and Space.*London: Croom Helm. S. 207.

[8] Rosaldo, Michelle Z. 1980. The Use and Abuse of Anthropology: Reflections on Feminism and Cross-Cultural Understanding. *Signs* 5 (3). S.395:"...the anthropological record seems to feed our fear that sexual asymmetry is...a deep primordial sort of truth."

[9] Ich stimme mit Edna Bay überein, die schreibt: "..the Western-oriented question of women's status vis-à-vis men's is, in the African tradition, largely irrelevant. Women's achievements are effectively measured by separate scales..." Bay, Edna G. (Hrsg.) 1982.*Women and Work in Africa*. Colorado: Westview Press. Einleitung, S. 7.

schen Struktur".[10] Meine Arbeit trägt zu dem Thema bei, soweit es um die wirtschaftliche Organisation und das tägliche Familienleben geht. Männer kommen fast nur in den von einzelnen Kenkeyfrauen erzählten Lebensgeschichten vor.

Mich überzeugt die von Denise Paulme schon 1960 bezogene Position: das Verhältnis von Frau zu Mann in der afrikanischen Gesellschaft ist weder über-, noch untergeordnet, sondern schlicht anders und komplementär.[11] Deshalb müssen wir uns mit dem Alltagsleben der Frauen und den Dingen auseinandersetzen, die sie wirklich berühren und beschäftigen. - Wie läßt sich Alltag erfassen? Tatsächlich sagen uns die für quantitative Studien geeigneten Daten nicht viel über die Erfahrungen von Frauen.[12] Meine vierteilige Herangehensweise versucht, diesem Dilemma zu entgehen.

"Was wir erfahren, hängt von unseren Deutungsmustern ab, die naturgemäß unser Denken einschränken; was wir in Erfahrung bringen *können*, wird von der Art der Fragen bestimmt, die wir zu stellen lernen".[13] Die Fragen bestimmen die Methoden. Das klassische Interview hat sich als ungeeignetes Mittel erwiesen. Solange es mir nicht gelang, die Befragte aus ihrer Rolle der meinem Wissensdurst Untergeordneten zu befreien, ließ sich nichts Wesentliches in Erfahrung bringen.[14] Die von Edwin Ardener unterstellte *mangelnde Ausdrucksfähigkeit* von Frauen ist eher ihrer mangelnden Neigung und Eignung zu solcher Art Unterordnung geschuldet[15].

---

[10] Guyer, Jane J. 1980. Food, Cocoa and the Division of Labour by Sex in Two West African Societies. *Comparative Studies in Society and History* 22 (3). S. 356.

[11] Vgl. Paulme, Denise (Hrsg.) 1971 (1960). *Women of Tropical Africa*. Berkeley: University of California Press. Vorwort S. 6. Siehe auch Hafkin, Nancy J.; Bay, Edna G. (Hrsg.) 1976. *Women in Africa*. Stanford: Stanford University Press. S. 3: "The publication of *Femmes d'Afrique noire*, which appeared in English three years later as *Women of Tropical Africa*... set the stage for a new phase in the study of African Women."

[12] Vgl. Dex, Shirley. 1985. *The Sexual Division of Work. Conceptual Revolutions in the Social Sciences*. Brighton. S. 14.

[13] Rosaldo, Michelle Z. 1980. S. 390.

[14] Dex, Shirley. 1985. S. 14 f.: "Interviewers define the role of interviewees as subordinates; extracting information is more to be valued than yielding it; the convention of interviewer-interviewee hierarchy is a rationalisation of inequality; what is good for interviewers is not necessarily good for interviewees."

[15] Ardener, Edwin. 1975. Belief and the Problem of Women. In: Ardener, Shirley (Hrsg.) 1975. *Perceiving Women*. London: Malaby Press.S. 1: "...the problem that women present to social anthropologists... falls into (1) a technical and (2) an analytical part.", und S. 2.: "It is the very inarticulateness of women that is the technical part of the problem they present."

Frauenarbeit und -leben ist das Thema meiner Arbeit. Die Kenkeyfrauen können uns "kein Modell einer Gesellschaft als einer Einheit vermitteln, die Männer ebenso umgreift wie Frauen, sondern ein Bild..., in dem Frauen und Natur außerhalb von Männern und Gesellschaft vorkommen."[16] Ich nahm Kontakt zu den Frauen auf, um mich "mit ihnen in besonderer Weise zu unterhalten", wie Yvonne Verdier das so schön umschreibt.[17] Da ich ihre eigenen Sprachen nicht spreche, fiel das, sofern sie kein Englisch konnten, schwerer - dennoch: die Gespräche wurden uns allmählich zu einer festen Gewohnheit und ich nahm mir vor, die Frauen ohne äußeres Raster "beim Wort zu nehmen". Der weitgehend auf meinen Arbeitstagebüchern basierende Teil über meine Erfahrungen mit Kenkeyfrauen in Madina spiegelt meine subjektive Einstellung wider und macht meine Irritationen und Zweifel deutlich.[18] - Bei den Lebensgeschichten habe ich, obwohl sich die Entäußerung auf mich bezog und ich als Gegenüber die Auswahl und Darstellungsweise beeinflußte, darauf verzichtet, anhand meiner Fragen ihren Entstehungsprozeß offenzulegen und sie wissenschaftlich zu *verarbeiten*, um dem Leser die Frische und Authentizität zu vermitteln[19], wie ich sie in der beeindruckenden Biographie der *Baba of Karo* vorgefunden habe.[20]

1.2 Der Stand der Forschung

"Frauen in vielen Teilen der Region (West-Afrika) fallen Außenstehenden als ungewöhnlich unabhängig auf, dies gilt besonders für den Bereich der Vermarktung. Und doch gab die traditionelle Sozialstruktur ausschließlich Männern die Macht ... Männer standen auch an der Spitze der kolonialen wie der postkolonialen Gesellschaften; aber weiter unten in der Hackordnung zeigen die Frauen viel stärkeres Durchsetzungsvermögen als westliche Hausfrauen... Daraus ergibt sich ein faszinierendes Bild, das einige der besten anthropologischen Arbeiten über Genusbeziehungen ausgelöst hat."[21] Die gleiche Faszination gab auch

---

[16] Ardener, Edwin. 1975. S. 3.

[17] Verdier, Yvonne. 1982. *Drei Frauen. Das Leben auf dem Dorf.*Stuttgart: Klett-Cotta. S.10.

[18] Nadig setzt sich mit dem Phänomen der Gegenübertragung intensiv auseinander. Vgl. Nadig, Maya. 1986. *Die verborgene Kultur der Frau. Ethnopsychoanalytische Gespräche mit Bäuerinnen in Mexiko.*Frankfurt: Fischer Taschenbuch Verlag. S. 36 f.

[19] Bataille, Gretchen M.; Mullen Sands, Kathleen. 1984. *American Indian Women. Telling Their Lives.* Lincoln: University of Nebraska Press. S. vii: "Indian women's autobiographies offer, in both *methodology* and *content*, an intimate look into the lives of these women." Das gilt auch für die Kenkeyfrauen. Die Methode der Darstellung selbst weiht uns in ihre Denkweise ein.

[20] Smith, M. F. 1963. *Baba of Karo: A Woman of the Moslem Hausa.* New York: Praeger.

[21] Hart, Keith J. 1985. The Social Anthropology of West Africa. *Annual Review of An-*

mir den Anstoß, mich mit den Kenkeyfrauen auseinanderzusetzen.

Keith Hart, Margaret Strobel und Jane Guyer haben in jüngeren Aufsätzen den Stand der sozialanthropologischen Forschung über Frauenarbeit in Westafrika gebündelt dargestellt. In einem historischen Überblick über die Entwicklung und den Stand der Sozialanthropologie in Westafrika stellt Keith Hart für die Periode seit 1970 fünf Schwerpunkte in den Vordergrund, von denen drei in unserem Zusammenhang eine Rolle spielen: die Abkehr von dem traditionellen sozialanthropologischen Gegenwartsempirismus, der die Geschichte nur in ihrer Manifestation im zeitgenössischen Glauben und Handeln rezipierte; den Aufstieg der Entwicklungsstudien: soziologische und ethnographische Arbeiten, die sich ausdrücklich mit (entwicklungs-)politischen Optionen auseinandersetzen, und schließlich eine mit Esther Boserups Arbeit eingeleitete Flut von Studien über die geschlechtsspezifische Arbeitsteilung, bzw. über Frauenarbeit.[22]

In ihrem Forschungsbericht über afrikanische Frauen benennt Margaret Strobel in dem Teil über *produktive und reproduktive Arbeit* einige der zentralen Topoi in der Debatte über die geschlechtsspezifische Arbeitsteilung, nur zu zweien kann und soll meine Arbeit beitragen: dem Abdriften eines kleinen Teils der Frauen als ungelernte Arbeiterinnen in städtische Sekundärindustrien und zu der Rolle von Frauen im städtischen Kleinhandel, der aus dem dörflichen hervorging.[23] - Mir geht es nämlich nicht um die Frage, warum die Kenkeyherstellung Arbeit von Frauen ist, die scheint mir hinlänglich geklärt, denn die Zubereitung von Nahrungsmitteln, ganz gleich, ob im häuslichen oder gewerblichen Zusammenhang, war und ist Frauenarbeit[24] insbesondere bei den nicht ursprünglich afrikanischen, sondern eingeführten Feldfrüchten.[25] Beschäftigen wird uns dagegen,

---

thropology 14. S. 262 f.

[22] Boserup, Esther.1970. *Woman's Role in Economic Development*. New York: St. Martin's Press. Vgl. Hart, Keith J. 1985. S. 243 - 272.

[23] Strobel, Margaret. 1982. African Women. *Signs* 8 (1) S. 109-131.

[24] Meillassoux, Claude. 1976. *Die wilden Früchte der Frau. Über häusliche Produktion und kapitalistische Wirtschaft*. Frankfurt. S. 95: "Ganz allgemein obliegt den Gattinnen in den landwirtschaftlichen Gesellschaften die Zubereitung der Nahrung, die Verarbeitung der landwirtschaftlichen Produkte, um sie verzehrbar zu machen. Die landwirtschaftliche Produktion bleibt *fruchtlos*, wenn sie nicht einer Gattin übergeben werden kann, die den metabolischen Zyklus des Lebensunterhalts vollenden soll."

[25] Guyer, Jane J. 1984. Naturalism in Models of African Production. *Man* 19 (3). S. 375: "The important distinction [in der geschlechtsspezifischen Arbeitsteilung] is not between roots and cereals but between old and new staples. Yam, millet, sorghum and rice are ancient staples in Africa, whereas maize and cassava were imported from the New World in the sixteenth century. None of the old staples was monopolised by female labour; the indivi-

wieweit Frauen in Kenkey- oder anderen Garküchen verarbeiten und/oder ver-
markten, was ihre Ehemänner als Bauern anbauen, als Fischer fangen oder als
Fahrer/Fuhrunternehmer transportieren, und welchen Veränderungen dieses
Verhältnis unterworfen ist.

Jane Guyer behandelt den Einzug der Konzepte *Haushalt* und *Gemeinschaft*
in die Analyse afrikanischer Systeme, die zuvor fast ausschließlich unter den sta-
tischen Aspekten von *kinship* und *chieftaincy* untersucht wurden. Die klassische
Erklärung lokaler Formen allein aus ihren sozialen und natürlichen Umwelt-Be-
dingungen verlagert sich zu Deutungen, die deren Stellenwert innerhalb regio-
naler, nationaler und internationaler Strukturen stärker berücksichtigen. Dieser
Trend spielt für meine Arbeit keine so große Rolle, wohl aber der zweite von ihr
benannte: der Trend weg von der Einordnung lokaler Formen in synchrone oder
evolutionäre Raster hin zu einem Verständnis von Veränderungsprozessen, die
in gewissem Maße unbestimmbar bleiben. Die von ihr dargestellten Ablösungs-
prozesse und Forschungstrends finden wir auch bei den über die Goldküste und
Ghana vorliegenden Arbeiten wieder. Die Frage nach *Kontinuität* und *Wandel*
bestimmt die Diskussion weiterhin; nach dem Beharrungsvermögen alter sozialer
und kultureller Formen unter dem Einfluß auseinanderstrebender Kräfte.[26] -
Diesen Ansatz haben vor allem soziologische Arbeiten vorangetrieben, die sich
mit den neuen Problemen der Urbanisierung, der Migration, städtischer Schich-
tenbildung[27] u. ä. auseinandersetzen. Die optimistischen Obertöne, welch be-
freiende Wirkung der rasante Wandel auslöse[28], haben sich rasch verloren.[29]

---

duated and female pattern of work is recent, not primordial, and associated with a cereal,
maize, as well as a root crop, cassava."

[26] Vgl. Guyer, Jane J. 1981. Household and Community in African Studies. *African Studies Review* 24 (2/3). S. 88.

[27] Vgl. Peil, Margaret. 1975. Female Roles in West African Towns. In: Goody, Jack
(Hrsg.) 1975. *Changing Social Structure of Ghana.*London: International African Institute.
S.73-90. - Sudarkasa, Niara. 1977. Women and Migration in Contemporary West Africa.
In: The Wellesley Editorial Committee (Hrsg.) 1977. *Women and National Development.
The Complexities of Change.* Chicago: The University of Chicago Press. S. 178-189. -
Oppong, Christine. 1974. *Marriage Among a Matrilineal Elite.* Cambridge: Cambridge
University Press.

[28] Little, Kenneth. 1973. *African Women in Towns.*Cambridge: Cambridge University
Press. S. 180: "Irrespective of how their traditional role is construed, African women are
now on the march... In fact, urbanization and the women's efforts to alter their position go
hand in hand..." - Gugler, Josef; Flanagan, William G. 1978. *Urbanization and Social
Change in West Africa.* Cambridge: Cambridge University Press. S.138: "Women are pro-
bably better off in town than in rural areas in terms of relative female-to-male position". -
Vgl. auch: Southall, Aidan (Hrsg.) 1965 (1961). *Social Change in Modern Africa.* London:
Oxford University Press.

Erste Untersuchungen über Märkte und Marktfrauen in Ghana blieben rein quantitativ und leblos[30]. "Allzuviele Afrikastudien behandeln die Händlerinnen als eine undifferenzierte Masse. Es ist irreführend, Frauen, die auf der Straße Stück um Stück Orangen verkaufen, mit den Marktfrauen zusammenzuwerfen, die importierte Textilien in großen Mengen vertreiben", schrieben Roger und Lani Sanjek, und boten eine Klassifizierung von Händlerinnen in vier Gruppen als das Ergebnis ihrer Untersuchung über Marktfrauen in Adabraka, Accra.[31] Niara Sudarkasas Studie aus den 60er Jahren über Yoruba Händlerinnen weist auf die Verbindung von selbständigem Handel und physischem Bewegungsraum hin. Wieweit eine Händlerin ihren Handelsradius ausdehnen kann, ist abhängig von ihrem Alter, Ehestatus, aber vor allem von dem Alter der Kinder, für die sie Sorge trägt. Erfolgreicher Handel birgt persönliche Freiheiten, über Zeit und Geld ungefragt zu verfügen.[32] - Eine neuere Untersuchung über Asante Marktfrauen in Kumasi beschreibt deren ungewöhnlichen Spielraum an sozialen Beziehungen auf dem Markt und im Familienverband, den Zugriff auf die Arbeitskraft von Verwandten, auf Haus- und Landbesitz.[33] - Parallelen zu Leben und Arbeit der Kenkeyfrauen fand ich in Claire Robertsons Untersuchung über *Ga*-Händlerinnen in Ussher Town, einer der ältesten Gegenden von Accra.[34]

---

[29] Pellow, Deborah. 1977. *Women in Accra. Options for Autonomy.* Algonac, Michigan: Reference Publications. S. 26: " Women are far more dependent on men in the city than they are in the village".

[30] Vgl. Nypan, Astrid. 1960. - Ebenso: McCall, Daniel F. 1962. The Koforidua Market. In: Bohannan, Paul; Dalton, G. (Hrsg.) 1962. *Markets in Africa.* Evanston, Ill.: North-Western University Press. S. 667-697. In unserem Zusammenhang bleiben die rein wirtschaftlichen Marktuntersuchungen aus den 1960er Jahren ohne Bedeutung. - Vgl. Reusse, Eberhard; Lawson, Rowena. 1969. The Effect of Economic Development on Metropolitan Food Marketing: a Case Study of Food Retail Trade in Accra. *East African Journal of Rural Development* 2 (1). - Lawson, Rowena. 1971. The Supply Response of Retail Trading Services to Urban Population Growth in Ghana. In: Meillassoux, Claude (Hrsg.) 1971. *The Development of Indigenous Trade and Markets in West Africa.* London: Oxford University Press. S. 377-395.

[31] Sanjek, Roger; Sanjek, Lani Morioka. 1976. Notes on Women and Work in Adabraka. *African Urban Notes* 2 (2).S. 1-26. Ihre Einteilung in *working class traders* (zu denen sie u.a. die Kenkeyfrauen rechnen), *small traders, middle traders* und *business traders* führt analytisch m. E. nicht weiter.

[32] Sudarkasa, Niara. 1973. *Where Women Work. A Study of Yoruba Women in the Marketplace and in the Home.* Ann Arbor: University of Michigan Press.

[33] Clark, Gracia C. 1983. *The Position of Asante Women Traders in Kumasi Central Market, Ghana.* Ph. D. Thesis, Cambridge.

[34] Robertson, Claire C. 1984. Ihre methodische Herangehensweise unterscheidet sich gründlich von meiner: "The 1971-72 survey yielded direct or indirect information from 252

Das Konzept des *Haushalts* als Einheit, die über wirtschaftliche Mittel verfügt und gemeinsame Entscheidungen über deren Verwendung fällt, stammt aus der Analyse des bäuerlichen Lebens. MacCormack spricht vom *residential compound* als der Basiseinheit der Produktion.[35] Das Konzept trägt für Afrika nicht ohne Probleme. Über Menschen mit so hoher Mobilität, die kommen und gehen, auf Besuch, zu Geschäften oder saisonal wandern, lassen sich Daten über einen längeren Zeitraum kaum konsistent zusammentragen. Schon 1954 berichtet Bohannan von "Compounds, die eine Woche von Kindern wimmelten und eine Woche fast kinderlos erschienen".[36] Deshalb finden wir auch in den meisten Arbeiten Versuche, den *Haushalt* zu definieren, etwa "der Haushalt ist die Einheit um den Kochtopf, Haushaltsmitglieder sind alle, die aus diesem Kochtopf essen."[37] - Wir werden es mit Kenkeyküchen zu tun haben, die definitorisch und analytisch ähnliche Probleme bereiten, zu ihnen zählen eben nicht nur alle, die helfen, den Kenkey herzustellen, sondern auch die, die ihn als Mitglieder des Haushalts verzehren. Anregungen für meine Untersuchung sind deshalb eher von dörflichen und subsistenz-orientierten Studien zu erwarten, wie sie etwa Jette Bukh, und Lynne Brydon vorgelegt haben. Sie zeichnen denn auch ein differenzierteres Bild von der wachsenden ökonomischen Unabhängigkeit der Frauen: indem sie sie weniger als Privileg , als eine zweischneidige Tatsache darstellen, denn die Frauen sind durch traditionelle Verantwortung für Kinder, Haushalt und den bäuerlichen Betrieb gebunden. Aus ihren Untersuchungen läßt sich ermessen, mit welcher Erfindungsgabe die Frauen versuchen, ihren sozialen wie neuen und erweiterten wirtschaftlichen Verpflichtungen nachzukommen.[38]

---

heads, or younger volunteers, concerning some 2900 persons. These results, as well as those from subsequent surveys, were computerized." (S. 19) Intensive Interviews führten sie und ihre Assistenten mit 72 Frauen. "The final procedure with this group of women was the choice of eight of the best ones in terms of cooperativeness and quality of memory to be further interviewed. These eight women were asked to tell us the stories of their lives in their own terms." (S. 21).

[35] MacCormack, Carol. 1982. Control of Land, Labor, and Capital in Rural Southern Sierra Leone. In: Bay, Edna G. (Hrsg.) 1982. *Women and Work in Africa*. Boulder, Colorado: Westview Press. S. 36. - Haushalts-*Surveys* sind in Ghana die Ausnahme geblieben, vgl. Dutta-Roy, D. K.; Mabey, S. J. 1968. *Household Budget Survey in Ghana*. Legon: ISSER, Technical Publications Series (2).

[36] Bohannan, Paul. 1954. *Tiv Farm and Settlement*. London: Her Majesty's Stationery Office. S. 4.

[37] Bukh, Jette. 1979. *The Village Woman in Ghana*. Uppsala: Scandinavian Institute of African Studies. S. 42.

[38] Vgl. Bukh, Jette. 1979. - Brydon, Lynne. 1976. *Status Ambiguity in Amedzofe-Avatime: Women and Men in a Changing Patrilineal Society*. Ph. D. Thesis, Cambridge. - Bry-

1.3 Frauen und Entwicklung

Der Schwerpunkt der durch die Weltfrauendekade ausgelösten Forschung lag in Afrika auf *Entwicklung*, ein Begriff der etwa in Ghana völlig ungebrochen benutzt wird; die ghanaische Regierung rief zur Eröffnung der Dekade den *National Council on Women and Development* ins Leben, der Frauenforschung und -projekte koordinieren soll.[39] Proklamiertes Ziel war und blieb bis heute die *Integration*: "Der Bedarf nach beschleunigter und vollständiger Integration der Frauen in den Entwicklungsprozeß kann in dieser Zeit gar nicht überbetont werden..."[40]

In der Reihe *Women's Studies International Forum* erschien 1985 ein Sonderdruck: "The UN Decade for Women, an international evaluation". Vierzig Frauen aus ebensoviel Ländern, Angehörige von Forschungszentren und Netzwerken, waren dazu eingeladen, die Auswirkungen der Dekade in ihrem eigenen Land und für ihre eigene Arbeit zu beschreiben und auszuwerten. Der Teil über Afrika erschien nicht : keine der angeschriebenen afrikanischen Frauen war der Einladung gefolgt.[41] In ihrem Vorwort bedauert Georgina Ashworth diesen Umstand umsomehr, weil Forscher häufig übersähen, wie sehr die Frauen in den meisten Ländern Afrikas bereits um das nackte Überleben kämpfen müßten; denn ihre Situation habe sich mit der wirtschaftlichen Entwicklung und zunehmenden Integration Afrikas in den Weltmarkt nicht verbessert, sondern verschlechtert. -

don, Lynne. 1983. Avatime Women and Men, 1900-80. In: Oppong, Christine (Hrsg.) 1983. *Female and Male in West Africa*. London: Allen & Unwin. - Vgl. auch Mikell, Gwendolyn. 1984. Filiation, Economic Crisis and the Status of Women in Rural Ghana. *Canadian Journal of African Studies* January 84. S. 195-218.

[39] Der *National Council on Women and Development* wurde am 21. April 1975 gegründet. Mit welchem Enthusiasmus sich die Elite der ghanaischen Frauen der Aufgabe widmete, belegt ein Sammelband, der auf 350 Seiten 17 verschiedene Aufsätze zu Themen wie *women's contribution to home and society, women's health* und *women's employment* enthält. Dieser Band war als Materialsammlung für ein Seminar über *Ghanaian Women in Development* im September 1978 gedacht. Die Ergebnisse (Protokolle und vereinbarte Verfahren) erschienen in zwei Bänden: National Council on Women and Development. 1978. *Proceedings of the Seminar on Ghanaian Women in Development (4th-8th September 1978)*. Accra.

[40] Erklärte z.B. Aana Enin, Mitglied des *People's National Defence Council*, in Accra zur Eröffnung des fünften Treffens des westafrikanischen Regionalkomitees für die Integration der Frauen in den Entwicklungsprozeß. *West Africa* 6.04.1987. No. 3630. S. 692.

[41] Women's Studies International Forum. Special Issue. 1985. *The UN Decade for Women. An international evaluation*. Oxford: Pergamon Press. Vgl. Editorial von Georgina Ashworth, S. 93 -99.

Die ökonomisch meßbaren Vorteile wirtschaftlichen Wachstums sind dispro-
portional den Männern zugekommen und haben die Arbeitsbelastung der Frauen
verschärft.[42] Im Zuge der Verarmung übernehmen Frauen Arbeiten, die nicht in
die traditionelle Geschlechterrolle hineinpassen. Die einst "kulturell eingebunde-
ne Segregation"[43] der Frauen geht mit der Zerstörung der ihr ehemals zugehö-
rigen Subsistenzwirtschaft unwiederbringlich verloren.

"Die Ausklammerung der Frauen (aus dem Entwicklungsprozeß) gründet auch in
dem 'unsichtbaren' Wesen der Frauenarbeit", vermutet Noeleen Heyzer, "ein
großer Teil weiblicher Erwerbstätigkeit bleibt innerhalb der Grenzen des Haushalts, und es ist oft schwer, Arbeit für den eigenen Haushalt von der Arbeit für den
Markt zu trennen. Hinzu kommt: Traditionell gilt der Mann als Haushaltsvor-
stand".[44] Ob die Produkte einer Frau ihren Weg auf den Markt finden, gilt als der
entscheidende Prüfstein ihrer Erwerbstätigkeit, obgleich es doch in den Ländern
der Dritten Welt nur wenige Frauen geben dürfte, die nicht innerhalb ihrer eigenen Gemeinschaft Essen, handwerkliche Erzeugnisse oder Dienstleistungen im
Tauschverhältnis anbieten. Viele verkaufen gegen Bargeld vom eigenen Hof aus,
ohne je einen Markt zu betreten. [45]

Diese systematischen Verzerrungen führen zu wirklichkeitsfremden Ergebnissen:
so gelten 80 % der mexikanischen Frauen nach den offiziellen Statistiken als

[42] Mona Etienne weist für die Baules (Elfenbeinküste) nach, wie durch koloniale Anreizsy-
steme bereits in den 1920er Jahren der Anbau von Baumwolle für die industrielle Garnferti-
gung diese im traditionellen System reine Frauendomäne nun plötzlich zu einer der Männer
wird. Etienne, Mona. 1980. Women and Men, Cloth and Colonization. In: Etienne, Mona;
Leacock, E. (Hrsg.) 1980. *Women and Colonization*. New York. S. 214-238.

[43] Illich, Ivan.1983. *Genus. Zu einer historischen Kritik der Gleichheit*. Reinbek bei
Hamburg: Rowohlt. S. 176. Fußnote 48. Einzelne Forscher(innen) ziehen stark in Zweifel,
wieweit es die von manchen westlichen Gelehrten unterstellte *Genus*-Gleichberechtigung
(Komplementarität) in afrikanischen Völkern je gegeben habe, und stellen dem entgegen: kapitalistische Entwicklung und die übernommenen westlichen Wertvorstellungen hätten zuvor
schon existierende Formen männlicher Dominanz nur verschärft, aber nicht begründet. Vgl.
u.a. Rosaldo, Michelle Z. 1980. S. 389-417.

[44] Heyzer, Noeleen. 1986.*Working Women in South-East Asia. Development, Subordination and Emancipation*. Philadelphia: Open University Press. S. 4.

[45]*Unsichtbar* bleiben die Frauen für die offiziellen Statistiken durch die Art, in der Regie-
rungen Frauen erfassen. Vgl. Boulding, Elise. 1983. Measures of Women's Work in the
Third World: Problems and Suggestions. In: Buvinic, Mayra u. a. (Hrsg.) 1983. *Women
and Poverty in the Third World*. Baltimore: The Johns Hopkins University Press. S. 287.
Als besonders "troublesome" bezeichnet die Autorin die Ausgrenzung aller jungen Frauen
und Mädchen unter 15 und aller Frauen über 65 Jahre in die Kategorie der Nicht-Erwerbstä-
tigen. Wir werden sehen, wie wenig das die Wirklichkeit der Kenkeyfrauen trifft.

economically inactive.[46] Die Netzwerke von Markt- und tatsächlichen Austauschbeziehungen bleiben verborgen. Im übrigen gilt hier wie anderswo: "die weibliche Arbeit, wie ungesichert und technologisch rückständig sie auch sein mag, ist unabdingbar für das tägliche Überleben der Familie."[47]

Die Diskussion um Frauen im Entwicklungsprozeß bewegt sich auf zwei Ebenen: Die Sozialanthropologen, Ethnologen und Soziologen interessieren die mittel- und langfristigen Folgen des Modernisierungsprozesses. Sie haben keine raschen Rezepte zur Hand, wie sich solche Prozesse revidieren ließen. Die Entwicklungspolitiker gebrauchen die häufig viel kurzfristigeren Lösungsvorschläge. Meine Arbeit hat mit diesem zweiten entwicklungspolitischen Ansatz zwar auch, aber nur am Rande zu tun.

1.4 Unstrukturierte Garküchen?

Die entwicklungspolitische Diskussion subsumiert seit den frühen 1970er Jahren kleingewerbliche Frauenarbeit in Städten der Dritten Welt ganz eindeutig unter dem Begriff *Informeller Sektor.* Keith Hart hat ihn im Jahre 1971 in einer Studie über Ghana gemünzt.[48] Wieweit trägt er in unserem Zusammenhang? Was kann er analytisch bieten? - Der in Abgrenzung zum formellen Sektor gebildete Begriff entstand zu einem Zeitpunkt, als sich Studien über Entwicklung und Beschäftigungspolitik in der Dritten Welt von den Arbeitslosen und Unterbeschäftigten ab- und den *working poor*, den arbeitenden Armen also, zuwandten.[49] Da es um Beschäftigungspolitik ging, zielte der Begriff zunächst allein auf den formellen bzw. informellen Charakter der Beschäftigung ab.[50] Diesen opera-

---

[46] Vgl. Arizpe, Lourdes. 1977. Women in the Informal Labor Sector: The Case of Mexico City. In: The Wellesley Editorial Committee (Hrsg.) 1977. *Women and National Development. The Complexities of Change.* Chicago: The University of Chicago Press. S. 28.

[47] Cutrufelli, Maria R. 1983. *Women of Africa: Roots of Oppression.* London: Zed Press. S.111. Siehe auch: Rott, Renate.1986. Frauen im Entwicklungsprozeß. In: Schwefel, Detlef (Hrsg.) 1986. *Soziale Wirkungen von Projekten in der Dritten Welt.* Berlin: Nomos Verlag. Schriftenreihe der Deutschen Stiftung für Internationale Entwicklung. S. 61: "Das Gros der Frauen ist in allen Gesellschaften voll in den Arbeitsprozeß integriert worden, ohne ihre harte Arbeit wäre das Überleben von Gesellschaft nicht möglich gewesen."

[48] Hart, Keith J. 1973. Informal Income Opportunities and Urban Employment in Ghana. *Journal of Modern African Studies* 11 (1).S. 61-89.

[49] Vgl.u.a. Moser, Caroline O. N. 1978. Informal Sector or Petty Commodity Production: Dualism or Dependence in Urban Development? *World Development* 6 (9/10). S. 1041-1064.

[50] Das Gegensatzpaar bildeten Lohnarbeit versus selbständige Erwerbstätigkeit. Zum *formellen Sektor* zählten alle Betriebe, die Arbeitskräfte auf dauerhafter und regulärer Basis für

tional kaum verwendbaren Sammelbegriff beschreibt eine Länderstudie der ILO über Kenia zum ersten Mal mit genaueren Merkmalen: leichter Zugang, Verwendung einheimischer Resourcen, familieneigener Besitz, kleingewerblicher Umfang, arbeitsintensive und angepaßte Technologie, außerhalb des formalen Schulsystems erworbene Fertigkeiten, nicht regulierter, wettbewerbsintensiver Markt.[51]

Sethuraman legte 1976 einen bis heute im wesentlichen geltenden Merkmalskatalog vor, nach dem Betriebe im Fertigungsgewerbe zum *informellen Sektor* zählen, wenn sie acht kumulative Bedingungen erfüllen: Zehn oder weniger Personen beschäftigen (einschließlich Teilzeit- und Gelegenheitsarbeiter), auf illegaler Basis operieren (d.h. im Gegensatz zu Regierungsverordnungen), Haushaltsangehörige des oder der Gewerbetreibenden beschäftigen, sich nicht an feste Stunden oder Wochentage halten, in halb-dauerhaften oder vorübergehenden räumlichen Verhältnissen oder als Wanderbetriebe arbeiten, keinen elektrischen Strom im Herstellungsprozeß verwenden, für ihren Kreditbedarf nicht von offiziellen Kreditinstituten abhängen, ihre Erzeugnisse in der Regel direkt an den Endverbraucher bringen, und wenn ihre Beschäftigten zum überwiegenden Teil die Regelschule weniger als sechs Jahre besucht haben.[52] Schon seine Formulierungen 'in aller Regel', 'überwiegend' usw. zeigen: aus operationalen Gründen zieht er willkürliche Grenzen, die sich bei näherer Betrachtung teils als unsinnig erweisen, für die Kenkeyfrauen z.B. wären die Merkmale 'nicht mehr als zehn Personen', 'keine festen Stunden oder Wochentage', oder 'in vorübergehenden räumlichen Verhältnissen' größtenteils nicht zutreffend; teils von falschen Voraussetzungen ausgehen, etwa wenn er von einer 'illegalen Basis' spricht. Denn tatsächlich arbeiten die Kenkeyfrauen nicht illegal, sondern in einer vom Staat weitgehend losgelösten Sphäre. Jüngere Studien äußern an diesen operationalen Kriterien denn auch starke Zweifel[53]. Deshalb gibt es schon seit geraumer Zeit Versuche, innerhalb des *informellen Sektors* weitere Sektoren zu unterscheiden, insbesondere zwischen dem *intermediate sector* und der *community of the poor*.[54]

---

einen festgesetzten Lohn beschäftigten. Der *informelle Sektor* umfaßte alle anderen Erwerbs- und Beschäftigungsformen, insbesondere solche, die neuen Zuwanderern in den Städten Brot und Arbeit boten.

[51] International Labour Office. 1972. *Employment, Income and Equality: A Strategy for Increasing Productive Employment in Kenya.* Genf.

[52] Sethuraman, S. V. 1976. The Urban Informal Sector: Concept, Measurement and Policy. *International Labour Review* 114 (1). S. 69-81. Vgl. Anhang S. 81.

[53] Vgl. Oyeneye, Olatunji Y. 1984. The Contribution of the Informal Sector to Industrial Skill Training in Nigeria. *Genève-Afrique* 22 (1). S. 55-70.

[54] Vgl. u.a. Steel, William F. 1977. *Small-Scale Employment and Production in Developing Countries, Evidence from Ghana.* New York. S. 9ff. sowie House, William. 1984.

Andere, deren Meinung ich durchaus teile, setzen mit ihrer Kritik weit grundsätzlicher an: "Angesichts seiner Komplexität ist es unsinnig und unfruchtbar, den informellen Sektor und seine Merkmale zu definieren... er existiert nur in seiner Abgrenzung zum formellen Sektor, ist also dessen Nebenprodukt; sein Aktionsfeld wie seine nützlichen Funktionen werden ihm von der dominanten Ökonomie zugewiesen. Es scheint deshalb weder angezeigt, weiterhin von einem *informellen* oder *nicht-strukturierten* Sektor zu sprechen, noch von zwei Sektoren überhaupt, mit welchen Namen man sie auch immer belegen mag...".[55]

Obgleich im *informellen Sektor* weit mehr Frauen als Männer arbeiten[56] und Frauen in modernen Berufen (Büroangestellte, Lehrerinnen, Krankenschwestern etc.) in der Dritten Welt nur einen kleinen Bruchteil aller erwerbstätigen Frauen ausmachen[57], fällt auf, welch geringen Stellenwert Frauenarbeit in den jüngeren Fallstudien über den *informellen Sektor* einzelner afrikanischer Städte einnimmt, die sich in aller Regel auf die als besonders dynamisch vermuteten technischen Kleinbetriebe konzentrieren. Auch eine über Ghana vorliegende jüngere Studie des *informellen Sektors* geht an den Frauen und dem sozialen Gefüge ihrer kleingewerblichen Beziehungsnetze vorbei[58]. - Im Hinblick auf Ghana könnte der Begriff der *second economy*, dessen also, was gemeinhin als Schwarzmarkt bezeichnet wird, möglicherweise weiterführen, lenkt aber in unserem Zusammenhang eher ab, weil er im wesentlichen illegale und kriminelle Transaktionen beinhaltet, während die Kenkeyfrauen ja wahrlich sowohl historisch wie nach den Bedürfnissen, die sie abdecken, die *first economy* darstellen.[59] - Für unsere Fragen nach Arbeitsalltag und sozialem Netzwerk kleinge-

Nairobi's Informal Sector: Dynamic Entrepreneurs or Surplus Labor? *Economic Development and Cultural Change* 32 (2).S. 277-302, vor allem S. 298 f.

[55] Barampama, Angelo. 1984. Secteur non structuré en Afrique: Cacophonie de la survie et lueurs d'espoir. *Genêve-Afrique* 22 (1). S. 37-45. An dem französischen Ausdruck *non structuré* wird übrigens noch deutlicher als an dem englischen *informal* , wie weit der Begriff, an der von ihm zu bezeichnenden sozialen Wirklichkeit vorbeigeht, die - wie sich zeigen wird - alles andere als unstrukturiert ist.

[56] Vgl. Bardouille, Raj. 1980. The Sexual Division of Labor in the Urban Informal Sector: A Case Study of Lusaka. In: Woldring, Klaas; Chibaye, Chibwe (Hrsg.) 1980. *Beyond Political Independence*. New York: Mouton Publishers. S. 161-182, insbesondere S. 172 ff.

[57] Vgl. Jones, Gavin W. 1984. Economic Growth and Changing Female Employment Structure in the Cities of Southeast and East Asia. In: *Women in the urban and industrial workforce, Southeast and East Asia*. Camberra: The Australian National University. (s. Tabelle 2.11).

[58] Vgl. Burchards, Eckehard. 1983. *Strukturen und Funktionen des informellen Sektors in Ghana*. Hamburg: Institut für Afrika-Kunde.

[59] Vgl. MacGaffey, Janet. 1983. How To Survive And Become Rich Amidst Devastation:

werbetreibender Frauen in Ghana bietet der Sammelbegriff *informeller Sektor* und das um ihn herum entwickelte Instrumentarium von Klassifikationen und Fragestellungen nichts. Die vorliegende Arbeit will deshalb zu ihm weder methodisch beitragen, noch sich mit ihm auseinandersetzen.

The Second Economy in Zaire. *African Affairs* 82 (326). S. 351-366.

2 Frauen, Mais und Klöße an der Goldküste

Spätestens seit der Mitte des 19. Jahrhunderts, so belegen zeitgenössische Quellen, ist der Mais das Hauptanbauprodukt im Süden des heutigen Ghana, der damaligen Goldküste.[1] Welche Gerichte die Bewohner der Goldküste aus Mais zubereiteten, hat der königlich-dänische Oberarzt Paul Erdmann Isert Ende des 18. Jahrhunderts im Detail beschrieben:

"Die Strandneger bauen den türkischen Weizen [Mais] überflüssig. Die Weiber reiben ihn auf einem schräg liegenden Stein, mit einem andern walzenförmigen, fast wie unsere Mahler die Farbe; sie feuchten das Korn allezeit zuvor mit Wasser an, reiben es zu einem feinen Teige, lassen es die Nacht hindurch gähren, und backen den Morgen darauf in einem großen liegenden Topf (Bojang) der mit Lehm beschlagen ist, Brod daraus, das fast den Geschmack wie unser Roggenbrod hat. Oder sie nehmen einen Löffel voll von dem fließenden Teige, werfen ihn in eine Pfanne mit kochenden Palmöle, und lassen ihn darin zu einem Kuchen backen, die hier unter dem Namen Fettkuchen bekannt sind. Oder auch sie wickeln den Teig in die Blätter der türkischen Weizenähren, kochen ihn in einem Topfe mit Wasser, wie einen Pudding, und nennen es alsdann Kummy, Kankis der Europäer. Diese Sorte ist ihr ursprünglich Brod... "[2]

Die Beschreibung, wie der Mais verarbeitet wird, könnte von heute sein, wenn er auch meist nicht mehr von Hand gemahlen wird. In den letzten 180 Jahren hat sich an dem Herstellungsprozeß nichts Wesentliches verändert. Wenn wir nach der Herkunft des Kenkey fragen, können wir uns deshalb auf die rund 350 Jahre

---

[1] In seinem Jahresbericht für das Jahr 1846 schreibt Lieutenant Governor Winniett für die Gegend um Accra: "The quantity of land generally under cultivation in any one year may be stated as follows: 28.000 acres producing 1.100.000 bushels of maize, 24.000 acres producing yams, 20.000 acres producing cassava, and 15.000 acres producing plantains. These products are of excellent quality." Lieut.-Governor Winniett's Report.(To accompany the "Blue Book" for the year 1846). In: Crooks, J. J. (Hrsg.) 1923. *Records Relating to the Gold Coast Settlements from 1750 to 1874*. Dublin. S.306. - Cruickshank nennt um die gleiche Zeit für die Region um Cape Coast Mais, Yams, Cassava, Erdnüsse, Kochbananen und Bananen als Hauptanbauprodukte und führt zum Mais aus: "They do not seek to cultivate more than is necessary for their annual consumption, but if a demand is made upon them for corn for exportation, they are eager to raise it for sale, and have the means of giving a large supply." Cruickshank, Brodie. 1853. *Eighteen Years on the Gold Coast of Africa*. London. Bd.1. S. 274.

[2] Isert, Paul Erdmann. 1790. *Neue Reise nach Guinea und den Caribäischen Inseln in Amerika, in den Jahren 1783 bis 1787 nebst Nachrichten von dem Negerhandel in Afrika*. Berlin und Leipzig. S.170.

von der Mitte des 15. Jahrhunderts bis zum ausgehenden 18. Jahrhundert beschränken.

Die Herkunft des Kenkey ist untrennbar mit der Frage verknüpft, woher der Mais stammt. Nach herrschender Lehrmeinung haben die Portugiesen den Mais im ausgehenden 16. Jahrhundert nach West-Afrika gebracht.[3] Dieser Lehrmeinung haben Wissenschaftler seit längerem eine andere Hypothese entgegengestellt, so u.a. Carl Ortwin Sauer. Er bezweifelt die gängige Verbreitungsgeschichte: von Mittelamerika nach Spanien und Portugal und von dort weiter nach Asien und Afrika, insbesondere wegen der unterstellten rasanten Verbreitungsgeschwindigkeit, und bietet als Alternative an: die Portugiesen hätten ebensogut den Mais von West-Afrika nach Europa bringen können, und zwar nicht erst in den letzten Jahren des 15. Jahrhunderts (Columbus brachte ihn 1494 von seiner zweiten Reise mit), sondern bereits ab ca. 1450 im Zuge ihrer Entdeckungsfahrten über den Senegal hinaus.[4] - Vor diesem Hintergrund fragt sich : Woher kam der Mais? Warum und wie breitete er sich aus? Welche Rolle spielte dabei der Sklavenhandel? Wer bereitete ihn wie zu? Auf welche Weise schließlich wurde der Kenkey zum weitverbreiteten Standardgericht an der Goldküste?

2.1 Die historischen Quellen

Zwischen 1590 und 1850 sind in europäischen Sprachen wohl an die 100 Beschreibungen von Guinea[5] im allgemeinen oder der Goldküste[6] im beson-

---

[3] Das klingt bei S.Michaelis:" Zu Beginn des 16. Jahrhunderts gelangte er [der Mais] durch die Portugiesen nach West-Afrika und fand dort ebenfalls eine rasche Verbreitung" , Michaelis, S. 1984. Mais, Heimat und Verbreitung. In: Franke, Gunther (Hrsg.) 1984. *Nutzpflanzen der Tropen*. Leipzig. Bd.2. S.70; nicht anders als bei F.R. Irvine: "The maize or corn plant is of American origin, but it is now widely grown in the tropics and sub-tropics and is one of the main foods of West Africa." Irvine, F. R. 1953 (1934). *A Text Book of West African Agriculture Soils and Crops*. Oxford: Oxford University Press. S.82; oder bei Hopkins, Anthony G. 1973. *An Economic History of West Africa*.New York: Columbia University Press. S. 30.

[4] Sauer, Carl Ortwin. 1969 (1952). *Agricultural Origins and Dispersals. The Domestication of Animals and Foodstuffs*.Cambridge, Mass.: MIT Press. S. 165: "Maize was the staple food of the African slaves in Brazil. The inference is that maize was taken with the Negro slaves wherever the Portuguese went, to Brazil and to Portugal. It was available on the Coast of Guinea, the leading source of slaves; it was accustomed food for the coastal Negroes; it was more readily transported than yams and other roots; it was a main food crop on the sugar plantations. It may be, therefore, that some of the older maize varieties grown in Brazil were introduced from Africa."

[5] Guinea ist der Sammelbegriff für die westafrikanische Küste; vom heutigen Senegal (Gambiafluß) bis zum Kongo.

deren in gedruckter Form erschienen, die auf unmittelbarer Beobachtung basierten. Diese Beschreibungen stammen von Kapitänen, Offizieren, Ärzten, Kaufleuten oder Kommandanten der verschiedenen Guinea- oder Afrikakompanien der europäischen Kolonialmächte, später kommen die Berichte der Missionare hinzu.[7] Die im 18. Jahrhundert erscheinenden enzyklopädischen Sammlungen von Reisebeschreibungen drucken die Originalquellen nicht vollständig ab oder fassen sie synoptisch zusammen. Damit werden sie für Zwecke wie die unseren unbrauchbar.[8]

Die Qualität der Reiseberichte schwankt zum einen mit der Aufenthaltsdauer der Autoren, manche beschreiben einen Aufenthalt von wenigen Tagen, andere waren bis zu 18 Jahren an der Goldküste und haben in dieser Zeit viel gesehen, stärker jedoch mit der Fähigkeit des Autors zu beobachten, zu vergleichen, einzuordnen, zu analysieren und darzustellen. Den Alltag haben insbesondere vier Autoren lebendig eingefangen, deren Bücher im Zeitraum von rund zweihundert Jahren erschienen sind. Diese Berichte bilden das Grundgerüst unserer

---

6 Die Goldküste war der Küstenstreifen des heutigen Ghana, jedoch nur bis zur Voltamündung im Osten. "The Gold-Coast being part of Guinea, is extended about Sixty Miles, beginning with the Gold River three Miles West of Assine, or twelve above Axim, and ending with the Village Ponni seven or eight Miles East of Acra." Bosman, Willem. 1705. *A New and Accurate Description of the Coast of Guinea*. London. S.4. Bosman spricht hier von holländischen Meilen, die etwa vier englischen Meilen entsprechen.

7 Jones, Adam. 1983. Gedruckte Quellen für die Geschichte der Elfenbein- und der Goldküste, 1550 - 1750. In: Voßen, Rainer; Claudi, Ulrike (Hrsg.) 1983. *Sprache, Geschichte und Kultur in Afrika. Vorträge gehalten auf dem III. Afrikanistentag, Köln, 14./15. Oktober 1982.* Hamburg: Helmut Buske Verlag. S. 502: "Die Mehrzahl der Bücher über die Elfenbein- und die Goldküste wurde im 17. Jahrhundert auf niederländisch oder deutsch geschrieben. Danach wurde Englisch die Hauptsprache, und es gab einige auf französisch verfaßte Bücher. Viele Werke hatten jedoch eine große Verbreitung außerhalb ihres Ursprungslandes, da sie ins Lateinische, Französische, Holländische, Deutsche, Englische oder sogar Schwedische übersetzt wurden. Dank den Sammelwerken von Hakluyt(1589), Purchas (1624), Commellin (1645), Davity (1660) und Astley (1745) konnten Informationen über Westafrika einen ziemlich großen Leserkreis erreichen... Besonders auffällig ist der Mangel an portugiesischem Material. Die Portugiesen besaßen von 1471 bis 1593 im wesentlichen ein Monopol des europäischen Handels in dieser Region und blieben dort bis 1642 eine wichtige Macht. Aber es wurden vor 1750 nur zwei Originalwerke in portugiesischer Sprache veröffentlicht."

8 Purchas, Samuel. 1624. *Pilgrimes*. London. - Churchill, Awnsham John. 1732. *Collection of Voyages and Travels*. Buch 1-6. London. - Astley, Thomas (Hrsg.) 1745. *A New General Collection of Voyages*. London. - Schwabe, Johann Joachim. 1748. *Allgemeine Historie der Reisen zu Wasser und Lande, ... Durch eine Gesellschaft gelehrter Männer im Englischen zusammengetragen, und aus demselben ins Deutsche übersetzt.*

historischen Untersuchung, alle anderen haben ergänzende Funktion.

1. Der Holländer **Pieter de Marees**. Er bereiste zwischen 1596 und 1601 mehrfach die Goldküste. Über die Person de Marees ist wenig bekannt. Er ist der eigentliche Autor von: De Bry, Johann T. und Johann I. (Hrsg.) *Warhaftige historische Beschreibung des gewaltigen goltreichen Königreichs Guinea.* Frankfurt am Main, 1603.[9]

2. Der Deutsche **Wilhelm Johann Müller**. Er wirkte von Ende 1662 bis Anfang 1669 für die dänische Afrika Company als Hauskaplan auf der Friedrichs-Burg in der Nähe von Cape Coast. In seinem 1673 erschienenen Buch: *Die Africanische/Auff der Guineischen Gold-Cust gelegene Landschaft Fetu* finden sich detaillierte Beschreibungen des Lebensstils der Bewohner dieses Landstrichs.

3. Der Holländer **Willem Bosman**. Er lebte im ausgehenden 17. Jahrhundert 14 Jahre lang als "Chief Factor for the Dutch at the Castle of St. George d'Elmina." - Im Jahre 1705 erschien sein ursprünglich in holländischer Sprache geschriebenes Buch in englischer Übersetzung in London: *A New and Accurate Description of the Coast of Guinea. Divided into the Gold, the Slave, and the Ivory Coasts.*Seine gesammelten Erfahrungen hat er in diesem Buch nach Themen gebündelt und in 20 Briefen zusammengefaßt.[10]

4. Der königlich-dänische Oberarzt **Paul Erdmann Isert**. Seine *Neue Reise nach Guinea und den Caribäischen Inseln in Amerika, in den Jahren 1783 bis 1787, nebst Nachrichten von dem Negerhandel in Afrika* erschien 1790 in Berlin und Leipzig.[11]

---

[9] Eine neue englische Übersetzung ist 1987 erschienen: de Marees, Pieter. 1987. *Description and Historical Account of the Gold Kingdom of Guinea (1602).* Translated from the Dutch and edited by Albert van Dantzig and Adam Jones. London: Oxford University Press. Im Vorwort schreiben die Herausgeber auf S. xvi: " As a source for the early history of a particular region of West Africa, de Maree's book is virtually unrivalled. Although he appears to have been misinformed about certain minor matters, it is astonishing how much he managed to find out about the material culture, religious beliefs, political and social organisation, economic system and general life-style of the people of the Gold Coast."

[10] Seine Neigung zu beobachten und zu beschreiben erklärt Bosman in seiner Vorbemerkung: "I had always a longing desire to go and see what I read of in Books; and during my fourteen Years stay upon the Coast of Guinea, I had an opportunity of satisfying my desire there being few or scarce any places upon the Coast, where I have not stay'd for some time, and can now speak of with experience."- Verwiesen sei auch auf den 1967 erschienenen Nachdruck, der sich insbesondere durch ein Glossar auszeichnet: Notes to the 1967 Edition by J.D.Fage und R.E. Bradbury; sowie auf: van Dantzig, Albert. 1974. Willem Bosman's New and Accurate Description of the Coast of Guinea: How accurate is it? *History in Africa* 1. S.101-108; ebenso: van Dantzig, Albert. 1975 -1984. English Bosman and Dutch Bosman: a comparison of texts. *History in Africa* 2 (1975) bis 11 (1984).

[11] Vgl. auch: Winsnes, Selena. 1987. Voices from the Past: Remark on the Translation and

Im 20. Jahrhundert haben Historiker zuvor unveröffentlichte Quellen aus Manuskriptsammlungen und Staatsarchiven zusammengestellt und publiziert. Für unsere Untersuchung sind drei von Bedeutung:

1. Die vierbändige Quellenedition von **Elizabeth Donnan**: *Documents Illustrative of the History of the Slave Trade to America*. Bd.1: 1441-1700. Washington D.C. 1930. Bd. 2: The Eighteenth Century, Washington D.C.1931.
2. Die zweibändige Quellenedition von **John William Blake**: *Europeans in West Africa, 1450-1560*. Documents to illustrate the nature and scope of Portuguese enterprise in West Africa, the abortive attempt of Castilians to create an empire there, and the early English voyages to Barbary and Guinea. London, 1942.
3. Und die beiden in der Reihe "Studien zur Kulturkunde" erschienenen Quellenbände von **Adam Jones**: *German Sources for West African History 1599 - 1669*. Wiesbaden: Steiner, 1983. und *Brandenburg Sources for West African History 1680 - 1700*. Wiesbaden: Steiner, 1985.

Sie ergänzen unser Bild um Passagen aus Briefwechseln, Eintragungen in Logbücher, Tagebuchnotizen oder Handlungsanweisungen, etwa des jeweiligen europäischen Hofes an einen seiner Kommandanten oder der großen Kolonialgesellschaften an deren Faktoren oder Kapitäne.

2.2 Sprachgewirr

Bei dem Versuch, die Herkunft des Mais an der guineischen Küste zu klären, steht uns ein erhebliches Hindernis im Wege, ein Begriffs- und Sprachgewirr um die drei wesentlichen und teilweise verwechselbaren Getreidearten: Mais, Sorghum [Traubenhirse] und Millet [Kolbenhirse], auf das Carl Ortwin Sauer ganz ausdrücklich hinweist und das bereits mit der Ankunft des Mais in Europa begann.[12] Der Mais findet sich in den ersten gedruckten Enzyklopädien über

Editing of Published Danish Sources for West African History during the Eighteenth and Nineteenth Centuries. *History in Africa* 14. S. 275-285.

12 Peter Martyrius beschrieb ein Jahr nach Columbus Rückkehr aus Hispaniola im Jahre 1493 den Mais. Sauer, Carl Ortwin. 1969 (1952). S.156: "This grain is precisely like our Susubrian panicum, but is of the size of garden peas." Ebd. S. 160: "Peter Martyr gave positive testimony of maize in Granada prior to Columbus. This may be supported by a Catalan name Blat de Moro, Moorish wheat. Columbus brought maize from the West Indies, and may have given rise to the local name of panizo. Finally throughout Portugal (milho) and adjacent Spain (mijo), especially in Galicia (millo) and on into Gascony (milhoc) a name derived from milium was given to maize. This is also true of the Canaries and the Portuguese islands off the African coast." Ebd. S 164: "Milho has long since become the common name for maize in Portuguese, but Zaburro also continues to be its name or the name of a variety. Milho Zaburro seems to have been the earliest Portuguese name for maize and the name came

Pflanzen, in den Kräuterbüchern von Leonhardt Fuchs (1542) und Hieronymus Bock (1546)[13] als *Türckisch Korn* beschrieben und abgebildet. Die Pflanze unterschied sich deutlich von den heutigen, in West-Afrika gängigen Züchtungen mit zwei Kolben oder den Hybridvarietäten mit nur einem großen Kolben; sie macht einen etwas buschigen, weniger als mannshohen Eindruck und trägt drei bis vier Kolben.

"Sorghum-Hirsen sind im Habitus dem Mais ähnlich"[14], die Trauben können zu einem dichten Kolben zusammengezogen sein und aufrecht stehen, insofern wird verständlich, warum die beiden im unreifen Zustand kaum zu unterscheidenden Pflanzen aus den Quellen nur schlecht und häufig widersprüchlich zu identifizieren sind.[15] In dem Versuch zu bestimmen, welches Getreide sich hinter den oft ausführlichen Darstellungen unter den Namen *Welschkorn*, *Türckisch Korn*, *Türckischer Weizen*, *Indianischer Weizen*, *Indianisches Korn*, *Maiz*, *Milhio*, *Panizo*, *Zaburro* oder *Great Millet* verbirgt, geben häufig die Verwendung des Strohs oder die Lagerung des Getreides eindeutigere Hinweise als die Beschreibung der Körner nach Farbe oder Größe.

2.3 Woher kommt der Mais?

Pieter de Marees, dessen *Warhaftige historische Beschreibung des gewaltigen goltreichen Königreichs Guinea* zwischen 1602 und 1604 in mehreren deutschen und schließlich einer französischen und einer englischen Ausgabe erschien,[16] läßt nach seinen Reisen zwischen 1596 und 1601 keinen Zweifel:

"Diß Korn/ so von den Indianern Mays, von den Portugalesern oder Spaniern/ Indianischer Weitzen/ von den Italiänern aber Türckisch Korn genannt wirdt/ ist

out of the Guinea Coast. It was in use before the Portuguese colonisation of Brazil began. Milho de Guiné became the Portuguese name for maize in Brazil and elsewhere, to be applied in error in later years, especially in the English 'Guinea Corn', to sorghum."

13 Fuchs, Leonhardt. 1542. *Newes Kreüter Buch*. Bock, Hieronymus. 1546. *Kreüter Buch*.

14 Michaelis, S. 1984. S. 99.

15 Willett, Frank. 1962. The Introduction of Maize into West Africa: An Assessment of Recent Evidence. *Africa* 32 (1). S. 3: "The writers were not trained botanists, and even trained botanists - even maize-specialists - cannot distinguish immature maize from immature sorghum, except by a minute examination."

16 Das Buch wird selten nach dem Verfasser zitiert, sondern verwirrenderweise mal nach dem Herausgeber (de Bry), mal nach dem deutschen Übersetzer (Arthus), wohl auch deshalb, weil M. Gotthardt Arthus im gleichen Jahr eine gekürzte Ausgabe unter eigenem Namen veröffentlichte.

fast in der gantzen Welt bekannt. Es ist erstlich aus West Indien gen S. Thome gebracht/ und haben es hernach von S. Thome in diß Königreich Guinea, nach dem sie etlich Casteel und Festungen daselbst gebawet/ geführet/ auff daß sie dasselbige zu irer Notturfft möchten gebrauchen. Also haben es die Portugaleser daselbst anfänglich gesäet/ sintemal die Eynwohner für derselben Ankunfft dasselbe nit gekannt/ oder gehabt haben. Aber nach dem es die Portugaleser gesäet/ unnd unter die Eynwohner daselbst verkaufft und außgetheilet haben/ ist nun mehr das gantze Lande damit erfüllet/ und wirdt allenthalben überflüssig gefunden."[17]

Nun spricht zwar einiges dafür, einem der ersten ausführlichen Berichterstatter zu glauben, nur muß man sich vor Augen führen, das vermutete Ereignis lag auch bei Marees Ankunft an der Goldküste schon um rund einhundert Jahre zurück und seine Quelle bleibt er schuldig. Wir können deshalb vermuten, er hat die mündlich überlieferte Version aufgeschrieben. In jedem Fall legt seine Darstellung nahe, der Mais habe sich nach Ankunft der Portugiesen zumindest rasant verbreitet.- Folgen wir der herrschenden Lehrmeinung, wonach die Portugiesen den Mais in Westafrika einführten, so hätte dies erst etliche Jahre nach 1494 geschehen können. Carl Ortwin Sauer hat sich im Detail mit der *Entdeckung* des Mais auseinandergesetzt. Von Columbus schreibt er:

"Indian Corn he noted only once (December 6,1494), by the name panizo, and this was in Cuba. He did bring a sample back to Spain, which Peter Martyr heard was called maize. The latter planted some of the seed and from them gave our first description of the plant. A generation later Oviedo wrote the oft-cited account that the islanders grew maize to be used only as roasting ears and for parching the dry seeds. It was not a major foodstuff of the islands."[18]

---

[17] de Marees, Pieter. 1603. S. 77. Einhundert Jahre später äußert sich Bosman, Willem. 1705. S. 300, erheblich vorsichtiger und stellt auch dar, welcher Schluß ihm die Annahme plausibel macht, die Portugiesen hätten den Mais an der Goldküste eingeführt:"It is told me as Truth, that before the Portuguese came to this Coast, the Negroes subsisted themselves with these two Fruits (Jammes and Sweet Potatoes) and a few Roots of Trees; they being then utterly ignorant of Milhio, which was brought thither by that Nation. I am more strongly induced to believe this, because in the Promontary of Guinea there are at this time countries where no Milhio, or at least very little is cultivated: And the Inhabitants live on the two mentioned Fruits, but more especially Jammes."

[18] Sauer, Carl Ortwin. 1966. *The Early Spanish Main.*Berkeley: University of California Press. S.54 f. Peter Martyr selbst, der 1487 aus Mailand an den spanischen Hof gekommen war und den die entdeckte Neue Welt so faszinierte, daß er sich ganz und gar der wissenschaftlichen Arbeit verschrieb, gab eine ganz andere Darstellung, die sich in der ersten englischen Ausgabe von 1577 wie folgt liest: "They make also another kynde of bread of a certayne pulse, called Panicum, muche like unto wheate, whereof is great plentie in the Dukedome of Millane, Spayne, and Cranatum. But that of this countrey is longer by a spanne,

Coma, der Columbus auf seiner zweiten Reise begleitet hatte,[19] schreibt über den Mais:

"It is a grain of very high yield, of the size of the lupine (referring to the cultivated white lupine of the Mediterranean), of the roundness of the chick-pea, and yields a meal ground to a very fine powder; it is ground as is wheat and yields a bread of very good taste; many chew the seeds when in need of nourishment."[20]

Für einen Gelehrten wie Peter Martyr war der Mais vorrangig von naturwissenschaftlicher, für die Expeditionscorps dagegen von ganz praktischer Bedeutung.[21] Tatsächlich schlugen die Bemühungen, europäische Gemüse und Getreide unter tropischen Bedingungen anzubauen, in der Neuen Welt ebenso fehl wie an der westafrikanischen Küste, d.h. die Eroberer mußten sich von den Produkten des Landes selbst ernähren, da sie das notwendige Getreide für ihre eigene Ernährung nicht immer einführen konnten. Vor allem suchten sie aber nach lager- und transportfähigen Nahrungsmitteln und stießen dabei in erster Linie auf den Mais: "Cassava bread was unknown to Central America; instead, maize was ground to bake into cakes. When the ship biscuit had been consumed, the Spaniards had to depend on maize, which here was amply available to them."[22] Einige Jahre später hatte sich der Mais wahrscheinlich als das wesentliche

---

somewhat sharpe towarde the ende, and as bygge as a mans arme ... the graynes whereof are set in a marveylous order, are in fourme somewhat lyke a Pease, Whyle they be soure and unripe, they are whyte, but when they are ripe, they be very blacke, when they are broken, they be whiter then snowe: this kynde of grayne they call Maizium." Eden, Richarde. 1577. *The History of Travayle in the West and East Indies, and other Countreys lying Eyther Way.* London. Hier: The fyrst Booke of the Decades of the Ocean written by Peter Martyr of Angleria Milenoes ... S.10.

[19] Er war im Februar 1494 aus Hispaniola zurückgekehrt und beschrieb im Verlaufe des gleichen Jahres seine Erfahrungen in einem Brief, der nur in einer ins Lateinische übersetzten Version vom Dezember 1494 bekannt geworden ist.

[20] Thacher, J.B. 1904. *Christopher Columbus.* New York. Bd. 2. Hier zitiert nach : Sauer, Carl Ortwin. 1966. S. 55.

[21] Zu den Vorbereitungen der zweiten Reise von Columbus heißt es:"A more sagacious spirit was manifested in the ample provision made of whatever could contribute to the support or permanent prosperity of the infant colony. Grain, plants, the seeds of numerous vegetable products, which in the genial climate of the Indies might be made valuable articles for domestic consumption or export, were liberally furnished. Commodities of every description for the supply of the fleet were exempted from duty." Prescott, William H. 1902. *History of the Reign of Ferdinand and Isabella the Catholic.* Edited by John Foster Kirk. London. Bd.2. S.167.

[22] Sauer, Carl Ortwin. 1966. S. 133.

Grundnahrungsmittel der Spanier in der Neuen Welt durchgesetzt.[23] - Bezeich-
nend ist die erste Erwähnung von Mais in Cortes Bericht:

"Und wie ich von den Spaniern/ so da gewesen/ vernemen hab könden/ ist
dieselbig Landts art gar bequemlich bewonung da zumachen/ und gold zu
schöpffen/ hab ich vom Herren Muteezuma begert/ das er in der Landschaft Mali-
naltebeque/ die weil sy zu gemelten dingen ganz taugenlich/ wolte verschaften/
das da ain wonung gebawen wurde für Ewer Kaiserlichen Maiestat/ Und in dieser
zubawen hat er möglichen fleiß angewendt/ und ain sollicher/ das er innerhalb
zwayer Monat an demselbigen ort gesäet hetten sechtzig mäß von ainem samen/
den sy Maytz nennen/ darauß sy brot machen/."[24]

Diese Beschreibung läßt ebenso wie die der spanischen Berichterstatter von
1503 und 1510[25], nicht darauf schließen, Mais sei in Spanien zu Beginn des 16.
Jahrhundert geläufig oder bekannt gewesen.

Die erste uns überlieferte portugiesische Beschreibung Senegals aus der
zweiten Hälfte des 15. Jahrhunderts spiegelt die gleiche Aufmerksamkeit für den
Proviant wider: "No corn, rye, barley, spelt, or vines grow in this Kingdom of Se-
nega, nor from thence onwards, in any regions of the land of the Blacks... It
appears that they grow various kinds of millet, small and large, beans, and kidney
beans..."[26]

---

[23] Sauer, Carl Ortwin. 1966. S. 272: "Espinosa's horde lived at ease for four months on
stored maize at Natá... Maize was mentioned offenest in the accounts, perhaps not only because it was most in demand by the Spaniards but because it probably was the first plant
staple. Its cultivation was favored by the marked dry season and by food habits of Mesco-
american origin."

[24] Cortes, Hernando. 1550. *Von den Newen Hispanien...zwo Historien*. Übersetzt von
Sixt. Birck und Andreas Diether, Augsburg. S. XVII. An anderer Stelle beschreibt er eine
Stadt: "Man verkaufft da vil Maytz / gantz und zu brot gemacht / und darin ist ain grosse
handthierung / gleich gantz und zu brot / welches eben den geschmack behalt / den es in andern Insulen hat." Ebd. S. XXI. Die Sorge um die Verpflegung finden wir auch bei ihm:
"Die Spanier aßen vor hunger ein Roß / dann wir haben sein flaisch und haut gessen / das uns
nicht daran über belib / dann wir litten treffeliche schwere hungersnot / Dann nach dem wir
von der großen Statt verruckten / hetten wir nichts dann gesotnen und dörten Mayz geessen /
und waren desselbigen nit allweg satt / Wir aßen auch kreüter / so wir auf dem feld
auflasen."Ebd. S. XXXIII.

[25] Sie drücken sich entweder in Vergleichen aus, *wie Lupinen*, oder bezeichnen den Mais
als Kichererbsen, *chichas*.

[26] Hier zitiert nach Crone, C. R. (Hrsg.) 1937. *The Voyages of Cadamosto and other Documents on Western Africa in the Second Half of the Fifteenth Century*. London: Hakluyt
Society· S. 42.

Bei dem portugiesischen Historiker João de Barros, dessen Lebenswerk *de Asia* zwischen 1553 und 1613 in verschiedenen Abschnitten erschien, finden wir in der Dekade, die die Erkundungsreisen unter der Regentschaft von König Johann II, von 1481 - 95, behandelt, den ersten Hinweis auf Mais als Grundnahrungsmittel in Westafrika.[27] *Milho zaburro* war der früheste portugiesische Name für Mais und die Bezeichnung stammte laut Sauer von der Guineischen Küste.[28] Barros benutzt diese Bezeichnung im Jahre 1553, ohne die Pflanze oder die Frucht näher zu beschreiben. Er setzt die Kenntnis darüber voraus; das läßt darauf schließen, der Mais sei um die Mitte des 16. Jahrhunderts in Portugal bekannt gewesen.

Die Beschreibung der Anbaumethode im Überschwemmungland des Gambia spricht dagegen, es könne sich bei den erwähnten Varietäten von Milho um Hirsearten gehandelt haben, da sie den Feuchtigkeitsstau nicht vertragen hätten.[29] Die am Gambiafluß zwischen 1481-95 gefundenen Maisvarietäten können unter keinen Umständen aus der Neuen Welt eingeführt worden sein, demnach gab es also bei der Ankunft der Portugiesen bereits afrikanische Maissorten, die jedoch, das scheint aus den weiteren Quellen ersichtlich, nicht sonderlich weit verbreitet waren. Ueber den königlich-portugiesischen Auftrag, an der Goldküste einen Stützpunkt zu errichten, und über die Gründungsgeschichte des Fort St. George in El Mina, im Jahre 1483, liegen ausführliche Quellen vor. Sie belegen, welches ins einzelne gehende Interesse der portugiesische Hof an der Ausstattung des Forts, der Schiffe, den mitgenommenen Waren und erzielten Erlösen hatte, und doch findet sich, zumindest in der von Blake edierten Quellensammlung, kein einziger Hinweis auf Mais, obgleich die Versorgung der Forts

[27] Crone, C. R. (Hrsg.) 1937. S.138 f.: "To grow varieties of millet - which we call 'zaburro'- the general food of these peoples - they clear the silt left by the floods, then scatter the seeds without further tillage, and cover them with a thin layer of sand. ... They do not grow wheat or the other seeds we use; it seems that the climate would not allow them to ripen, for the soil, especially near the Gambea, is very damp. Only in the lands inhabited by the Çaragoles, in some fields near the deserts, a small quantity of wheat, much bigger and finer than that of Spain (according to what they say) is grown. This is rather tilled with the hoe than ploughed." Zu beachten bleibt jedoch der Hinweis von Da Mota, A. Teixeira; Carreira, António. 1966. Milho Zaburro and Milho Maçaroca in Guinea and in the Islands of Cabo Verde. *Africa* 36. S. 80 f.: "In sixteenth-century documents there are numerous references to *milho* in the islands (both for the feeding of men and of horses), but without any details which would allow for the identification of the species concerned".

[28] Sauer, Carl Ortwin. 1969 (1952). S.164.

[29] Vgl. Irvine, F. R. 1953 (1934). Sorghum S. 102; Millet S.108: "It is for this reason that millet generally does so poorly in the coastal plains, because of the high humidity, or in the forest because the rainfall is too heavy for it."

eine beständige Sorge war.[30]

2.4 Wie ernährt man Sklaven?

Man braucht sich nur zu vergegenwärtigen, welche Art von Proviant die Segelschiffe mitnehmen konnten, um zu verstehen, welches Interesse die Seefahrernationen daran hatten, Stützpunkte aufzubauen, an denen die Schiffe Nahrungsmittel aufnehmen konnten. Vasco da Gama kalkulierte auf seiner ersten Reise die täglichen Rationen für die Besatzung: 1 1/2 Pfd. Zwieback, I Pfd. Rind - oder 1/2 Pfd. Schweinefleisch, 2 1/2 Pinten Wasser (ca. 1 1/2 1), 1 1/4 Pinten Wein, 1/12 Pinte Essig und die Hälfte davon an Öl; an Fastentagen: 1/2 Pfd. Reis, Schellfisch oder Käse anstelle des Fleisches. Zusätzlich lud man Mehl, Linsen, Sardinen, Trockenpflaumen, Mandeln, Zwiebeln, Knoblauch, Senf, Salz und Honig.[31]
Auf See in den tropischen Gewässern sah es dann schon anders aus:

"Und was das ärgste war/ ich kam in ein Schiff/ wo anders nichts/ als verschimmelte Zwiebacken/ dreißig Pfund verdorbener Stockfisch/ stinckend Fleisch/ und faule Erbsen/ dabey gut Speck und Gärsten=Grütze war; Daran hätte sich ein Krancker erholen sollen. Dieser Proviant benahm mir selbst/ und allen meinem siechen Volcke/ die Hoffnung des Lebens..."[32]

Die Versorgung der Schiffsbesatzungen warf zwar ein strategisch ernstes, aber kein größeres logistisches Problem auf. Die Mannschaften waren klein, und auch wenn die Reisen monatelang dauerten, ging es nicht um riesige Mengen. - Mit dem rasch zunehmenden Sklavenhandel verschoben sich die Größenordnungen grundlegend. Jobson schreibt zwar im Jahre1623, die Ära des Sklavenhandels habe 1562 begonnen[33], aber auf den europäischen Märkten wurden im 15. Jahrhundert schon etwa 25.000 Sklaven im Jahr verkauft[34]; d. h. die Anzahl der transportierten Sklaven übertraf die der Schiffsbesatzungen bereits zu dieser Zeit um ein Vielfaches und der Strom der Sklaven nahm, insbesondere infolge der

30 Vgl. Blake, John William. 1942. *Europeans in West Africa, 1450-1560*. London. Bd.1. passim.

31 Vgl. Ravenstein, E. G. (Hrsg.) 1898. *A Journal of the First Voyage of Vasco da Gama 1497 - 1499*. Translated and Edited with Notes, an Introduction and Appendices. London. S.166.

32 von der Groeben, Otto Friedrich. 1694. *Guineische Reisebeschreibung, nebst einem Anhange der Expedition in Morea*. Marienwerder. S.89.

33 Vgl. Jobson, Richard. 1623. *The Golden Trade or a Discovery of the River Gambra*. London. S.XI.

34 Curtin, P. D. 1969. *The Atlantic Slave Trade: A Census*. Madison: University of Wisconsin Press. S.116.

Kolonisierung Brasiliens, beständig zu. [35]

Die Reise des Segelschiffs *St. Jan* im Jahre 1659 beleuchtet schlaglichtartig, welche Schwierigkeiten die Ernährung der Sklaven aufwarf: "purchased two hundred and nineteen head of slaves, men, women, boys and girls and set our course for the high land of Ambosius, for the purpose of procuring food there for the slaves, as nothing was to be had at Rio Reael."[36] Am 26. Mai 1659 landete das Schiff in Ambosius, um dort nach Lebensmitteln für die Sklaven zu suchen, konnte aber kaum genug für deren tägliche Nahrung finden und beschloß, nach Kamerun zu segeln. Die Eintragung vom 5. Juni lautet: "Arrived at the Rio Cammerones and the yacht Vrede went up to look for provisions for the slaves ..."[37] Als die *St. Jan* im Oktober des gleichen Jahres auf der Insel Tobago anlegte, waren die meisten Sklaven an Hunger oder Krankheit gestorben, "so that we saved only ninety slaves, out of the whole cargo."[38] - 40 Jahre später faßten die Schiffe bereits 700 bis 800 Sklaven:

"Gleichzeitig traf man auf letzterem Schiffe Vorkehrungen zur Unterbringung von Sklaven. Große Kessel wurden auf dem Oberdeck eingemauert, die zur Zubereitung von Speisen für 700 bis 800 Köpfe dienen sollten; Wasserfässer in bedeutender Zahl, Brennholz und Lebensmittel in großen Quantitäten an Bord geschafft, und über den Ballast noch eine Art Deck gelegt, um die schwarze Ladung in mehreren Etagen unterzubringen."[39],

---

[35] Der Landstrich östlich von Accra bis zum Volta zählte ab 1665 zur Sklavenküste. Vom westlichen Teil der Goldküste, vor allem von der Küste westlich von Elmina, wurden bis ca. 1800 kaum Sklaven verschifft. Dieser Streifen diente mehr zur Proviantierung der Schiffe.

[36] Eintragung im Schiffsjournal vom 22. Mai 1659. Donnan, Elizabeth. 1930 ff. *Documents Illustrative of the History of the Slave Trade to America.* Bd.1: *1441-1700.* Washington D.C. 1930. S.142. "The high land of Ambosius is southeast of the Rio del Rey, north of the mouth of the Kamerun River."

[37] Donnan, Elizabeth. Bd.1. 1930. S.142, Eintragung vom 29. Juni: "Again resolved to proceed on our voyage, as there also but little food was to be had for the slaves in consequence of the great rains which fell every day, and because many of the slaves were suffering from the bloody flux in consequence of the bad provisions we were supplied with at El Mina, amongst which were many barrels of groats (hulled or crushed grain, either oats, wheat, barley, or corn), wholly unfit for us."

[38] Aussage des Adriaen Blaes van der Veer, 1659. Hier zitiert in englischer Fassung nach Donnan, Elizabeth. Bd.1. 1930. S. 145. Am 1. November, 2 Stunden vor Tagesanbruch, lief das Schiff auf ein Riff auf, die Besatzung rettete sich auf die Insel Curaçao. Die noch lebenden 85 Sklaven gingen mit dem Schiff unter.

[39] Oettinger, Johann, Peter. 1886. *Unter kurbrandenburgischer Flagge...*Nach dem Tagebuch des Chirurgen J.P. Oettinger, unter Mitwirkung des...Vize-Admirals...von Henk, herausgegeben von...Paul Oettinger. Berlin. S. 48.

Die Versorgungsprobleme nahmen damit zu. Schon kurz nach der Abreise aus São Tomé, dort hatte man Lebensmittel und Wasservorräte ergänzt, schreibt der Schiffsarzt Paul Oettinger am 22. April 1693:

"Unser Vorrath an Lebensmitteln war für eine so große Kopfzahl nur knapp bemessen und verringerte sich in bedenklicher Weise, so daß die Sklaven nur einmal täglich gespeist und auch der Mannschaft das Frühstück entzogen wurde. Kein Wunder, wenn die Sterblichkeit sowohl unter den Negern, als auch unter der Schiffsbesatzung eine unverhältnismäßige Höhe erreichte und sehr viele von der Ruhr hingerafft wurden."[40]

Für die Schiffskapitäne und die Afrikakompanien war die Versorgung der Sklaven kein humanitäres, sondern ein kaufmännisches Problem.[41] Ihre Erlöse hingen nicht nur davon ab, wie viele der Sklaven sie lebend wieder an Land brachten, sondern auch von dem Gesundheitszustand der Überlebenden. John Atkins benennt im Jahre 1735 fünf Voraussetzungen für den Erfolg einer Kauffahrt:

1. Die Zusammensetzung und der günstigste Verkaufszeitpunkt für die mitgebrachten Waren.
2. Eine gute Kenntnis der Handelsplätze, d.h. welche Ware man in welcher Menge an welchem Platz erwarten konnte.
3. Eine gute Menge englischen Schnaps, "and conforming to the Humour of the Negroes."
4. Die rechtzeitige Versorgung mit den richtigen Nahrungsmitteln für die Sklaven.
5. Der zügige Abtransport und "good Order and Management of Slaves when on board."[42]

Zum vierten Punkt heißt es weiter unten, die am weitesten verbreitete, billigste und bekömmlichste Diät seien: Gemüse, Bohnen, Reis, Mais und Stärkemehl. "This Food is accounted more salutary to Slaves, and nearer to their accustomed way of Feeding than salt Flesh."[43]

---

[40] Oettinger, Johann, Peter. 1886. S. 71.

[41] Barbot, John. 1732. *Description of the Coasts of North and South-Guinea*. London. Hier zitiert nach Donnan, Elizabeth. 1930 ff. *Documents Illustrative of the History of the Slave Trade to America*. Bd. 2: *The Eighteenth Century*. Washington D.C. 1931. S. 15: "All the ships that loaded slaves with the *Albion* frigate at Calabar, lost, some half, and others two thirds of them, before they reach'd Barbadoes; and such as were then alive, died there, as soon as landed, or else turn'd to a very bad market: which render'd the so hopeful voyage of the *Albion* abortive, and above sixty per cent of the capital was lost, chiefly occasion'd by the want of proper food and water to subsist them, as well as the ill management of the principals aboard."

[42] Atkins, John. 1735. *A Voyage to Guinea, Brasil and the West-Indies*. London. S. 158 .

Eine typische Einkaufsliste für ein Schiff der *Royall African Company of England* in São Tomé aus dem Jahre 1677 umfaßt: 2000 Kokosnüsse, 1/4 Faß Palmöl, 1500 Stück Yam, 77 Stauden Plantain (Kochbananen), 6500 Kopfladungen (headpans) Mais, Zitronen, Orangen und roten Pfeffer[44]. Von den drei hier genannten Grundnahrungsmitteln waren die Kochbananen wahrscheinlich fast immer erhältlich, sie eignen sich jedoch nicht zur Lagerung, sondern werden innerhalb von wenigen Wochen überreif. Yam war offenbar die beliebteste und gesündeste Nahrung. Barbot bezeichnet ihn um 1703 als die beste Sklavennahrung, nur warf Yam besondere Probleme auf:

1. gab es Yam nur ein Mal im Jahr, kurz nach der Ernte, im Januar oder Februar, in größeren Mengen zu kaufen. "In den übrigen 6 Monaten des Jahres fehlt ihnen dieser, weil er sich nicht wohl das Jahr hindurch halten kann, und doch nur einmal geerndtet wird ..."[45];
2. konnte man kaum genug laden, um ein Schiff voll Sklaven zu ernähren: "A ship that takes in five hundred slaves, must provide above a hundred thousand yams, which is very difficult, because it is hard to stow them, by reason they take up so much room."[46];
3. ließ sich der Yam auch nur für begrenzte Zeit lagern: "Wee are now Cleeninge our ship: in the hold throwinge away the Rotton yames which are a great many more than wee thought. wee doubt wee shall not have good in the ship 30.000 yames and shall be forced to take in provision here."[47]

Neben Bohnen, die man aus Europa mitbrachte, obwohl es auch afrikanische Varietäten gab,[48] und Reis[49] entwickelte sich der Mais zum Hauptnahrungsmittel für die Sklaven, obgleich sie ihn offenbar nicht sonderlich gut vertrugen.[50] Der Mais war nicht nur sehr viel lagerfähiger, sondern nahm auch weit weniger

---

[43] Atkins, John. 1735. S. 171.

[44] *Accounts of the Sarah Bonaventura, 1676 - 77*. Donnan, Elizabeth. Bd.1. 1930. S. 221.

[45] Isert, Paul Erdmann. 1790. S. 241.

[46] Barbot, John. 1732. Hier zitiert nach Donnan, Elizabeth. Bd.2. 1931. S. 15.

[47] *Journal of the Arthur. 5.Dec. 1677 - 25. May 1678*. Donnan, Elizabeth. Bd.1. 1930. S. 231.

[48] William Hardringe and Nicholas Prideaux to the Royal African Company. Donnan, Elizabeth. Bd.1. 1930. S. 391:"...it may much Conduce to the Good of the Voyage to but (put) in a good Quantity of Beanes at home which Provision is Found very Serviceable...".

[49] Messrs. Phipps, Dodson, and Stevenson to the Royal African Company; Cabo Corso Castle, 2d Aug't, 1720. Donnan, Elizabeth. Bd.2. 1931. S. 247: "Desire any ship sent out may take in Rice at the Grain Coast".

[50] Barbot, John. 1732. Hier zitiert nach Donnan, Elizabeth. Bd.2. 1931. S. 15: "Indian corn...disagreeing with their stomach; so that they sicken and die apace...".

Platz ein. Für die Überfahrt nach West Indien rechnete man eine Kiste, *chest*, zu vier bushel pro Sklaven, das entspricht rund 120 kg.[51] Das Lagervolumen lag ungefähr bei einem Zehntel der Menge Yam, die man pro Sklaven rechnete.[52]

Nun finden wir zwar Hinweise auf relativ große Mengen Mais, die um 1676-77 etwa in Dixcove, einem kleinen Fort an der westlichen Goldküste, gekauft wurden, nämlich 147 chests[53], das entspricht rund 1,8 Tonnen, nur wird aus den Eintragungen auch deutlich, wie umständlich der Einkauf war.[54] Als weit größeres Problem erwiesen sich jedoch die Marktschwankungen und die immer wiederkehrenden Knappheitslagen[55], deshalb liefen die Schiffe häufig mit knappem Proviant aus: "We found no corn there [Cape Coast], every body telling us it

---

[51] Vgl. Thomas A. Philipps, (1693-94). Donnan, Elizabeth. Bd.1. 1930. S. 396.

[52] Cassava (Manioc) kam höchstens in den Forts als Sklavennahrung in Frage und hatte sich in den zweihundert Jahren seit seiner Einführung im 16. Jahrhundert nicht sonderlich verbreitet. Miracle, Marvin P. 1965. The Introduction and Spread of Maize in Africa. *Journal of African History* 6 (1). S. 44: "...there is no indication that it (cassava) was widely cultivated along the Guinea coast in the sixteenth century, and efficient techniques of processing the roots into meal appear to have been learned in this part of Africa only after 1700."

[53] *Accounts of the Sarah Bonaventura, 1676-77*. Hier zitiert nach Donnan, Elizabeth.1930. S. 219.

[54] Donnan, Elizabeth. Bd.1. 1930. S.220: "To the Brassooe of the towne For house rent to put the corn in as wee bought it: and A negro man to watch it: - Three paper bralls. To new Corn Plantings and limes and red peper and Shugar Canes. - Too paper bralls and Forty eight Knives. To Carring Corn out of the house to the bote by the Negroes: - Too hundred eightyeight Knives."

[55] Bosman, Willem. 1705. S. 298: "The Country of Ante, [westl. Goldküste] in fruitful Years and time of Peace, produces prodigious Quantities... Thus Corn, in time of Peace, is the cheapest of all Provisions; but in War-time it sometimes rises to an incredible Price.". Auch in Friedenszeiten schwankte der Preis je nach Ernte und Saison extrem stark: "This corn generally betwixt February and Harvest, rises from one Crown to one Pound sterling [also auf das 8-fache] the thousand Stems." Bosman gibt zwei Gründe dafür an: "the lazyness of the Negroes, which is so great that they seldom sow more than what is like to be consumed that Year, contributes very much, as also the great number of English Slave Ships which yearly come to this Coast; for these not being so well victualled as we, they are obliged to buy Milhio, which yearly carries off many Thousand Sacks." - Barbot, John, 1732, der als Schiffskapitän 1679 und 1681/82 an der Goldküste war, bestätigt diesen Sachverhalt, hier zitiert nach Donnan, Elizabeth. Bd.1. 1930 S. 286: "The maiz or Indian wheat sells there [Fantiland, Goldküste] by the chest, at one Akier [= five shillings] of gold. The chest contains about three bushels. When there is a great demand or scarcity, it rises to two and three Akiers. In plentiful years and times of peace, it has been sold for ten, and even for eight Takoes of gold, which is not three shillings English."

was very dear at the coast. On the twenty-first [April], we set sail,...and anchor'd at Anamabou; where we purchas'd with much trouble, and at a very dear rate, a quantity of Indian wheat,... "[56] und viele Sklaven starben auf der Überfahrt: "I could not afford to stay, in respect to the mortality of my negroes, of which two or three died every day, also the small quantity of provisions I had to serve for my passage to Barbadoes ..."[57]. Insgesamt scheint es, Sklaven waren oft leichter zu kaufen, als die für ihren Unterhalt notwendige Nahrung.[58] Die Knappheit an Nahrungsmitteln behinderte den Sklavenhandel, weil man sich nicht 'frei fühlte', Sklaven zu kaufen, für die man den Proviant noch nicht an Bord hatte, oder man enthielt dem Sklavenhändler den Kaufpreis vor, bis er den Proviant für deren Überfahrt an Bord gebracht hatte.

Um die Wende vom 17. zum 18. Jahrhundert müssen bereits erhebliche Anstrengungen unternommen worden sein, um diesem Engpaß abzuhelfen: "To avoid this long delay...", so rät Barbot, der sich um 1680 an der Goldküste aufhielt, den Kapitänen, die sich auf der Fahrt nach Wydah befanden, um dort Sklaven einzukaufen, "stop in his way at cape Tres-Pontas, at the Gold Coast; or at Anamabou, on the same coast, to buy Indian wheat or corn there."[59] Im Jahre 1720 empfiehlt ein *Committee Report on the State of the* Trade: die Agenten der Royal African

---

[56] An Abstract of a Voyage to New Calabar River, or Rio Real, in the year 1699, taken out of the Journal of Mr. James Barbot... "A Supplement to the Descriptions of the Coasts of North and South Guinea". In: Churchill.1732. Buch V. S. 455 f. Hier zitiert nach Donnan, Elizabeth.1930. S. 432.

[57] Thomas A. Philipps, Commander of the said ship. In: Churchill. 1732. Buch VI. S. 173-239. Hier zitiert nach Donnan, Elizabeth. Bd.1. 1930. S. 408: "A Journal of a Voyage made in the Hannibal of London, Anno 1693-94, from England, to Cape Monseradoe, in Africa; and thence along the Coast of Guiney to Whidaw, the Isle of St. Thomas, and so forward to Barbadoes".

[58] Diesen Sachverhalt beleuchten die Eintragungen im Journal des Segelschiffs "Arthur" vom 5. Dezember 1677 bis 25. Mai 1678, Donnan, Elizabeth. Bd.1. 1930. S. 226 f., dort heißt es am 18. Februar 1677: "This day wee Bo't 4 men and 4 women havinge noe encouridgm't to By more...Doubtinge wee should have more Negroes then wee were Likely to have provitions...". Am 22. Februar: "This day we sentt our Boat att Donus to see whatt might be done there, wee findinge negroes to be Brought one Board of us fast enough but were nott free to deale in many fearing lest wee should take in negroes and have noe provitions for them ..." und am 24 Februar: "This day wee Bo't ll men 6 women and 3 girles, findinge the negroes to be very good and Likely stout and young negroes did purchase the more Butt those which had nott Brought provitions as wee expected for the passage of those negroes they sould us did detaine and keep in our hands soe much goods as would purchase those provitions and they to Bringe the same the next Cominge one Board."

[59] Barbot, John. 1732. Hier zitiert nach Donnan, Elizabeth. Bd.1. 1930. S. 298.

Company sollten eiserne Reserven von je 200 *chests* Mais in den Forts von Cape Coast, Dixcove, Accra, Tantumquerry und Winnebah anlegen.[60] Den Anstoß für die Verbreitung des Mais an der Guineischen- und insbesondere an der Goldküste gab also zweifelsfrei der Sklavenhandel. Während im 17. Jahrhundert der Anbau von Mais weder hinreichend noch gleichmäßig gewesen zu sein scheint, spricht alles dafür, daß in der ersten Hälfte des 18. Jahrhunderts durch regelmäßige Vorratskäufe ein systematischer Anreiz für den Anbau und die Vermarktung entstand, um die inzwischen weit größeren Sklavenschiffe verproviantieren zu können.

2.5 Getreideanbau an der Goldküste

"Alles Land muß mit der Hacke von Menschen bearbeitet werden, und sie kennen nicht den Gebrauch des Viehes zur Arbeit,"[61] schreibt Isert gegen Ende des 18. Jahrhunderts. Aus dem 16. und frühen 17. Jahrhundert fehlen uns genaue soziale Beschreibungen des Ackerbaus an der Goldküste, mit Vorsicht läßt sich aber eine Darstellung von 1624 aus Gabon auf die Goldküste übertragen.

"In Loanga hat man weder Ochsen noch Roß zum Feldbaw/ sonder/... die Weiber müssen denselbigen verrichten. Wann sie dann in das Feld gehen/ so binden sie ihre Kinder auff den rücken/ welche dann/ alldieweil die Müteren arbeiten/ so wol und sanfft auff dem rucken der Muter schlaffen/...Hierzwischen arbeiten sie immer fort/ und bawen die Felder auff solche weiß: sie machen furchen eines knies tieff/ und wann sie säyen/ so stupffen sie den saamen mit dem finger in die Erden/ sie haben kein ander Feldgeschirr/ alß kleine bäckhäwlin/ damit sie die Erden auffwerffen."[62]

Wenn Isert einhundert Jahre später bemerkt: "Manchmal mischen sich [die Weiber] auch in die Affairen der Männer, als Bauen und Pflanzen"[63] und damit dem Bild von überwiegender Frauenarbeit auf dem Feld entgegentritt, so mag das

---

[60] Vgl. Artikel 16 des *Contract between the South Sea Company and the Royal African Company.*1713. Donnan, Elizabeth. Bd.2. 1931. S. 252.

[61] Isert, Paul Erdmann. 1790. S.187.

[62] Braun, Samuel. 1624. *Schiffahrten.*Basel. S.15. Wir können auch Bosmans Beobachtung: "Most of these Wives are obliged to till the Ground, Plant Milhio or Jummes...", Bosman, Willem. 1705. S.199, ohne weiteres glauben, denn vergleichende sozialanthropologische Studien zur geschlechtsspezifischen Arbeitsteilung in afrikanischen Hack-Kulturen bestätigen: "the oldest roots... and the newest grains (especially maize) are cultivated by the women". Baumann, Hermann. 1928. The Division of Work According To Sex In African Hoe Culture. *Africa* 1 (3). S. 304. und: "In the West African primeval forest all he ever does is to clear the ground, and leaves the rest of the work to the women." Ebd. S. 292.

[63] Isert, Paul Erdmann. 1790. S. 188.

dem systematischen Anreiz für den Anbau von Mais geschuldet sein, denn: "As soon as a tribe changes from cultivation by women to that by both sexes, an increase in the intensity of the culture can be observed."[64] - Die Frauen verrichteten an der Goldküste einen wesentlichen, wenn nicht den größeren Teil der Arbeit beim Pflanzen und Ernten[65]; ausschließliche Frauensache war jedoch alle Verarbeitung der Feldfrüchte. Der Einsatz von Zugvieh und das Pflügen waren unbekannt, es handelte sich um reinen Hackbau. Insofern bestanden kaum Möglichkeiten zur intensiven Steigerung der Erträge.

"Was den Ackerbau betrifft/ haben sie sehr grossen vortheil. Dann sie es nicht bawen dörffen/ wie es in unseren Ländern beschicht: sondern sie hauen nur die stauden ab/ un lassen sie dürr werden. Alßdann zünden sie dieselbigen an/ dadurch das ganze Land gesäubert wirdt... Wann dann das Land befeuchtiget wirdt/ ist solches an statt eines guten mists."[66]

"Sobald nun die Einwohner... auß dem Lauff etlicher Sternen am Himmel wahrnehmen/ daß die grosse Regenzeit so gemeinlich im Monat April/ Majo/ Junio/ einfällt/ heran nahet/ so fangen sie etwa einen Monat vorher an/ das Feldt zu bauen."[67]

"Es wuttert seltzam bei ihnen, wie in Ostindien. Im Maio, Junio, Julio, biß in Augustum regnet es schier alle tag. Von selbiger Zeit an regnet es nicht mehr, biß in Januarium, sondern ist gar hayß Wetter, also daß fast alles vor grosser hütz außdorret... Und dahero kommet es, daß sie ihre Frucht im Aprilen sähen, und gleich im Augusto, also in vier Monaten nach dem Aussäen, wider einernden."[68]

"Das vornehmste bey dem Ackerbau ist/ daß sie jährlich Brodt/Korn/ nemlich große und kleine Milie auff dem Felde bauen. Die grosse Milie/ welche von den

64 Baumann, Hermann. 1928. S. 295. Als Beispiel führt Baumann u.a. die Ewe (östlich des Volta) an: "Spieth (1906) also considers that the highly developed agriculture of the inland Ewe is entirely due to the co-operation of the men."
65 Vgl. Boserup, Esther.1970. S. 15 ff. Boserups Schaubild auf S. 18: "Areas of Female and Male Farming in Africa, Around 1930" weist für die Goldküste aus: "Men take part in cultivation, but women do most of it."
66 Braun, Samuel. 1624. S. 69.
67 Müller, Wilhelm. 1673. *Die Africanische / Auff der Guineischen Gold-Cust gelegene Landschaft Fetu.* Hamburg. S. 192.
68 Ulsheimer, Andreas Josua. 1971 (1616). *Warhaffte Beschreibung ettlicher Reisen in Europa, Africa, Asien und America 1596-1610.* Hrsg. von Sabine Werg. Tübingen, Basel. Hier zitiert nach: Jones, Adam. 1983. *German Sources for West African History 1599 - 1669.* Wiesbaden: Steiner. Studien zur Kulturkunde (66). S. 347.

Christen Türckischer Weizen genennet wird... ist das gemeinste Brodt = Korn im Fetuischen Lande."[69]

Von hier ab müssen wir zwischen der Traubenhirse (Sorghum) und dem Mais unterscheiden, was uns die zeitgenössischen Autoren nicht immer leicht machen, weil die einen offenbar nach Größe der Pflanze die Hirse als *große* und den Mais als *kleine Milie*, die anderen nach Größe des Korns den Mais als *große* und die Hirse als *kleine Milie* bezeichnen. Von der Hirse, "Diß Korn haben sie allezeit gehabt/ unnd sich damit beholffen/ ehe die Portugaleser dahin kommen,"[70] heißt es:

"Das Korn gehet bald auff/ und bleibet nit lang unter der Erden ligen/ wann es dann eines Mannes Läng erreichet/ und anfängt zu blühen/ so machen sie mitten auff den Acker ein Hütte von Holtz/ die sie mit Geröhricht oder Stroh bedecken/ und setzen ihre Kinder hineyn/ des Korns zu hüten/ unnd die Vögel darvon abzutreiben/ die inen viel Gedrangs anthun. Sie gethen das Korn nicht/ sondern lassen es mit allem Unkraut auffwachsen ... Es wächset und blühet innerhalb dreyen Monden/ alsdann wird es abgeschnitten/ unnd auff das Feldt nider geleget/ da es noch ein Monat lang ligen muß/ biß es dürr wirdt/ darnach schneiden sie die Ehren ab, binden es in Büschlein/ und führens in ire Hütten. Das Geröhricht oder Stroh brauchen sie ihre Häuser damit zu decken."[71]
vom Mais dagegen:
"Diß Korn...wann es wachsen soll/ will es haben ein heissen feuchten Grunde oder Erdtreich/ und gibt deß Jahrs zweymal seine Frucht ... Es bleibet auch nicht lang unter der Erden/ sondern es kompt bald herfür/ und wächset auff/ daß es eines Mannes Länge erreichet/ ist am Stroh gleich dem Schilff oder Geröhricht/ so bey uns in den Sümpffen oder Gräben pfleget zu wachsen... Ein jedes Rohr oder Strohhalm hat seine Ehren/ in welchen das Korn stecket/ und obs wol schwere Ehren sayn/ bißweilen wie ein junger Kürbis/ oder auffs wenigste wie die Kukumern/... Jedoch wachsen bißweilen wol 7. oder 8. Ehren an einem Strohhalmen/ also daß bißweilen in die 550. Körner/ auff einem Strohhalmen gefunden werden/ der auß einem eintzigen Körnlein erwachsen ist. Sie seyn von Farben mancherley/ als weiß/ schwartz/ gelb/ Purpurfarb/ oder roth/ und dergleichen".[72]

In der Be- und Verarbeitung ähnelten sich Hirse und Mais stark: "Mit der kleinen Mielien halten die Schwarzen im Säen/ Erndten/ Dreschen/ gleichen Gebrauch/ als mit der grossen."[73]

---

[69] Müller, Wilhelm. 1673. S. 191.

[70] de Marees, Pieter. 1603. S. 76.

[71] de Marees, Pieter. 1603. S. 76 f.

[72] de Marees, Pieter. 1603. S. 78.

[73] Müller, Wilhelm. 1673. S. 197.

Es ist schwer, sich ein genaues Bild davon zu machen, wann und in welchem Umfang der Mais die Traubenhirse verdrängte. Während Müller 1673 noch schreibt: "Diese beyderley Gattung des Getreides wächset im Fetuischen Lande überflüssig..."[74] heißt es bei Isert gegen Ende des 18. Jahrhunderts: "Kleine Milie...bauen sie ebenfalls, jedoch nicht so häufig...wie den türkischen Weizen."[75] Die Wende muß sich schon gegen Ende des 17. Jahrhunderts vollzogen haben. Um diese Zeit schreibt Bosman von der Hirse: "...and is not sown near so much as that [Mais]; for which reason it is one half dearer."[76]

Der Mais setzte sich unter anderem wegen seiner höheren Erträge durch. Wahrscheinlich wurden im Verlauf des 17. Jahrhunderts neue und ertragreichere Sorten eingeführt, denn während Marees um das Jahr 1600 von sieben oder acht Ähren und insgesamt 550 Körnern pro Pflanze spricht, schreibt Müller 1673 von zwei oder drei Ähren und mehr als fünf- oder sechshundert Körnern pro Halm.[77] Bosman, der als Faktor in Elmina ein unmittelbar kaufmännisches Interesse und deshalb für Erträge wohl das genaueste Auge hatte, zählt zwei, drei und manchmal vier Maiskolben pro Halm, von denen jeder drei- bis vierhundert Körner enthalte. Den Nettoertrag pro Tausend Halme beziffert er mit fünf Bushel oder anderthalb Sack, das entspricht rund 150 kg.[78]

Die höheren Erträge waren indes nicht nur ein Segen. Der Mais ist weit stärker von gleichmäßigen Niederschlägen abhängig als die Hirse. Die Ertragssteigerungen wurden also mit erheblichen Ertragsschwankungen erkauft. Der vom Sklavenhandel ausgehende Anreiz zum vermehrten Anbau von Mais brachte in der Folge zwar Reichtum für manche, aber auch periodische Knappheitslagen oder gar Hungersnöte.

Während im regenreichen Weststreifen der Goldküste um Axim vorwiegend Reis angebaut wurde[79], entwickelten sich das Fantiland, ungefähr von Sekondi Takoradi bis Winneba, sowie das Accra-Revier zum Hauptanbaugebiet für Mais. Um 1680 lagen vor dem Fort von Anamabo viele englische Schiffe und die anderer Nationen, um dort Mais zu kaufen: "... and there are great quantities of corn for the

---

[74] Ebd.

[75] Isert, Paul Erdmann. 1790. S. 171. -"It is not possible to learn much about how common maize was in western Africa during the sixteenth century...Nor do we know much about how widely it was known in the interior in the sixteenth and seventeenth centuries." Miracle, Marvin P. 1965. S. 42.

[76] Bosman, Willem. 1705. S. 297.

[77] Müller, Wilhelm. 1673. S. 197.

[78] Vgl.Bosman, Willem. 1705. S. 297.

[79] Vgl. Bosman, Willem. 1705. S. 7.

ships that have bought slaves at other places along the coast..."[80]. Oettinger spricht 1692 von "Mais, mit welchem... das meiste Land besät ist"[81]. Atkins berichtet 1735 von den beiden Forts um Winneba, "... they make up the Deficiency of Rice and Corn for the Voyage, the Country appearing fruitful, and with better Aspect than any of those we have passed to Windward, intermixed with Hills and Vales; at every League almost, a Town; many Corn-fields..."[82]. Zehn Jahre später heißt es über das Fantiland: "The inland People employ themselves in Tillage and Trade, and supply the Markets with Fruit, Corn, and Palm-Wine; the Country producing such vast Plenty of Maiz, that great Quantities of it are exported both by Europeans and Blacks, who come here from other Parts."[83] Sie brachten Nahrungsmittel nicht nur nach Elmina [84], sondern aus dem Fantiland wurden auch zuweilen die drei Forts von Accra versorgt.[85] Gegen Ende des 18. Jahrhunderts hatte sich das Fantiland zu einer der Kornkammern der Goldküste entwickelt:

"Fanthee ist ebenfalls eine Republik, aber bedeutlich groß. Sie erstreckt sich über Akra an der Seekante hin...Die meisten holländischen und englischen Forteressen liegen im fanteischen Gebiete. Die Einwohner sind fleißig, und erbauen viel Maiz, und ist deshalb hier die Kornkammer sowohl für uns, als unsere Neger."[86] Im Verlaufe des 17. und 18. Jahrhunderts setzt sich an der Goldküste der Mais als Hauptnahrungsmittel durch und verdrängt die Traubenhirse weitgehend. Dieser Prozeß vollzieht sich ausschließlich durch Marktanreize, nämlich durch die Nachfrage der zahlreichen europäischen Forts nach Mais für die eingekerkerten Sklaven und für die Segelschiffe, die sie über den Atlantik in die Neue Welt transportieren. Die Goldküste versorgt zugleich die Schiffe, die in anderen westafrikanischen Ländern Sklaven einkaufen.

---

[80] Barbot, John. 1732. S. 177.

[81] Oettinger, Johann, Peter. 1886. S. 56.

[82] Atkins, John. 1735. Hier zitiert nach: Donnan, Elizabeth. Bd.2. 1931. S. 269.

[83] *A Description of Guinea, including the Geography with the Natural and Civil History.* Book IV. In: Astley, Thomas (Hrsg.) 1745. *A New General Collection of Voyages.* London. Bd.2. S.607.

[84] Astley, Thomas (Hrsg.) 1745. Bd.2. S. 602: "...which is advantageous to them, and useful to Foreigners".

[85] Astley, Thomas (Hrsg.) 1745. Bd.2. S. 619: "The three Forts at Akkra are subsisted by Provisions brought from Cape Corse, Manfrow, Annamabo, and Kormantin; the Country round them having been quite depopulated by the Wars with the Aquambos; which occasioned such a Scarcity of Corn, that a chest of Maiz of two Bushels was raised to ten Pieces of Eight [yard]."

[86] Isert, Paul Erdmann. 1790. S. 251. Aber auch um Accra herum hatte sich der Mais durchgesetzt: "Die Akraer bauen hauptsächlich den Mais, der am besten auf ihrem Boden fortkömmt...". Ebd. S. 187.

2.6 Brot und Klöße

Die Bewohner der Goldküste bereiteten ihre brotähnlichen Gerichte aus zwei Ge-
treidearten, aus Traubenhirse und seit dem beginnenden 17. Jahrhundert in zu-
nehmendem Maße auch aus Mais. Beide Getreidearten waren nach gründlicher
Trocknung in Büscheln (Hirse) bzw. am Kolben (Mais) gut zu lagern. Die Hirse
droschen sie in einer "Grube/ so in ein Steinfelsen gemacht ist/ nemmen dann ein
Stössel und zerstossen oder zerreiben es/ wie man sonst ein Kraut zerstösset
...Darnach thun sie es in ein höltzerne Schüssel/ und lassen es durch ihre
Sclaven so lang umbwerffen/ biß es schön worde/ und die Hülsen oder der Un-
raht davon ist." Ueblicherweise legten sie den "Mays in ein Wasser/ und lassen
es die Nacht ober weychen." Die Frauen verarbeiteten das Korn täglich frisch:
"...und erstlich zwar gehen sie des Abends zu ihren Schewren oder Hütten/ aus-
serhalb der Statt gelegen/ darinn sie ihr Korn oder Getreyd haben/ da nimbt ein
jedes so viel Korn/ als es zu seiner Haußhaltung auff künfftigen Tag vonnöten
hat...".[87]

Der Arbeitstag der Frauen und Mädchen begann in der noch kühlen Morgendämmerung "about daybreak when the sound of the grinders is heard in all the
streets."[88] "...deß Morgens aber so bald es Tag worden/ so waschen sie sich/
und wann sie ihre Kleyder angethan haben/ so nemmen sie diß geweychte Korn/
schütten es auff ein Stein/ wie die Mahler bey uns gebrauchen/ da sie ihre Farb
auff reiben/ und nemmen ein andern Stein/ ongefähr eines Schuchs lang/ in die
Hand/ und reiben das Korn so klein/ als sie immer können/".[89] Der Stein, auf
dem gemahlen wurde, "hanget vorne nieder/ hinten aber stehet er etwa einen
Fuß über der Erden in die Höhe. Die Person/ so die Milie zerreibet/...stehet hinter
dem Stein/ vorn aber an den Stein wird eine Schüssel oder grosse Calabassa/ in
welche die zerriebene Milie fallen soll/ an der Seiten aber ein Topff/ umb das Getreide zu besprengen/ geseßet."[90] "Alles dieses tuhn die Frauen mit großer
mühe: wiewohl es die Männer wenig achten."[91]

---

[87] de Marees, Pieter. 1603. S. 24.

[88] Cruickshank, Brodie. Bd. 1. 1853. S. 274.

[89] de Marees, Pieter. 1603. S. 24.

[90] Müller, Wilhelm. 1673. S. 161.

[91] Dapper, Olfert. 1670. *Umbständliche und eigentliche Beschreibung von Africa.* Amsterdam. S. 465. - Rein-Wuhrmann, Anna. 1925.(Sie lebte von 1911 bis 1915 und noch
einmal von 1920 bis 1922 im Dienste der Baseler Mission in Kamerun). *Mein Bamunvolk
im Grasland von Kamerun.* Stuttgart. S. 34: "Eine andere schwere Arbeit, die jeden Tag
verrichtet werden muß, ist das Maismahlen. Es handelt sich dabei nicht um den eigenen
Bedarf. Der Mann, die Kinder und die Sklaven wollen jeden Abend ihren Päng, ihren
Maisbrei haben. Es kommt sehr oft vor, daß eine Frau für fünfzig und mehr Leute Maismehl

Gekocht wurde auf mit drei Steinen umgrenzten Feuerstellen[92], jeder Topf benötigte seinen eigenen Herd. "There ist not one Oven in this whole Country, by reason the Negroes never use them, but always boil their Bread,"[93] schreibt Bosman über das ausgehende 17. Jahrhundert. Isert bestätigt das und fügt einhundert Jahre später hinzu: "Das Backen haben sie erst von den Europäern gelernt, indem man nirgend an den Stellen wo keine Europäer sich aufhalten Backöfen antrift."[94] Spätestens seit der Mitte des 19. Jahrhunderts finden sich die noch heute üblichen "small earthen conical ovens"[95], in denen vorwiegend das von den Engländern eingeführte Weißbrot gebacken wird. - Wenn es auch keine Backöfen gab, so war das Backen an der Goldküste doch keineswegs unbekannt. Die Methode war nur einfacher: man legte den Teig entweder auf heiße Steine oder direkt in die Aschenglut. "...they make a kind of bread or bun by cooking it over the embers," heißt es 1540[96] und Pieter des Marees gibt 60 Jahre später eine genauere Beschreibung:

"Wann es recht gebacken wirdt solte es fast ein Farb haben/ wie bey uns die Speltzen Brot/ Aber weil sie keine Oefen gebrauchen/ sondern es schlechts auff der Erden/ so von heisser Eschen gewärmet worden/ backen/ hat es fast eine Farbe oder Gestalt wie die Kuchen/ so auß Heydelkorn oder Buchweitzen gebaken seyn. Es hat ein guten Geschmack/ und ist eine gesunde Speise/ ist süß im Munde/ allein es knarbelt ein wenig zwischen den Zähnen/ welches herkompt von den Steinen/ darauff es gemahlen/ oder zerrieben wirdt."[97]

Wilhelm Johann Müller berichtet 60 Jahre später: "Von vielen wird das Brodt also bereitet/ daß sie den vorhin zubereiteten...Teig...auch wol rohe in die heißglimmende Asche/ oder auff einen heißen Stein legen," unterscheidet dann aber zwischen Hirse- und Maisbrot: "Ob nun zwar die große Milie [Mais] ziemlich gut Brodt giebet/ so hat man doch auß der Erfahrung/ daß von der kleinen Milie

---

herrichten muß."
[92] von der Groeben, Otto Friedrich. 1694. Hier zitiert nach Jones, Adam. 1985. *Brandenburg Sources for West African History 1680 - 1700*. Wiesbaden: Steiner. Studien zur Kulturkunde (77). S. 221:"Der Schorstein bestehet von 2. Felß-Steinen mitten in ihrem Pallast gelegen, worauff sie Milie, Fische oder Fleisch kochen."
[93] Bosman, Willem. 1705. S. 392.
[94] Isert, Paul Erdmann. 1790. S. 170.
[95] Cruickshank, Brodie. Bd. 1. 1853. S. 275.
[96] *Description of a Voyage from Lisbon to the Island of São Thomé*, written by an Anonymous Portuguese Pilot. c.1540. Hier zitiert nach: Blake, John William. 1942. Bd.1. S. 160.
[97] de Marees, Pieter. 1603. S. 77. Auf diese beschriebene Weise ließ sich nur die Hirse verarbeiten, die Marees als "ein trefflich gut Korn" bezeichnet, "darauß man mit geringer Mühe Brot backen kan."

[Traubenhirse] gebackenes Brodt/ dieses am Geschmack und Kraft übertreffe."[98]

Wir haben nun oben nachgewiesen, in welchem Maß der Mais im Verlauf des 17. Jahrhunderts an der Goldküste die Hirse verdrängt, und es kann insofern kaum verwundern, wenn Müller zugleich vermerkt: "Die grosse Milie/ welche von den Christen Türckischer Weizen genennet wird... ist das gemeinste Brodt = Korn im Fetuischen Lande" und an anderer Stelle: "Der Einwohner tägliche Speise ist meistentheils Brodt/ welches von ihnen Cantje genennet wird ..."[99] Der Mais indes ließ sich weder leicht brechen, mahlen oder zerreiben und gab auch nicht 'baldt ein Teyg':

"Wann sie es bachen wöllen/ kochen sie es im Wasser (dann sie haben keine öfen) machen einen Teig an sehr dünn mit Wasser. Und wann er anfahet auffzugehen/ so schlahen sie es in ein grün baum-blat/ bindens zu/ legens in einen hafen mit Wasser/ lassens eynkochen bis es trocken wirdt wie brodt/ hat aber kein rampff. Ist sonst gut zu essen. Wann sie aber kein frucht haben/ so nemmen sie Wurzeln/ darauß sie auch Brodt machen/ kancty genandt."[100]

Müller gibt uns um die Mitte des 17. Jahrhunderts noch eine genauere Beschreibung, wie Kenkey hergestellt und verzehrt wurde; seit dreihundert Jahren hat sich daran nichts geändert:

"Folgendens Tages wird das zerriebene Getreide mit Wasser befeuchtet/ und mit Händen so lange zusammen getrückt und durchgearbeitet/ bis es gleich einem Teig zusammen klebet: davon machen sie grosse runde Kuchen/ zwo oder drey Fäuste groß. Im BrodtBacken halten sie diese Manier/ daß sie die gemachten Brodt=Kuchen in grüne Blätter/ welche gemeinlich Palm=Blätter sind/ einwickeln/ in einem über dem Feuer heißsiedenden Topf mit Wasser thun/ und eine gute weile sieden lassen. ... Es ist unter ihnen sehr gemein/ daß sie bey dem Brodt ein Stücklein Fisches pflegen auffzutragen: Dann siehet man mit Verwunderung/ welch ein groß Stück Cantjen sie zu einem Stücklein Fisches/ ja nur zu einem Fisch=Kopff können verzehren."[101]

In welchem Maß sich der Kenkey zum Grundnahrungsmittel an der Goldküste

---

98 Müller, Wilhelm. 1673. S. 162 f.

99 Müller, Wilhelm. 1673. S. 160.

100 Braun, Samuel. 1624. S. 70. Siehe auch: Bediako-Amoa, Betty. 1973. *Studies on Kenkey, a Ghanaian Fermented Cereal Food*. Thesis, University of Leeds. S. 23: "The word 'Kenkey' is used for a variety of fermented products made from cassava, rice, plantain and maize of these various types only kenkey from maize is known or used by a large proportion of the Ghanaian population."

101 Müller, Wilhelm. 1673. S. 161 f.

entwickelte, erhellt aus Bosmans Hinweis um die Wende vom 17. zum 18. Jahrhundert: "Their common Food is a Pot full of Millet [Mais] boiled to the consistence of Bread, or instead of that Jambs and Potatoes."[102] Der gleiche Hinweis findet sich 1853 bei Cruickshank: "They live principally upon bread made from the Indian corn, and upon yams and plantains,..."[103]

Der Kenkey variierte nach Landschaften: je nachdem, wie lange man den Teig fermentierte und er damit einen säuerlicheren Geschmack annahm, nach der Konsistenz, je nachdem wieviel Wasser man dem Teig beimengte, wie lange man ihn kochte, in welche Blätter man ihn einwickelte, in die Blätter der Plantainstaude (im Fantiland), die größer waren und somit einen größeren Kloß, nämlich zwei Fäuste groß, erlaubten und zugleich den Teig verfärbten und ihm einen eigenen Geschmack verliehen, auch haltbarer machten[104], oder in Maisblätter, die nur einen kleineren, rascher verderblichen und geschmacksneutralen Kloß zuließen.[105]

Neben den höheren Maiserträgen pro Anbaufläche dürfte die höhere Quellfähigkeit des Mais mit dazu beigetragen haben, daß der Kenkey sich gegenüber dem Hirsebrei durchsetzte, obwohl die Zubereitung in vieler Hinsicht aufwendiger war. Zwei weitere Faktoren mögen dafür mitverantwortlich sein:

1. Aus Kenkey ließ sich in einer weiteren Verarbeitungsform eine Art Zwieback herstellen, indem man die gekochten Klöße noch einmal buk: "Die Moren von la Mina Castellum, backen gar schön Brot von Mays, welches unserem Weitzenbrot fast gleich ist/ Sie können es auch gar hart backen/ daß es sich wol 3. oder 4. Monat lang halten kan/ dann sie ire Schiff und Nachen mit demselben profianthieren und versorgen müssen/ wann sie nach S. Thoma oder Angola fahren wollen."[106]

2. Kenkey war das erste eingewickelte, relativ haltbare und zugleich auch kalt zu verzehrende Fertiggericht, das nicht trocken war (im Gegensatz zum Hirsefladen) und mit wenigen Zutaten eine komplette, magenfüllende Mahlzeit ausmachte.

---

[102] Bosman, Willem. 1705. S. 124.

[103] Cruickshank, Brodie. Bd. 1. 1853. S. 274.

[104] Bediako-Amoa, Betty. 1973. S. 31: "Fanti Kenkey has a longer shelf life than Ga Kenkey. It might be kept for two weeks and still be edible, whereas Ga Kenkey becomes mouldy after only three days storage."

[105] Der Kenkey fand zugleich Eingang in Kulthandlungen. Field, Margaret. 1937. *Religion and Medicine of the Gã People*. London: Oxford University Press. S. 201: "Every morning for a week after the day of the death a woman takes kenkey food mixed with palm-oil and sprinkles a little on the box of finger-nails and sponge, or over the place where it is buried."

[106] de Marees, Pieter. 1603. S. 24.

"Andere die die Gelegenheit nicht haben/ daß sie selber Brot backen können/ die gehen auff den Marckt/ und kauffen ihnen obgemeltes Brot/ das sie heissen Kangues."[107]

Dieses Zitat aus der Zeit um 1600 beleuchtet die beiden bis heute gültigen Charakteristika der Kenkeyherstellung. Der Kenkey entwickelte sich zur Grundnahrung für diejenigen, die sich ihre Nahrung nicht täglich selbst zubereiten konnten, und seine Herstellung war so zeitaufwendig, daß sie sich im Familienhaushalt kaum lohnte. So finden sich immer wieder Hinweise auf dessen gewerbliche Herstellung: "little besides Plantain, small Fish, Indian Corn, and a great deal of Canky, to be bought at Market."[108]

Die kleinbäuerliche Familie bereitete ihre Nahrungsmittel täglich frisch. Eine Notwendigkeit, länger haltbare Gerichte anzubieten, bestand im wesentlichen dort, wo Menschen außerhalb des Familienverbandes lebten und anderer Beschäftigung als dem Ackerbau nachgingen. Das war vor allem in den Häfen der Fall, denn die Fischer und Händler, die mit Booten ausfuhren, konnten auf ihren Einbäumen nicht kochen.

Die Europäer siedelten ihre Forts an den gleichen Orten mit günstigen Ankermöglichkeiten an. Sie suchten zum einen Ersatzformen für das europäische Brot für ihre eigene Ernährung und beschäftigten zugleich eine wachsende Zahl von Menschen, die ernährt werden mußten. Der Kenkey bot sich als ein über alle Jahreszeiten hinweg verfügbares, zu jeder Tageszeit verzehrbares und vor allem billiges Nahrungsmittel an: als ein Armeleutegericht[109] in den neu entstehenden

---

[107] de Marees, Pieter. 1603. S. 24. - Die Märkte waren zwar klein, aber nicht unbedeutend. Hinderink, J.; Sterkenburg, J. 1978. Income Inequality under Changing Urban Conditions in Tropical Africa. A Case Study of Cape Coast, Ghana. *Tijdschrift voor Economische en Sociale Geografie* 69 (1/2). S.48: "During the seventeenth and eighteenth centuries Cape Coast was a small urban settlement of about 500 houses, possibly equal to some 3000 inhabitants. This number fluctuated strongly, however, due to diseases, warfare and, particularly, changes in the importance of certain commodities for export including the varying number of slaves awaiting their transport to the New World. Yet Cape Coast was undoubtedly one of the principal coastal settlements because of its function as an outlet of an important trade route from the interior to the coast...and especially its position as a seat of a European merchant company." Vgl. ebenso Dickson, K. B. 1969. *A Historical Geography of Ghana*. Cambridge: Cambridge University Press. S. 117.

[108] Atkins, John. 1735. S. 92.

[109] Field, Margaret. 1960. *Search for Security*. London: Faber & Faber. S. 33: "In about 1937 the late Douglas Benzies...organised a social survey of the purely urban slum quarter of Accra. A large team of his workers questioned some hundreds of people concerning their daily expenditure and their daily food... It was found that the poorest people of all lived entirely

'Ballungsgebieten' um die Forts herum: "they do not allow themselves sufficient to buy necessary Food; the defect of which they are then forced to supply with Bread, Oil and Salt, or at best with a little Fish; so that it is hardly to be expected, that these Men should be healthful."[110] Atkins bezeichnete die europäischen Angestellten der Forts als eine Gesellschaft *weisser Neger,* "they have each of them a Salary sufficient to buy Canky, Palm-Oil, and a little Fish to keep them from starving."[111]

2.7 Klöße sind Frauenarbeit

Iserts Bemerkung, die Geschäfte der Weiber seien ungleich zahlreicher als die der Männer,[112] können wir nicht nur für heute, sondern auch für die Jahrhunderte davor belegen. "Anfänglich ist zu wissen, daß das Weib das Regiment im Hauß habe/ und der Mann sich/ so viel ihm müglich/ bemühet/ daß er etwas verdienen und gewinnen möge/ derhalben muß das Weib das Hauß versorgen/ mit Essen und Trinken nach Notturfft."[113] Als Hilfsmittel standen ihnen nur wenige Gerätschaften zur Verfügung: "Man siehet in der gemeinen Leute Wohnungen gar wenig Haußgeraht. Selten findet man bey ihnen mehr/ als etwa eine grosse Calabassa/ einen küpffernen Kessel/ oder Becken/ worauß sie sich täglich waschen... Einen Topff/ in welchem sie die Speise kochen. Eine oder zwey Calabassen/ welche sie zum Trinckgeschirr gebrauchen. Eine irdene Schüssel/ auß welcher sie essen."[114]

---

on starchy food (cassava, yam or maize balls)."

[110] Bosman, Willem. 1705. S. 107.

[111] Atkins, John. 1735. S. 90. Wie Recht Atkins mit seiner Bemerkung hat, zeigt ein Vergleich der Jahressaläre der Angestellten des Forts von Cape Coast: £ 400,- für den Generalagenten, £ 50,- für Büroangestellte, £ 20,- für Handwerker und £ 12,- für einen Soldaten. Vgl. Davies, K. G. 1957. *The Royal African Company.* London. S. 252. Oder auch folgende Bemerkung: "It is really distressing to see these poor men of Capt. Mackenzies (at Mouree) starving, for three days they complain that they have not received any sustenance and during this time lived on a Biscuit and a little Canky." Ghana National Archives: G.N.A., ADM 1/2/419: George Ormsby 6.10.1782 (Cape Coast) to R.Miles.

[112] Vgl. Isert, Paul Erdmann. 1790. S. 188.

[113] de Marees, Pieter. 1603. S. 24.

[114] Müller, Wilhelm. 1673. S.147 f.- von der Groeben, Otto Friedrich. 1694. Hier zitiert nach Jones, Adam. 1985. S. 222, schreibt zu Sierra Leone 1682/83: "Da ich in die Hütten gegangen, fand ich ebenfalls nichts als irgends ein Messer, Höltzerne Stampe, einen Topff, und ein Mattchen; Daß also der gantze Wehrt hochgeschätzet 2 gute Groschen, daß Hauß an sich selbsten nicht mehr als drey gewesen." - Um die Mitte des 19. Jahrhunderts glichen die Gerätschaften, mit denen die Frauen hantierten, denen von 200 Jahren zuvor. Cruickshank, Brodie. Bd. 1. 1853. S. 292: "... their household wants were extremely few and of the most

Eine andere Quelle aus der gleichen Zeit bestätigt: "Their cooking utensils were simple enough, the earthenware jar generally answering every purpose", fügt aber hinzu: "but in the larger villages there were some good brass basins."[115] Im Gegensatz zu den irdenen Tontöpfen, die offensichtlich leicht zerbrachen: "In almost every village there was a pottery, and judging from the number of earthen jars, the consumption must be considerable"[116], waren die von den Europäern zu tausenden ins Land gebrachten Schüsseln, Becken und Töpfe aus Messing, Kupfer oder Eisen von weit längerer Haltbarkeit:

"Fürs ander führet man dahin ein grosse Mänge von allerhand Gattung Becken/ als kleine und grosse Pfannen/...und ist ihnen ein gar bequemes Geschirr zum Kochen... Ferner wird auch ein grosser Überfluß von Kesseln dahin geführt/ die sie sehr auffkäuffen und gebrauchen/ Wasser damit zu holen auß den Brunnelachen und Thälen/ Weiter rothe küpfferne Häfen/ inwendig verzinnet/ die sie gebrauchen zum Wasser/ so sie ins Haus stellen/ anstadt deß Biers zu trincken/".[117]

Die massenhafte Einfuhr stabiler und großer Kessel dürfte eine Voraussetzung für die kleingewerbliche Kenkeyherstellung gewesen sein, denn seine Zubereitung erstreckt sich über vier bis fünf Tage und die verschiedenen Produktionszyklen überlagern sich. Für die Fermentierungsstadien des Mais und noch einmal des Teiges, sowie zur Aufbewahrung des Wassers, braucht man eine ganze Anzahl von Töpfen, wenn man jeden Tag frischen Kenkey auf den Markt bringen möchte.

Häufig genug waren es denn auch die Frauen, die das Geld in den Haushalt brachten, "Whilst the Man only idly spends his time in impertinent Tattling (the Women's Business in our Country) and drinking of Palm-Wine, which the poor Wives are frequently obliged to raise Money to pay for...".[118] - Welch bestimmende Rolle sie schon damals im täglichen Kleinhandel spielten, beschreibt de Marees für das ausgehende 16. Jahrhundert am dichtesten:

"... so kommen dann die Bauwers-Weiber mit ihren Waaren zu Marckte/ da dann die eine bringt ein Cabas voll Pomerantzen=Epffel/ oder Limonen/ Die ander

---

ken place... a few earthen pots for holding water and cooking, a calabash to drink from, a couple of stones to grind his corn, a tub to pound his plantains in, and a bill-hook and hoe to clear his plantation, the Fantee is in a condition to commence housekeeping, with everything necessary for his establishment."

115 Brackenbury, Henry. 1874. *The Ashanti War. A Narrative in two Volumes.* London. Bd. 2. S. 328.

116 Brackenbury, Henry. 1874. Bd. 2. S. 328.

117 de Marees, Pieter. 1603. S. 32.

118 Bosman, Willem. 1705. S.199.

bringet Bannanas, Bachonens, Petatos, Indiamas und andere Früchte/ Die dritte bringt Korn/ als Millie/ Mays/ Manigette, Reiß/ und anders/ Die vierdte bringt Hüner/ Eyer/ Brot/ und dergleichen Sachen mehr/ so den Eynwohnern in den Seestätten von nöten sind/ Diß alles verkauffen sie so wol den Eynwohnern/ als den Niderländern/ so von den Schiffen kommen/ allerley Notturfft zu holen...Diese Weiber seyn sehr nahrhafftig und fleissig in ihrem Handel/ ja sie seyn so eyfferig darauff/ daß sie täglich auff die 5. oder 6. Meylen weit daher kommen gegangen/ ihren Handel zu treiben/ und seyn darzu beladen wie die Esel/ dann sie tragen ihr Kindt auff dem Rücken/ und ein schwere Last von allerley Früchten auff dem Kopff/ Also kommen sie schwer beladen auff den Marckt/ und wann sie ihre Sachen verkaufft haben/ käuffen sie wider Fisch und anders/ an andere Oerter zu tragen/ daß sie also offtmals eben so schwer beladen von dem Marckt gehen/ als sie drauff kommen seyn."[119]

Mit der raschen Ausbreitung des Mais entwickelt sich der Kenkey im 17. und 18. Jahrhundert zu einem Grundnahrungsmittel und seine Herstellung wird, wie etwa das Bierbrauen, zu einer reinen Frauendomäne. Bei Atkins heißt es 1735 ganz lapidar: "...and in the Streets (such as they are) sit People to sell the Nuts, Limes, Soap, Indian Corn, and what is a great part of their Food, **Canky, the Work of Women."** [120]

---

[119] de Marees, Pieter. 1603. S. 40. - Sudarkasa, Niara. 1973. S. 26, bestätigt für die Yoru-ba-Frauen: " Available evidence suggests that women have been involved in the distribution of goods for as long as the Yoruba have lived in urban areas, and that the historical precedent for present-day trade by women can be found in their participation in the markets *within the towns in which they resided*; for whereas some women did engage in inter-urban trade, by far the majority traded in their local town markets."

[120] Atkins, John. 1735. S. 76. (Hervorhebung d.V.) - Den Namen *Kenkey* in seinen ver-schiedenen Transkriptionsformen benutzten die Europäer. In den Landessprachen lautet er ganz anders, *Komi* in Ga, *Dokunu* in Akan und *Dokon* in Fanti.

46

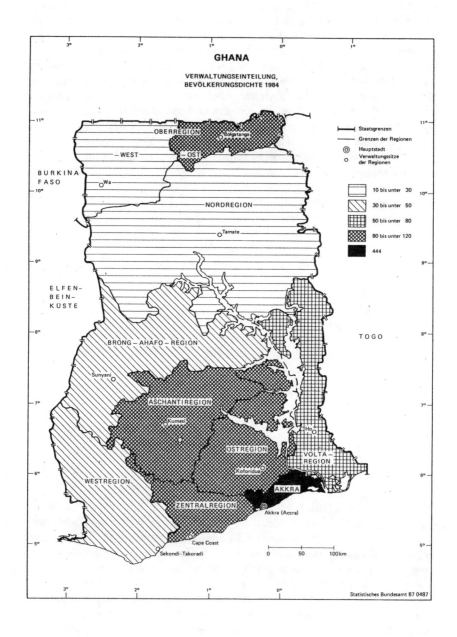

GHANA

VERWALTUNGSEINTEILUNG,
BEVÖLKERUNGSDICHTE 1984

Statistisches Bundesamt 87 0487

3 Kenkeyküchen in Labadi

3.1 Die Annäherung

Im Süden Ghanas finden wir auch heute noch zwei Arten von Kenkey, den *Ga*-Kenkey und den Fanti-Kenkey. Die *Ga* und die *Fanti* sind die großen Kenkey-esser Ghanas. In und um Accra, dem Heimatland der *Ga*, spielt der *Ga*-Kenkey als das Grundnahrungsmittel der urbanen Bevölkerung die wesentliche Rolle.[1]

Von den sechs ursprünglichen städtisch-dörflichen Ansiedlungen der *Ga* an der Küste liegen heute zwei, Jamestown und Osu, im Zentrum Accras, drei - Teshie, Nungua und Tema - sind in vorstädtischen Ballungsgebieten aufgegangen und eine, Labadi, liegt an der Peripherie von Accra. James-town, Osu und Labadi ha-ben, im Gegensatz zu den drei weiter außen liegenden ursprünglichen Fischer-dörfern, ihren historischen baulichen Charakter weitgehend bewahrt. Jamestown und Osu entstanden als Ansiedlungen um externe Bezugspunkte, nämlich das James Fort und Ussher Fort, bzw. die Christiansburg. Labadi entwickelte sich da-gegen um einen Dorfkern herum, die Gegend um den Labadimarkt, der als Laba-ditown bezeichnet wird. Labadi liegt wie eine Art Insel zwischen der Ring Road im Westen, der Ausfallstraße nach Tema im Süden und der Giffard Road im Osten. Im Norden grenzen die in der Kolonialzeit entstandenen Wohngebiete von Labo-ne und East Cantonments an. Labadi ist nach innen gekehrt, es weist dem Ein-dringling den Rücken zu, selbst von der Küste her. Wen persönliche Bindungen nicht hierher führen, der hat kaum Grund, ins Innere vorzudringen, es gibt weder besondere Geschäfte noch Fabriken, weder Krankenhäuser noch Verwaltungen, weder höhere noch weiterbildende Schulen.[2]

---

1 Cardinall, A. W. 1931. *The Gold Coast, 1931*. Accra. S. 236: "The standard of living among Africans is not widely different. Rich and poor alike subsist on practically similar food both in quality and in quantity. The food base is identical and except in a very few cases has remained unaltered from the traditional African menus." - Poleman, Thomas. 1961. *The Food Economies of Urban Middle Africa: The Case of Ghana*. A Publication of the Food Research Institute, Stanford University. Reprinted from *Food Research Institute Studies* 2 (2). May 1961. S. 147: "As is true over virtually all of Middle Africa, most meals are built around a mass of stiff porridge or dough paste made from one of a small number of the star-chy -staple foods - the cereals, the starchy fruits, roots, and tubers - bits of which are dipped into a sauce or thin stew before being eaten." - Goody, Jack. 1982. *Cooking, Cuisine and Class*. Cambridge: Cambridge University Press. S. 78: "The ordinary meal consists of the one dish...Moreover, among the Lo Dagaa, that dish is basically the same from day to day - porridge made from guinea-corn or millet, and accompanied by a soup...If there is little va-riation day by day, there is necessarily little variation in weekly diet, with no special days for special foods except for meat on festivals. The alternation is a seasonal one. But over here the most important variation was one of quantity, less being available at the end of the year."

Nur wenige schmale, von breiten Abflußrinnen gesäumte Straßen sind geteert. Ansonsten zieht sich durch Labadi ein Geflecht von Lehmstraßen, Wegen und schmalsten Gassen. Um den Labadimarkt, vereinzelt auch an den Hauptstraßen, rahmen zweistöckige Gebäude die Wohnhöfe ein. Sie gehen in einstöckige, gemauerte und schließlich in Lehmhäuser über. Labadi ist dicht bebaut und setzt sich aus (oft verfallenden) Häusern[3] und geschlossenen Höfen zusammen, die in offene, selten baumbestandene Straßen und Plätze einmünden. Der rotbraune Rost der Wellblechdächer hebt sich kaum vom Laterit der Wege und Lehmmauern ab. Nur die weißgekalkten oder farbig angestrichenen Hauswände unterbrechen das Bild, ebenso wie die grünen Tupfer der Baumkronen oder einzelner Gärten.[4] Auf dem Markt, an ungezählten Verkaufsbuden oder Tischen, in kleinen Garküchen am Straßenrand oder als fliegende Händlerinnen bieten Frauen in handlichen Portionen feil, was die Kunden tagtäglich brauchen oder verzehren.[5] Das Stadtbild bestimmen von morgens bis abends zahllose Menschen, die ihren Klein- und Kleinstgewerben nachgehen. Hier vermutete ich denn auch, ein Netz von traditionellen Kenkeyküchen zu finden. Mitte 1986 machte ich mich auf die Suche und habe im Zeitraum von drei Monaten 46 Kenkeybetriebe gesehen. Ich führte ausführliche Gespräche mit den Kenkeyfrauen an ihrem Arbeitsplatz, der im Innenhof ihres Wohnhauses oder gleich davor am Straßenrand liegt.

---

[2] Field, Margaret. 1937. S. 39: "The town of *La* (or Labadi as Europeans and their maps call it) now has a water-supply from Accra pipe lines and a motorbus service joining it to Accra. This has made part of it a suburb of Accra and the residence of a multitude of Accra clerks. These and the petrol stores that border the good tarred road that runs through Labadi greatly deceive the Europeans who rush through in their cars." - Die Bevölkerung von Labadi hat sich in den letzten 25 Jahren fast verdreifacht. 1960 = 25.939 Einwohner; 1970 = 45.195; 1984 = 69.021. Vgl. Population Census of Ghana, Statistics of Towns, Census Office Accra, 1964, 1978, 1986.

[3] Labadi präsentierte sich schon vor 20 Jahren nicht viel anders. Azu, Diana Gladys. 1974. *The Ga-family and Social Change*. Cambridge: African Studies Centre. S. 4: "A census of buildings taken by the Town and Country Planning Office in 1965, in connection with a slum clearance scheme revealed that of 1.804 buildings in the town, about 1.120 were considered to be in a bad state and must be demolished".

[4] Was Ioné Acquah vor 3o Jahren in ihrem Accra Survey über Ussher Town berichtete, trifft noch heute auf Labadi zu.Acquah, Ioné. 1972 (1958). *Accra Survey*. Accra: Ghana Universities Press. S. 47: "Of the twelve dwellings studied by the Town Planning Department, it was found that the rooms were used solely for sleeping and storage purposes. All the cooking, washing and other activities were carried out in the open compound. "The compounds were untidy owing to the number of articles stored in them such as cooking pots, etc., but in no cases were they dirty or smelly."

[5] Eine detaillierte Klassifizierung solcher Verkaufsplätze am Straßenrand in Accra für die Mitte der 1960er Jahre findet sich bei: Reusse, Eberhard; Lawson, Rowena. 1969. S.46.

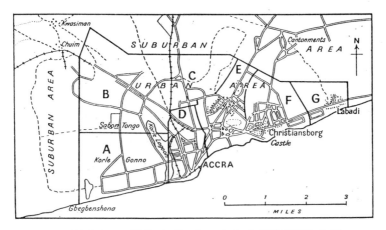

Abb.2 Accra, 1943. Quelle: Acquah, Ioné. 1972 (1958). S. 38.

Bei einer umfänglicheren Untersuchung kommt man um einen Fragebogen nicht herum. Ich hatte mir jedoch vorgenommen, alle Gespräche selbst zu führen und die Grundgesamtheit nicht im vorhinein nach statistischer Repräsentanz festzulegen, ebensowenig das Auswahlverfahren, sondern Anzahl und Auswahl dem lebendigen Zufall zu überlassen und die Befragung dann als beendet zu erklären, wenn fortlaufende Wiederholungen mir anzeigten, der Zuwachs an Erkenntnis nehme fortan nur noch ab. Die offene Herangehensweise ließ mir daneben die Möglichkeit, die Zulieferhändlerinnen für Salz, Brennholz und Mais in die Befragung miteinzubeziehen und damit die Kenkeyherstellung als Teil eines Geflechts von Abhängigkeiten und Handelsbeziehungen darzustellen.

Zu meiner Rolle

In der zweiten Kenkeyküche lernte ich Felicia Sowah[6] kennen. Sie sprach fließend Englisch und erklärte sich bereit, mich mit Kenkeyfrauen in ihrer Nachbarschaft bekannt zu machen. Felicia wurde meine fast ständige Begleiterin und Übersetzerin. Ich erzählte ihr von meiner Arbeit und der mit meiner Hilfe gegründeten Einkaufsgenossenschaft von drei Kenkeybetrieben in Madina. Den Kenkeyfrauen in Labadi bat ich sie zu sagen, ich käme zu ihnen, weil ich ein Buch schreibe. - Während der Befragung verwunderte mich, wie interessiert manche Frauen an einem Gespräch mit uns waren. Meine anfängliche Befürchtung, die Frauen würden entweder gar nicht oder nur sehr allgemein mit mir über ihr Geschäft reden, verflüchtigte sich nicht nur rasch, sondern verkehrte sich: Manche Frauen drängten sich danach, in die Befragung miteinbezogen zu werden. In der Gegend um den Labadimarkt, wo es in vielen Höfen eine oder gleich mehrere

---

6 Siehe auch: Auszüge aus der Lebensgeschichte der Felicia Sowah in Kapitel 5.

Kenkeyküchen gibt, ging uns zeitweise so etwas wie ein Lauffeuer voraus.

◊ Arbeitstagebuch vom 8.7.1986 (23. Interview)
Felicia und ich treten in einen großen, langgestreckten Innenhof. Es wimmelt von
Frauen, Kindern, Hühnern und Schafen. Wir bahnen uns unseren Weg durch
vollgehängte Wäscheleinen, zwischen Töpfen, Tonnen und Brennholz. Felicia tritt
zu einer älteren, grauhaarigen Frau und redet mit ihr. Die Frau unterbricht ihre
Arbeit nicht. Aus einer Tonne füllt sie den eingeweichten Mais mit ihren Händen
in Körbe um. Ich bleibe im Hintergrund stehen, viele Augenpaare streifen mich.
Felicia erklärt, wer ich bin und was ich will. Die Frau macht einen abweisenden
Eindruck auf mich. Dann plötzlich unterbricht sie ihre Arbeit, rückt Hocker zurecht
und lädt uns zum Sitzen ein. Andere Frauen kommen hinzu, Felicia redet weiter.
Den wenigen Wörtern, die ich verstehe, entnehme ich: Sie erklärt nun den hinzu-
gekommenen Frauen, was ich will. Zwölf, 15 oder mehr Frauen arbeiten in dem
Hof. Genau läßt sich das nicht feststellen, es herrscht ein ständiges Kommen und
Gehen. Die meisten Frauen sind um die drei großen Feuerstellen beschäftigt, sie
kochen verschiedene Gerichte für den Verkauf am Straßenrand.
Dann sagt Felicia ihr übliches "we can start, she is ready to talk", wir beginnen mit
dem Interview: Agnes Odartey, ca. 65 Jahre alt, hat ihr Leben lang Kenkey gekocht... Wenige Minuten später kommt eine noch ältere, hagere Frau mit eiligem
Schritt auf mich zu und begrüßt mich überaus herzlich. Ihre langen Brüste
schwingen dicht vor mir hin und her. Eine hitzige Diskussion entwickelt sich zwischen den Frauen, in deren Verlauf Agnes Odartey aufsteht und zu ihrer Arbeit an
der Maistonne zurückkehrt. An ihre Stelle setzt sich die neu hinzugekommene
Frau. Da sie, Akuokor Lamptey, die älteste Kenkeyfrau des Familienverbandes
ist, reklamiert sie das Gespräch mit mir für sich. Sie hatte bereits von mir gehört
und mich täglich erwartet. Mich beschleicht Unbehagen. Welche Erwartungen
verknüpfen die Frauen mit dem Interview? ◊

Nun wollte ich von Felicia wissen, was sie den Kenkeyfrauen jeweils erzählt
hatte:
"Ich sage den Frauen, Du willst ihnen Fragen zu ihrer Arbeit stellen. Du hast mit
Kenkeyfrauen eine Genossenschaft in Madina gegründet, und nun willst Du in
Labadi das gleiche tun und dazu suchst Du interessierte Frauen. Nach der Befragung wirst Du ein Treffen einberufen. Keine der Frauen hat gefragt, warum Du
das machst. Du wolltest, daß ich es ihnen sage, aber wie die Kenkeyfrauen nun
einmal sind, sie hätten es nicht verstanden. Deshalb habe ich ihnen von der Genossenschaft erzählt. Ich wußte, das würde sie interessieren. Über Deine
Untersuchung habe ich nie ein Wort verloren. Wären die Frauen zur Schule gegangen, hätten sie es leicht verstehen können, aber die meisten wissen nicht
mal, wie alt sie sind. Mit den Kenkeyfrauen kannst Du nur über Mais und ihre
Arbeit reden. Das schätzen sie. Dann nehmen sie sich auch Zeit und denken

über Deine Fragen nach. Stell Dir nur mal vor, wir gehen zu einer Kenkeyfrau, und ich erzähle über Deine Untersuchung. Die Frau ist aber mit ihrer Arbeit beschäftigt und müßte erst sehr viele Fragen stellen, bevor sie überhaupt versteht, was Du vorhast. Dazu war keine Zeit. Ich habe nicht einer Frau erzählt, daß Du ein Buch schreibst. Die meisten haben nach Hilfe gefragt. Sie haben auf Deine Fragen gerne geantwortet, weil sie dachten, irgendetwas wird schon dabei rauskommen. Sie hätten es nicht gerne getan, wenn sie das Gefühl hätten haben müssen, es folge nichts daraus. Sie wären nicht bei der Sache gewesen."

Nach den ersten Gesprächen hatte ich mich bereits gefragt, wieweit ich mich angesichts der erkennbaren Notlage vieler Frauen allein auf Fragen zurückziehen konnte. Mir waren ja inzwischen die Schritte geläufig, wie sich Frauen mittels eines bescheidenen Kredits ein Stückchen weit aus ihrer permanenten Verschuldung lösen können. Felicias Darstellungsweise hatte jedenfalls durchaus bedrängende Aspekte.

◊ Arbeitstagebuch vom 25.6.1986 (9. Interview):
Außer schmalsten Gassen ist kein Platz zwischen den einzelnen Häusern in der Gegend, in der Elizabeth wohnt und ihre Kenkeyküche betreibt. Schwer auszumachen, wo ein Compound endet und der nächste beginnt. Elizabeth sagt, in ihrer nächsten Nachbarschaft arbeiten sicher sechs Kenkeyfrauen. Wir besuchen eine. Sie ist dabei, die Klöße in Maisblätter einzuwickeln. Ich schaue den geschickten Händen gerne zu. Ein großer Korb mit sicher 200 Klößen steht neben ihr. Hier kann ich in den nächsten Tagen hinkommen. Eine Sorge: Ich falle sehr auf. Was erzählen die Frauen wohl untereinander über mich? Als ich mit Elizabeth und ihren Helferinnen sprach, konnte man mich vom Eingang aus sehen. Immer wieder blieben Frauen stehen. Ich fühle mich häufig beobachtet. Elizabeth fordert mich auf, auch ein Interview mit ihren beiden Helferinnen zu führen, sie könnten doch ein eigenes Geschäft aufbauen. - Beim Weggehen spricht mich vor der Tür eine Frau an und lädt mich in ihr Haus ein. Sie sei zwar keine Kenkeyfrau, aber könne eine werden. Die Erwartungen erschlagen mich, ich wehre ab und fliehe nachgerade. ◊

Felicia hatte die Gesprächsbereitschaft der Kenkeyfrauen auf ihre eigene Weise hergestellt, und ich erinnerte mich aus Madina an Tsotso Mensahs Worte "no time to talk only". Die Frauen in Labadi antworteten mir offen, ausführlich und ohne jede Hast - ein Gespräch dauerte mindestens zwei Stunden, manchmal verbrachten wir einen ganzen Vormittag in einer Kenkeyküche - auf alle meine Fragen und gaben mir einen tiefen Einblick in ihre Arbeit und ihr Leben. Ich hatte den Gewinn für meine Untersuchung, ihrer stand noch aus. Bei der Befragung allein konnte es nicht bleiben. Mit deren Ende haben wir Schritte eingeleitet, um auch in Labadi eine Einkaufsgenossenschaft zu gründen.

Zu meinen Fragen

Mein Fragebogen (s. Anhang) diente mir eher als Leitfaden, dadurch konnte ich offen auf die jeweilige Situation eingehen. Meine Beobachtungen hielt ich in einem Arbeitstagebuch fest. - Während der drei Monate in Labadi begegnete mir nie ein Weißer. Deshalb war ich in der Gegend um Felicias Haus, hier begannen alle unsere Ausflüge, nach kurzer Zeit bekannt. Eines Morgens riefen einige Frauen vom Nachbargrundstück Felicia nach: "Wohin gehst Du, Dein Kenkeyteig kann doch noch gar nicht gerührt sein." Wie hatte ihre Familie auf mich reagiert?

"Sie haben gar nichts gesagt. Heute, als Du mich abholtest, sagte ich meiner Mutter, ich komme erst spät nach Hause. Sie sagte, geh nur, laß alles, ich mache die Klöße für Dich. Sie haben nie gefragt, ob ich einen Vorteil davon habe oder ob ich meine Zeit verschwende, sie haben mich nie gehindert, sie fragten nicht, was ich im einzelnen mache, sie sagten, ich solle nur gehen."

Wie hatte sie ihre neue Rolle selbst empfunden?

"Du wolltest etwas von den Kenkeyfrauen erfahren. Dafür hatte ich nur die Zeit, in der ich sonst ausruhe. So habe ich Dich zu den Frauen begleitet, damit Du zu Deinen Berichten kommst. Ich war nicht müde. Wir sind nicht gelaufen, wir sind mit dem Auto gefahren und dann haben wir uns hingesetzt. Es hat mir gefallen. - Ich habe auch etwas gelernt: Wie andere Frauen ihre Arbeit machen und daß man mehr verdienen kann, wenn man einen guten Verkaufsplatz hat, wenn man den Mais bar bezahlen kann und wenn man Salz sackweise und Brennholz in Wagenladungen kauft."

Von den mehr als 50 Gesprächen hat Felicia bis auf wenige - fünf Kenkeyfrauen sprachen Englisch - alle übersetzt, dazu sagte sie:

"Manchmal verstanden die Frauen Deine Frage nicht oder hatten so darüber noch nicht nachgedacht. Wir Frauen oder wir Schwarze denken über Ein- und Verkauf anders als Du. Unser Begriff vom Handel ist anders. Ich mußte viel erklären. Manchmal brauchte ich länger, bis sie verstand und Dir antworten konnte. Manchmal hast Du Dich wohl gefragt, warum ich wegen einer Frage soviel in *Ga* sprach. Wir berechnen nie das Salz, das wir für den Kenkey benötigen, wir rechnen auch die Maisblätter nicht nach. Wenn wir z.B. kein Einwickelpapier mehr haben und wir haben genügend Geld, dann gehen wir und kaufen es, um unsere Arbeit tun zu können. Zuweilen konnten wir von Deinen Fragen etwas lernen. Manche Frauen verstanden Deine Fragen schnell, es fiel ihnen leicht, ihre Meinung zu sagen. Einige Frauen sind ungebildet und schwer von Begriff. Wenn Du denen eine Frage stelltest, konntest Du leicht eine falsche Antwort erhalten, deshalb mußte ich viel erklären."

Gemeinsam haben wir alle im Fragebogen enthaltenen Fragen durchgesprochen, und Felicia öffnete mir an manchen Punkten die Augen, wie stark meine Herangehensweise und Frageform von der Denkweise der Kenkeyfrauen abweicht. Ihre Kommentare finden sich an den entsprechenden Textstellen.

Das 46. Interview

Beim 42. oder 43. Interview deutete sich mir das Ende der Befragung an: Die Wiederholungen mehrten sich, die Spannung ließ nach, Felicia und ich ermüdeten allmählich. Wir waren durch Zufall auf eine Reihe von kleineren Kenkey-küchen gestoßen, die sich in ihrer Struktur und ihren Problemen stark ähnelten. Dennoch wußte ich nicht, wie ich mich lösen, wie ich einen Schlußpunkt finden sollte.- Dzashie Quayekojo setzte ihn unübersehbar. - Mit etwa 85 Jahren war sie die älteste Kenkeyfrau, der ich begegnete. Zeit ihres Lebens hat sie mit zwei ihrer wenig jüngeren Schwestern Kenkey gekocht, genauso wie ihre Mutter und ihre Großmutter zuvor. Vier Generationen von Frauen leben in ihrem Compound zusammen. Zehn der größten Kochtöpfe, die meisten allerdings jetzt unbenutzt, weit mehr, als ich je anderswo gesehen habe, zeugten von einem einst blühenden Kenkeybetrieb. Bei ihr gab ich mich dann auch auf die Frage, wie viele Münder sie zu füttern habe, mit der Antwort zufrieden: "plenty".

Mit ihren 85 Jahren ist Dzashie Quayekojo zu alt für die körperliche Arbeit, sie überwacht nur noch die Kenkeyküche. Alles Geld geht durch ihre Hände. Auf meine Fragen antwortete sie eher mürrisch und abweisend; sie erwartete auch nichts. Beredt wurde sie erst, als ich sie bat, mir ihre 70jährige Erfahrung als Kenkeyfrau zu schildern:

"Die Kolonialzeit war besser, ich hatte keine Schulden. Damals konnten wir Tuch kaufen, heute können wir nur noch unsere Kinder ernähren. Ich kochte in einem 40er Topf (= sieben Eimer Wasser). Noch vor zehn Jahren. Heute kochen die Jungen in einem 15er Topf (= zweieinhalb Eimer Wasser). Das Geschäft ist bergab gegangen, weil es heute zu viele Kenkeyfrauen gibt. Früher gab es nur ein paar alte Frauen, die Kenkey kochten. Kenkey ist harte Arbeit, deshalb mögen junge Frauen es nicht. Heute ist es so schwierig, sich zu ernähren, da macht es jede. Heute ist es leicht, eine Frau zum Teigrühren zu finden. Ich habe meinen Teig immer selbst gerührt. Ich hatte auch nie Hilfe von meinem Mann. Ich habe die Kenkeyküche von meiner Mutter übernommen. All meine Schwestern und ich haben zusammengearbeitet. Ich hatte nie Geld, um etwas anderes anzufangen. Eine Frau, die von ihrem Mann ein Startkapital zum Handel bekam, wäre nie eine Kenkeyfrau geworden. Kenkeykochen ist für die Armen, die nie Unterstützung von ihrem Mann hatten. Wer kein Geld hatte, hatte die Wahl: auf dem Makola-markt als Trägerin für die Händlerinnen zu arbeiten oder Kenkeyfrau zu werden. Kenkeykochen kann man ohne Geld anfangen, man braucht nur Kredit bei der Maishändlerin.

Die Arbeit war hart, der Weg zu der Mühle weit, man mußte die schwere Last auf dem Kopf tragen, damals gab es dafür keine Hilfskräfte. Heute gibt es, weil die Zeiten schwieriger sind, für alles Handlanger. Wer viel Kenkey kochte, saß fünf bis sechs Stunden beim Einwickeln. Da tut einem der Rücken weh. Heute habe ich Schmerzen am ganzen Körper. Die Augen entzünden sich von dem Rauch, vom Teigkneten und Wickeln der Klöße lösen sich die Fingernägel auf. Eine meiner Töchter kann mit der rechten Hand nicht mehr essen. Ihre Nägel sind vom Einwickeln der Klöße zerstört." (FB 46)

3.2 Die Kenkeyfrauen

In den Kenkeyküchen von Labadi arbeiten fast ausschließlich *Ga*-Frauen. Ich traf auf zwei Ausnahmen, eine davon ist *Fanti* und kocht Fanti-Kenkey, die andere ist *Ewe*. Die Frauen klärten jeweils untereinander, wer mit uns sprechen sollte: immer die für das Geld und damit für den Betrieb Verantwortliche. Für mich als Außenstehende war oft nicht erkennbar, welche der Frauen das sein würde, weil häufig mehrere fast gleichaltrige Schwestern, das müssen nicht notwendig die leiblichen sein, zusammen die gleichen Arbeiten verrichten.

Jung waren die wenigsten. Die mit 27 Jahren mit Abstand Jüngste hatte unlängst die Verantwortung für die Kenkeyküche von ihrer 70jährigen Großmutter über-nommen, die gleichwohl weiterhin bei der Arbeit half. Die Älteste war um die 85 Jahre alt.

Tabelle 1 : Alter der Kenkeyfrauen					
Alter / Jahre	> 35	36-45	46-55	56-65	66 <	Insgesamt
Anzahl	3	9	20	7	7	46

Die meisten Frauen konnten uns ihr Alter erst nennen, nachdem sie sich mit ihren Schwestern oder Kindern beratschlagt hatten. Sie rechnen nicht in Lebensjah-ren, sondern in Familienereignissen, Kindsgeburten oder Todesfällen: "nach dem dritten Kind fing ich an, Kenkey zu kochen", "meine Mutter starb kurz nach der Geburt meines fünften Kindes."

"Die meisten Frauen wissen nicht, wie alt sie sind. Mit uns selbst gehen wir ge-nauso um wie mit unserer Arbeit. Wir denken nicht darüber nach. Du bist geboren und das reicht. Wenn Du die Frauen fragst, in welchem Monat eines ihrer Kinder geboren ist, dann wissen sie es nicht, nicht mal das Jahr. Eben hat sie geboren, schon denkt sie nicht mehr daran und gebiert das nächste. Nur wenige Frauen

kennen ihr Alter, wer nicht zur Schule gegangen ist, kennt es meist nicht."
(Felicia)

Ihre Ehemänner

Bei den Ga kann nicht verwundern, wie wenige Ehemänner mit ihren Frauen zusammenleben. Ihre Wohnform ist traditionell duolokal.[7] Bis auf fünf waren alle
Frauen Haushaltsvorstände. Die von mir befragten Kenkeyfrauen waren zwar zu
irgendeinem Zeitpunkt in ihrem Leben alle mal verheiratet, aber nur etwas mehr
als die Hälfte sind es noch.[8] Die Wahrscheinlichkeit, daß eine Frau sich und ihre Kinder alleine ernähren muß, nimmt mit ihrem Alter zu.[9] Die Scheidungen
häufen sich bei den Frauen mittleren Alters: "er gab mir nie Geld, deshalb habe
ich mich scheiden lassen", "er hat nie gezahlt, bevor er mich verließ, nicht einen
Pfennig"; das sind typische Gründe.[10]

Ich habe die Frauen nicht gefragt, von wie vielen Männern ihre Kinder stammen.
Zehn Frauen erwähnten im Gespräch mehr als einen Vater ihrer Kinder. Etwa die
Hälfte der Ehemänner war gleichzeitig mit zwei oder mehreren Frauen verhei-
ratet.[11] Die mehrfach verheirateten Ehemänner haben (nach den Angaben der

[7] Kaplan, Irving u. a.1971. *Area Handbook for Ghana.* London. S. 116: "Among the
traditional Ga, husband and wife maintain separate residences, usually remaining with their
own lineages in separate compounds. Children of both sexes are raised in their mother's
compound, but at about the age of thirteen boys go to live with their fathers in men's compounds...A woman's compound is usually larger and contains three to four generations of
mothers and daughters with their young children of both sexes..." Vgl. auch Kilson, Marion.
1974. *African Urban Kinsmen. The Ga of Central Accra.* London. Chapter II: Ga Concep-
tions of Kinship.

[8] Die einzige Ewe-Frau mit einem Ewe, die Fanti-Frau mit einem Fanti, von 44 Ga-Frauen
43 mit einem Ga, nur eine mit einem Fanti. Tetteh, P. Austin. 1966. Marriage, Family and
Household. In: Birmingham, Walter u. a. (Hrsg.) 1966/67. *A study of contemporary Ghana.* London: Allen & Unwin. Bd. 2. S. 201: "Marriage is the normal state among adults in
all ranks of Ghanian society. Almost everyone unless handicapped by physical or mental ill-
ness is expected to get married at least once upon the attainment of adult status."

[9] Vgl. Sanjek, Roger; Sanjek, Lani Morioka. 1976. S.22: "This case also illustrates the
strong likelihood that a woman will support herself and her children in her middle and old
age."

[10] Peil, Margaret. 1975. S.75: "Most women...remain married during most of their repro-
ductive years. Hence, age and marital status are closely related" aber S.84: "By the time they
reach menopause, many women have already lost out to a second, younger wife...The result
may be a divorce, or just a permanent separation."

[11] Azu, Diana Gladys. 1974. S. 101: "The relationship between the husband and wife...has

Frauen) mehr als doppelt so viele Kinder wie die Kenkeyfrauen, im Schnitt 14.

Tabelle 2 : Zu den Eheverhältnissen										
Familienstand			**leben zusammen *)**		**Anzahl Ehefrauen *)**					
Alter	verh.	gesch.	verw.	nein	ja	1	2	3	4	k. A.
> 35	3	-	-	3	-	3	-	-	-	-
36–45	5	4	-	8	1	3	2	1	-	3
46–55	11	5	4	16	4	11	1	3	1	4
56–65	4	1	2	7	-	-	2	3	1	1
66 <	4	1	2	7	-	1	3	2	1	-
	27	11	8	41	5	18	8	9	3	8
Insges.	46			46		46				

*) bei den geschiedenen u. verwitweten Frauen beziehen sich die Angaben auf die Zeit der Ehe

Ihre Kinder

Zusammen haben die 46 Kenkeyfrauen 264 Kinder lebend geboren,

Tabelle 3: Durchschnittliche Kinderzahl						
Alter/Jahre	> 35	36–45	46–55	56–65	66 <	ø
ø Kinderzahl	5	4.6	5.7	6.6	6.6	5.7

die jüngeren fünf, die älteren zwischen sechs und sieben.[12] Von ihrem Kenkey essen jedoch nicht nur ihre Kinder, sondern sehr viel mehr Personen.

Tabelle 4: Zu ernähren								
Anzahl Personen	1–4	5–8	9–12	13–16	17–20	21–24	25 <	k.A.
Haushalte	1	16	11	6	1	3	2	6
Antworten insgesamt 46.								

Zwei von drei Kenkeyfrauen ernähren mehr als neun Menschen, meist Kinder. Die Zusammensetzung der Haushalte ändert sich häufig, und die eigenen Kinder leben nicht unbedingt alle ständig bei der Mutter.[13]

undergone little change. Residence after marriage is still mainly duolocal. Polygyny is also practised and the polygynous husband divides his time between the wives".- Peil, Margaret. 1975. S. 85: "The husband's dominance is severely mediated in such a situation, and polygyny needn't provoke divorce, since the wives will not share accomodation. At the same time, the conjugal bond is relatively weak and easily broken."

[12] Caldwell, John C. 1967. Population change. In: Birmingham, Walter u. a. (Hrsg.) 1966/67. *A study of contemporary Ghana.* London: Allen & Unwin. Bd. 2. S. 110: "During her fertile span, the Ghanaian woman gives birth to an average of 7.3 children. This is amongst the highest levels of fertility ever recorded."

[13] Azu, Diana Gladys. 1974. S. 45: "One aspect of socialisation in La is fostering...A girl

"Wer hungrig ist, muß essen. Heute sind vielleicht mehr Familienmitglieder da als morgen und essen mehr Kenkey als morgen. Keine von uns denkt darüber nach, wir geben jedem, was er braucht. Es können 20, 30 oder mehr Klöße an einem Tag sein. Ich z.B. gebe meiner Mutter jeden Tag zwei Klöße. Manchmal gebe ich ihr auch Geld, aber nicht jeden Tag. Den Kenkey oder etwas vom Teig muß ich ihr aber tagtäglich geben. Den beiden Schulmädchen, die für mich in der Frühe verkaufen, gebe ich ¢ 30,- und je zwei Kenkeyklöße. Wenn die Kinder meiner Schwester hungrig sind, und sie ist nicht zu Hause, versorge ich sie mit Kenkey. Jede von uns verteilt am Tag Kenkey für mindestens ¢ 200,-." (Felicia)

Frauen haben häufiger Kinder aus anderen Ehen ihrer Männer mitzuernähren, so die 40jährige Mary Ofori (FB 33), die einen Mann heiratete, dessen vorherige Frau ihm, realiter jedoch ihr, die Obhut für die zehn Kinder aus erster Ehe überließ. Oft sind es auch die Kinder verstorbener Geschwister. Die 48jährige Tawia Adjetey (FB 12) hat heute neben ihren zwei eigenen Kindern die zehn Kinder ihres verstorbenen Bruders zu versorgen. "Seine Frau war eine Fremde, sie sprach Fanti, und als ihr Mann starb, ließ sie die Kinder zurück." Im Haushalt der 46jährigen Naomi Laryea (FB 10), auch sie hat nur zwei leibliche Kinder, leben die acht Kinder ihrer verstorbenen Schwester und neun Kinder ihres Bruders. Die über 50 jährigen Frauen kümmern sich meist auch um die Enkelkinder. Vida Sowah (FB 2) z.B. versorgt acht Enkelkinder ihrer beiden außer Haus tätigen Töchter. Zuweilen kulminiert beides: Geschwister- und Enkelkinder. Von den Erträgen einer Kenkeyküche lassen sich alle Ausgaben für so viele Kinder kaum bestreiten. Die Männer steuern nichts oder wenig bei, jede Frau soviel sie kann. Insofern verteilt sich die Last manchmal auf mehrere Häupter der Großfamilie. Die tägliche Ernährung sichert der Kenkey, und in fast allen Fällen - das werden wir weiter unten sehen - errechnet sich nur ein kalkulatorischer Gewinn, tatsächlich wird er Tag für Tag aufgegessen. Wo sich die Belastung nicht auf mehrere Köpfe

---

may be sent to a paternal or maternal relative who has no children of her own or to a grandmother to help her in the house...The girl goes at the age of seven or eight and may live there till she marries...A girl so sent out participates in the performance of household duties, and sometimes in trading...She is given food and clothing and where she is dutiful, she may be given money with which to start trading." - Goody, Esther N. 1982. *Parenthood and Social Reproduction: Fostering and Occupational Roles in West Africa.* Cambridge: Cambridge University Press. S. 5: "Fostering is a mode of socialisation in which a child is placed under the care and authority of 'parent surrogates - foster parents'." Peil, Margaret. 1975. S. 78: "At the bottom of the female economic hierarchy are the housemaids...Many of these girls are relatives who have been sent to town in the hope that they will attend school, or at least be trained in trading or some other skill. Where they are not relatives, they are usually from the same village as the family they are staying with, but there appears to be an *increasing commercialisation* [meine Hervorhebung] of this field in recent years. Whereas in the past girls were 'fostered' and became part of the family, payment is now often made to the girl or her family and she becomes an employee."

verteilt, führt dies zum finanziellen und physischen Ruin. Susuana Adjei (FB 39), ca. 56 Jahre alt, hat acht Kinder geboren, heute zwischen 16 und 36 Jahren alt. Sie füttert sechs ihrer Großkinder durch. Vor zwei Jahren starb ihre Schwester. Sie hinterließ zehn Kinder, für die sie jetzt alleine sorgt.

Soziale Mobilität

Bei den Kenkeyfrauen in Labadi fällt die geringe geographische und soziale Mobilität auf. Mehr als die Hälfte von ihnen sind in Labadi aufgewachsen, ein Drittel stammt aus Dörfern der Eastern Region.[14]

Zwei von drei Müttern waren Kenkeyherstellerinnen, es folgen die Kleinhändlerinnen, Fischräucherinnen und Schnapsbrennerinnen, alles traditionelle und artverwandte Frauenberufe.

Tabelle 5 : Beruf der Mutter

Alter	Kenkeyfrau	Kleinhändl	Fischfrau	Bäuerin	Schnapsfr	Andere
> 35	1	2	-	-	-	-
36-45	6	2	-	-	1	-
46-55	12	3	2	1	1	1
56-65	7	-	-	-	-	-
66 <	3	-	2	1	-	-
Insges.	29	7	4	2	2	1
Antworten insgesamt 45.						

Zwei von drei Vätern waren Bauern oder Fischer (3), von ihnen bezogen die Kenkeyfrauen möglicherweise den Mais oder den Fisch; es folgen die Fahrer von Mammielorries. Handwerker und andere Berufe (Wäscher, Krankenpfleger, Schreiber) bilden die Ausnahme. Im Verlaufe rund einer Generation haben die traditionellen Berufe rapide abgenommen.[15]

---

14 Neben den sechs *Ga*-Städten an der Küste (von West nach Ost sind das: Accra, Osu, Labadi, Teshie, Nungua und Tema) siedelten sich die *Ga* in den Accra Plains an. Azu, Diana Gladys. 1974. S. 13: " Every *La*[badi] lineage has some of its members living in one or more of the many *La* villages dotting the Accra Plains. These villages were founded mainly by hunting parties from the various quarters and have since grown into agricultural areas from where foodstuffs are sent to the town." - Field, Margaret. 1937. S. 39: "of the Labadi people...some members of every family are always *away in bush*, in one or other of Labadi's twenty or so large villages or smaller farming settlements. Most of the families draw their real life-blood from their agricultural interests."

15 Diana Azu hat 1966 in zwei Wohnbereichen von Labadi, in *Klanaa* ("to represent the area less affected by change") und in *Emmaus* ("to represent the new sector which is undergoing rapid change") soziale Daten erhoben. Von 60 befragten Vätern in *Klanaa* waren 37

Tabelle 6 : Beruf des Vaters					
Alter	Bauer/ Fischer	Fahrer/ Kfz-Mech	Hand- werker	Büro- angest.	Andere Berufe
> 35	2	1	-	-	-
36-45	5	3	1	-	-
46-55	12	1	1	3	3
56-65	4	1	1	-	-
66 <	5	1	-	-	1
Insges.	28	7	3	3	4
Antworten insgesamt 45.					

Nur noch vier der älteren Ehemänner sind Bauern[16], drei von vier sind heute Fahrer, Handwerker oder "white collar worker" und haben mit dem Beruf ihrer Frauen nichts mehr zu tun.

Tabelle 7 : Beruf des Ehemanns						
Alter	Bauer/ Fischer	Fahrer/ Kfz-Mech	Hand- werker	Büro- angest.	Polizist Soldat	Andere Berufe
> 35	-	-	-	3	-	-
36-45	-	5	2	-	2	-
46-55	2	5	5	6	1	1
56-65	1	1	3	1	-	-
66 <	1	1	1	-	1	3
Insges.	4	12	11	10	4	4
Antworten insgesamt 45.						

Schulbildung

Die weit höhere soziale Mobilität der Männer erklärt sich aus dem Bildungsgefälle zwischen Männern und Frauen. Die Bilder sind fast reziprok.[17]

Bauern oder Fischer und 7 Fahrer, von ihren Söhnen arbeiteten nur noch 12 als Bauern oder Fischer, dagegen 18 als Fahrer. Vgl. Azu, Diana Gladys. 1974. S. 93. Zwischen Müttern und Töchtern zeichnen sich keine signifikanten Verschiebungen ab: "though there are female dressmakers, nurses and clerical officers, trading is still the most important occupation among the women."Ebd. S. 101.

16 Drei Kenkeyfrauen erwähnten ihre Arbeit auf dem Feld. "Von Mai bis Juli arbeite ich jeden 4. Tag auf meiner Farm, von morgens sieben bis vier nachmittags. Wenn ich auf dem Feld bin, erledigen die Kinder den Kenkeyverkauf. Kochen tue ich ihn, nachdem ich von der Farm zurück bin. Ich baue Tomaten und Okro an und verkaufe sie auf dem Makolamarkt." (FB 11).

17 Acquah, Ioné. 1972 (1958). S. 75: "Illiterate girls are more useful than illiterate boys, as they can help the housewife in many household duties which females are still expected to perform." - Sanjek, Roger; Sanjek, Lani Morioka. 1976. S. 11: "...almost all girls, whether sent

Bei den Frauen täuscht sogar das Bild noch, denn mehrere haben bereits die Primarschule abgebrochen. Nimmt man ihre Englischkenntnisse als Indikator, da der Schulunterricht größtenteils in Englisch erfolgt, so kann man nur bei fünf der befragten Kenkeyfrauen von einer Schulbildung sprechen. Sie konnten meine Fragen in Englisch beantworten, drei weitere gaben an, sie könnten lesen. 13 Kenkeyfrauen, meist die älteren, sprachen nur Ga, alle anderen eine weitere Sprache, fast ausnahmslos *Twi*.

Tabelle 8 : Schulbildung					
	a) Kenkeyfrau			b) Ehemann	
	Schulbesuch in Jahren			Schule ja/nein	
Alter	6-10	1-5	nein	ja	nein
> 35	2	-	1	3	-
36-45	3	1	5	8	1
46-55	1	6	14	18	1
56-65	-	1	5	2	4
66 <	-	-	7	2	5
Insges.	6	8	32	33	11
Antworten insgesamt : a) 46 b) 44					

3.3 Warum sie Kenkey herstellen

Es gibt zwei Wege, Kenkeyfrau zu werden, den traditionellen, indem die Frau den Beruf und das Geschäft der Mutter, Großmutter oder Tante übernimmt (zwei Drittel aller befragten Frauen), und den "modernen".[18] Von den Frauen, die zeit ihres Lebens Kenkey gekocht haben, hat bis auf drei Ausnahmen auch schon die Mutter Kenkey hergestellt (zwei haben Fische geräuchert, eine war Bäuerin).[19] Für

to school or not, receive experience in trade, either in market locations where their mother or sponsor is herself a market woman or in house-based trade when the mother or sponsor is not a market woman. The principal form of training is hawking, carrying saleable items, usually in a tray on the head, and walking along market lanes and residential or commercial streets in search for customers."

[18] Nelson, Nici. 1979. How Women and Men get by: The Sexual Division of Labour in the Informal Sector of a Nairobi Squatter Settlement. In: Bromley, Ray; Gerry, Chris (Hrsg.) 1979. *Casual Work and Poverty in Third World Cities*. New York. S. 299: "...women sell in the informal market-place skills they normally practice in the home.In any given cultural situation women will be found clustered in certain types of activities, and most of these relate to women's roles as providers of food, beer, child care, and sex-companionship."

[19] Acquah, Ioné. 1972 (1958). S. 74: "Traditionally, in Ghana, children, according to their sex, follow the occupations of their parents." Ebd. S. 69: "The females engaged in petty trading handle the bulk of the retail trade in Accra and in the country generally...they have a heritage of trading practice behind them, for their mothers, grandmothers and great-grandmothers were traders." - Bei ihrer Erhebung in Accra Anfang der 1970er Jahre fand C. Ro-

sie gab es wohl kaum je eine Alternative, auch wenn sie, das sind wenige Ausnahmen, eine Zeitlang zur Schule gegangen sind. Eine der Töchter mußte wahrscheinlich das Geschäft übernehmen, meistens waren es sogar mehrere.

Die traditionellen Kenkeyküchen strahlen auch heute die Würde dieses Gewerbes aus. Mit dem Beruf, den die Mutter an die Tochter weitergibt, vererbt sie auch
die spezielle Art der Zubereitung, denn Kenkey ist nicht gleich Kenkey. Wieviel
Wasser man zusetzt oder wie lange man den Teig kocht, macht den jeweils besonderen Geschmack des Kloßes aus. - Manche der Kenkeyküchen sind in ganz
Labadi namentlich bekannt und ihre Ausrüstung, insbesondere die Töpfe, stellen
ein durchaus beachtliches Kapital dar. Mit dem Kenkey sind auch alle anderen
befragten Frauen früh in Berührung gekommen, oft haben sie als Kinder einer
ihrer Tanten oder Großmütter in der Kenkeyküche geholfen. Insofern stand ihnen
die Option immer offen, Kenkey herzustellen.[20]

Tabelle 9 : Kocht Kenkey				
	Zeit	seit ... Jahren		
Alter	Lebens	> 5	6-10	11-15
> 35	1	2	-	-
36-45	5	2	1	1
46-55	12	3	3	2
56-65	5	-	1	1
66 <	7	-	-	-
Insges.	30	7	5	4
Antworten insgesamt 46.				

Die 16 Frauen, die früher einen anderen Beruf ausübten, kommen, mit Ausnahme
einer Schreibkraft, die zuvor zwölf Jahre lang bei einem Buchprüfer gearbeitet
hat, alle aus artverwandten Berufen, die meisten aus dem Handel: fünf handelten
mit Gemüse, drei mit Krämereien, zwei mit Brot, eine räucherte Fisch, zwei arbeiteten auf dem Land und zwei verkauften zuvor andere Gerichte in Garküchen.
Ihre Gründe, warum sie heute Kenkey herstellen, gleichen einem Kaleidoskop
von Lebensschicksalen:

bertson bei 223 befragten Ga-Frauen: "54 per cent followed the same occupation as that of a
...direct female progenitor on their mother's side...Among these women, 57 per cent had a
two-generation correlation of occupations between contiguous generations, 26 per cent three
generations, 15 per cent four and 2 per cent five." Robertson, Claire. 1974. Economic Woman in Africa: Profit-Making Techniques of Accra Market Women. *Journal of Modern African Studies* 12 (4). S. 659.

[20] Im Alter von etwa sechs Jahren wird ein Mädchen in die Haushaltsarbeit eingeführt. Robertson, Claire. 1974. S. 658: "In the Gã women's apprenticeship system a girl usually starts
work by helping her mother or, if that is not possible, a grandmother, stepmother, or more
distant relative. If a mother wants her daughter to learn another trade, or feels that someone
else would be a better teacher, she might give the daughter to a friend or relative to bring up".

FB 1: *Schreibkraft*. "Mein Gehalt reichte nicht mehr aus, um meine Kinder zu ernähren. Dann starb auch noch meine Schwester an Gelbfieber. Ich mußte zur Beerdigung beitragen und ihre drei Kinder übernehmen."

FB 4: *Gemüsehändlerin*. "Ich war 24 Jahre lang im Gemüsehandel. 1982 brachte die Regierung neue Geldnoten heraus. Ich verlor mein Handelskapital. Meine Tante war Kenkeyfrau in Labadi, ich hatte ihr schon in meiner Kindheit geholfen."

FB 7: *Bäuerin*. "Ich lebte mit meinem Mann in einem Dorf. Ich half ihm auf dem Feld. Ich trennte mich von ihm und zog mit den Kindern nach Labadi in das Familienhaus meiner Mutter."

FB 8: *Brotverkäuferin*. "Ich verkaufte Brot in Aflao. Es blieb nie etwas übrig, weil die Kinder zuviel von dem Brot aßen. Wenn ich Brot für ¢100,- verkaufte, blieben ¢200,- übrig. Aber oft aßen die Kinder für mehr als ¢ 200,-."

FB 14: *Tomatenhändlerin*. "Früher fuhr ich nach Navrongo, um Tomaten einzukaufen. Wegen meiner sechs Enkel hörte ich damit auf und fing an, Kenkey zu kochen. In meiner Kindheit hatte ich der Mutter meines Vaters in der Kenkeyküche geholfen."

FB 15: *Verkäuferin von Bohnen und Gari*. "Vor drei Jahren habe ich aufgehört, Bohnen zu verkaufen. Um meine sieben Enkelkinder zu versorgen, habe ich angefangen, Kenkey zu kochen. Mit Kenkey kann ich sie einfacher ernähren. Bohnen sind zu teuer."

FB 21: *Fischfrau*. "Meine Mutter starb vor acht Jahren. Sie war Kenkeyfrau. Ich übernahm das Geschäft nach ihrem Tode."

FB 27: *Bäuerin*. "Vor sechs Jahren habe ich mich von meinem Mann scheiden lassen. Ich kam aus dem Dorf nach Labadi ins Familienhaus meiner Mutter. Schon als Kind hatte ich gelernt, wie man Kenkey kocht."

FB 28: *Brotverkäuferin*. "Acht Jahre lang habe ich auf dem Markt Brot verkauft. Vor drei Jahren habe ich damit aufgehört. Ich habe fünf kleine Kinder. Sie aßen zuviel von dem Brot."

FB 29: *Suppenverkäuferin*. "Das Geschäft ging nicht gut. Ich habe vor 14 Jahren zu Kenkey übergewechselt."

FB 30: *Verkäuferin von Cassava und Kochbananen*. "Mein Vater starb 1982. Ich mußte für die Beerdigung bezahlen, dann hatte ich kein Kapital mehr und wechselte zu Kenkey."

FB 31: *Kleinhändlerin.* "Vor 20 Jahren übernahm ich das Geschäft meiner Mutter, als sie starb."

FB 33: *Kleinhändlerin.* "Ich habe vor zwei Jahren zu Kenkey übergewechselt. Ich hatte mein Kapital aufgebraucht. Meine Tochter ging nach Nigeria und hinterließ mir ihr vier Monate altes Baby. Ich konnte nicht mehr im Handel bleiben. Kenkeykochen ist Heimarbeit, man kann sich um ein Kleinstkind kümmern und zugleich Kenkey herstellen."

FB 34: *Gemüsehändlerin.* "Früher kaufte ich das Gemüse im Dorf. Die Transportkosten wurden zu hoch, und ich wechselte vor sieben Jahren zu Kenkey über."

FB 35: *Kleinhändlerin.* "Früher war ich Händlerin auf dem Makolamarkt. Ich koche gerne Kenkey. Meine Mutter hat Orangen verkauft. Ich lernte von meiner Großmutter, wie man Kenkey kocht. Als Kind mußte ich ihr helfen."

FB 37: *Kokoverkäuferin.* "Meine Mutter starb vor drei Jahren. Sie war Kenkeyfrau. Ich erbte ihre Töpfe. Wegen meiner sechs Kinder koche ich Kenkey. Koko ist nur zum Frühstück. Die Kinder werden vom Koko nicht satt. Aber mit zwei, drei Kenkeyklößen kriegt man sie satt."

Auch von den 16 Frauen, die nicht zeit ihres Lebens Kenkey gekocht haben, übernahmen drei das Geschäft ihrer Mutter nach deren Tod, sie sind also ebenfalls auf dem traditionellen Wege zum Kenkey gekommen.

Die Gründe der 13 verbleibenden Frauen gleichen sich. Sie hatten nach ihrer Scheidung, nach Todesfällen in der Familie oder sonstigen Lebenskrisen keinerlei Kapital (mehr) in der Hand[21], aber viele Kinder zu ernähren; ihnen blieb kaum eine andere Wahl.

---

[21] Field, Margaret. 1940. *Social Organization of the Ga People.* London: Crown Agents. S. 55: "It is part of every woman's normal occupation to engage in some sort of trade and every reasonable husband is expected to start her off, though I do not think she can insist on this service from him." - Eine 36 jährige Kenkeyfrau sagte: "my husband gave me three times a starting capital, but it always spoilt. Now I don't want to ask him again." (FB 28). Dies war ein eher ungewöhnlicher Fall. Die häufigste Antwort auf die Frage, ob sie je ein Startkapital von ihrem Mann erhalten hätten, war indigniertes Kopfschütteln. Bei den überwiegend älteren Kenkeyfrauen kommt hinzu, was Jane Guyer auch bei den Yoruba-Frauen beobachtet hat: "A typical occupational history shows increasing financial independence as a woman grows older". Guyer, Jane J. 1980. S. 369.

"Kenkeyherstellen ist sehr mühsam. Damit fängt nur an, wer in Not ist und nicht ohne besonderen Grund. Kenkey kann man essen. Wenn Du schnell etwas zum Essen brauchst, ist Kenkey richtig. Wer vom Verkauf anderer Nahrungsmittel nicht leben konnte, der wechselt zu Kenkey. Es ist eine der schwersten Arbeiten." (Felicia)[22]

3.4 Wie sie Kenkey herstellen

Kenkey herzustellen erfordert fünf Arbeitsgänge:

Einweichen: Die Frauen weichen zunächst den Mais (je nach Qualität zwei bis vier Tage lang) ein; in der Regel eine Menge, die für mehrere Tage reicht; je nach Größe des Geschäfts einen halben oder ganzen Sack Mais auf einmal.

Mahlen: Der aufgequollene Mais wird gewaschen, zur Mühle getragen und gemahlen. Die feuchte Masse aus Maismehl füllen die Frauen in große Schüsseln und türmen sie auf, indem sie die Oberfläche festklopfen. Diesen fermentierenden Grundteig verarbeiten sie innerhalb einiger Tage.

Rühren: Die Hälfte des am Tage zu verarbeitenden Grundteigs zerreiben die Frauen mit den Händen und geben ihn über der offenen Feuerstelle unter ständigem Rühren in einen großen Topf mit Wasser. Der Teig quillt beim Aufkochen und muß, in dem Maße wie er verdickt, heftig gerührt und schließlich mit der ruderförmigen Rührkelle so lange geschlagen werden, bis ein sämiger, klüterfreier Teig entsteht. Dieser Arbeitsgang dauert etwa eine Stunde und ist Schwerstarbeit. Wer es sich leisten kann, stellt dafür eine *Aflatamammie* ein, deren Beruf es ist, Kenkeyteig zu rühren. Den heißen Teig schöpft die Frau mit einem Teller in einen Holztrog und vermengt ihn mit der unverkochten Hälfte des Grundteigs zu *Aflata*.

Formen und Einwickeln: In aller Regel formt die Kenkeyfrau die Klöße selbst und bestimmt somit deren Größe. Die vorgeformten Klöße wickeln möglichst viele

---

[22] Robertson, Claire. 1984. S.109: "The women...regarded the prepared food trade as a reserve to be drawn upon in hard times...Because one could stay in the house most of the time when young helpers were available for selling, the prepared food trade was a convenient one for mothers of young children. Also, if a woman went bankrupt in the cloth trade, for instance, she could use credit to start again selling kenkey." - McCall, Daniel F. 1961. Trade and the Role of Wife in a Modern West African Town. In: Southall, Aidan (Hrsg.) 1965 (1961). *Social Change in Modern Africa*. London: Oxford University Press. S. 291: "Some of these women who have small amounts handle the inexpensive food products traditionally sold by women; those who can, buy and sell imported goods where the profit is greater."

Fermentierender Mais

Sortieren der Maiskolbenblätter

Einwickeln der Klöße

Abb. 3 Kenkeyherstellung

Formen der Klöße

Fanti-Kenkey

Ga-Kenkey

Abb. 4 Kenkeyfrauen in Labadi

Hände in zuvor eingeweichte Blätter des Maiskolbens (beim Fanti-Kenkey in Kochbananenblätter). Die Arbeit erfordert Übung und Geschick, strengt körperlich wenig an, verschlingt aber viel Zeit, von daher ist jede Hand willkommen. Fast immer sitzen mehrere Frauen und Kinder beisammen und schwatzen dabei miteinander.

Kochen: Die eingewickelten Klöße schichten die Frauen in einen großen Topf und dämpfen sie mit wenig Wasser für ein bis zwei Stunden. Sie entnehmen die Klöße dem dampfenden Topf mit der bloßen, zuvor in kaltes Wasser getauchten Hand. Kellen oder Schöpflöffel, so versicherten sie mir, würden die eng geschichteten Klöße zu leicht zerstören.

Nur der zweite Arbeitsgang, das Mahlen des Mais, hat in den letzten achtzig Jahren eine technologische Neuerung erfahren: die motorgetriebenen eisernen Mühlen. [23] Alles andere ist Handarbeit. Fürs Tragen, Mahlen, Rühren, Formen, Einwickeln, Kochen und Verkaufen kann eine Kenkeyfrau, je nach Betriebsgröße und Bedarf entlohnte Hilfskräfte beschäftigen. Kenkeyküchen sind arbeitsteilige Kleinstbetriebe. Sie funktionieren nach gewerblichen Gesichtspunkten, ihre Überlebensfähigkeit ist meist eine Folge der Betriebsgröße.

---

[23] Die ersten dieselgetriebenen Maismühlen kamen 1918/19 nach Labadi. Nach den Erzählungen alter Kenkeyfrauen weigerten sich die Kunden, Kenkey aus maschinell gemahlenem Mais zu kaufen. "Sie sagten, die Maschine bekomme dem Kenkey nicht. Diesel bringe einen schlechten Geschmack in den Teig." In den Höfen im ältesten Teil von Labadi zeigten mir manche Frauen ihren Mahlstein und erklärten die damals notwendigen Arbeitsgänge des Maismahlens: Wässern, Zerstoßen, wieder Wässern, Mahlen. Der Prozeß vom Korn zum Mehl zog sich über fünf Tage hin. Heute findet jede Kenkeyfrau eine Mühle in erreichbarer Nähe. Bedient werden sie ausschließlich von Männern, auch die Eigentümer sind in aller Regel Männer. Vgl. u.a. Campbell-Platt, Kiran. 1978. The Impact of Mechanization on the Employment of Women in Traditional Sectors. In: National Council on Women and Development. 1978. *Proceedings of the Seminar on Ghanaian Women in Development (4th-8th September 1978)*. Accra. S.11. - Whitehead, Ann. 1985. Effects of Technological Change on Rural Women: A Review of Analysis and Concepts. In: Iftikhar, Ahmed (Hrsg.) 1985. *Technology and Rural Women*. London: Allen & Unwin. S. 31: "...where mechanization is introduced, female tasks become male tasks."

3.5 Kenkeyküchen als Kleingewerbe

Betriebsgröße

Betriebsgrößen ermittelt man, gerade in traditionellen und arbeitsintensiven Gewerbezweigen, häufig nach der Zahl ihrer Beschäftigten. - Kenkeyküchen sind Familienbetriebe mit einem kleinen Stamm von permanent arbeitenden Kenkeyfrauen und einer großen Zahl von Töchtern, Nichten und Kindeskindern, die mithelfen. Wie viele Frauen und Kinder arbeiten etwa in der Kenkeyküche der 45jährigen Kwakor Quartey (FB 18)? In ihrem Hof arbeiten ständig: ihre Mutter (ca. 65), ihrer Mutter Schwester (ca. 70) und die Tochter des Bruders der Mutter (ca. 50). Zusammen ernähren sie 16 Kinder, von denen die älteren alle irgendwie mitarbeiten. Eine bestimmte Anzahl von "Beschäftigten" läßt sich für keine der Kenkeyküchen festsetzen.

Frauen, die allein bzw. nur mit Hilfe ihrer Kinder Kenkey kochen, betreiben ihre Kleinstküchen an der häuslichen Feuerstelle. Oft fehlt ihnen sogar der Platz, um die Schüsseln mit dem Maismehl abzustellen, sie lassen sie in der Mühle stehen und holen sie bei Bedarf ab. - Ein alteingesessener Kenkeybetrieb sieht anders aus: Der separate Kochplatz ist meist überdacht und verfügt über eine, oft auch zwei große Feuerstellen; in einem Schuppen findet sich fast immer eine weitere Feuerstelle, die in der Regenzeit benutzt wird. In Hof und Schuppen stehen Säcke, Schüsseln, Töpfe und Tröge mit trockenem, eingeweichten oder bereits zu Aflata verarbeiteten Mais, Körbe voll eingewickelter Klöße, drumherum Brennholzstapel. Hier arbeiten Frauen von Tagesanbruch bis Dämmerung. In Küchen, die nur einmal am Tag - in der Regel frühmorgens - Kenkey kochen, ist die Feuerstelle schon gegen Mittag gelöscht und gefegt, Töpfe und Utensilien gescheuert.

Diese Merkmale reichen zwar zu einer groben Unterteilung, erlauben jedoch keine genauere Klassifikation. Am vernünftigsten schien mir deshalb, nach der Produktionsmenge zu fragen: innerhalb von wieviel Tagen verarbeitet eine Kenkeyküche einen Sack Mais (ca. 120 kg) ?

Vor der Interpretation der Zahlen der Tabelle 10 sind drei Dinge zu bedenken:
1. Die Kenkeyherstellung ist untrennbar mit dem Zyklus der Maisernten verbunden. Meine Momentaufnahme stammt aus der Zeit unmittelbar vor, bis unmittelbar nach der Hauptjahresernte. Die Produktionsmengen können mit dem Erntezyklus durchaus schwanken.
2. Kenkey ist ein Naturprodukt. Es hängt von der Qualität des Mais ab, wie viele Klöße sich aus einem Sack (Hohlmaß) herstellen lassen.
3. Die Kenkeyfrauen beobachten ihren Verkaufsmarkt genau und reagieren rasch. Sie stellen heute mehr, morgen weniger Kenkey her.

Dennoch gibt die Momentaufnahme der Tabelle einen zuverlässigen Überblick über die Struktur der Kenkeyküchen in Labadi:

Tabelle 10: Betriebsgröße					
kocht Kenkey seit...Jahren	Verbrauch von 1 Sack Mais in Tagen				
	2-3	4-7	8-21	k.A.	Insgesamt
5	-	2	5	-	7
6-10	1	4	-	-	5
11-15	1	2	-	1	4
16-20	-	1	-	-	1
zeitlebens	14	10	4	1	29
Insgesamt	16	19	9	2	46

16 Küchen brauchen zwei bis drei Tage[24], um einen Sack Mais zu verarbeiten, sie stellen durchschnittlich je ca. 380 Klöße pro Tag her, auf sie entfallen 61 % der Produktion. 19 Küchen verarbeien einen Sack Mais innerhalb von vier bis sieben Tagen (ø 175 Klöße pro Tag, Produktionsanteil 33 %); neun brauchen ein bis drei Wochen für einen Sack Mais (ø 70 Klöße pro Tag, 6% Produktionsanteil). - Die großen Küchen betreiben Frauen, die zeit ihres Lebens Kenkey hergestellt haben, die kleinen zum überwiegenden Teil diejenigen, die die Not dazu getrieben hat.[25]

Kenkeykochen ist ein kontinuierlicher Prozeß, in dem sich die einzelnen Arbeitsgänge: Einweichen, Mahlen, Fermentieren und Kochen ständig überlappen; er duldet von daher kaum Unterbrechung. Die Frauen kochen Jahr für Jahr und Tag für Tag Kenkey.[26] Für fast alle gilt, was Salome Okaj sagt: "Ich koche sieben Tage in der Woche Kenkey. Ich kann sonntags nur selten zur Kirche gehen, weil ich immer mit meiner Arbeit beschäftigt bin." (FB 22) Das *Homowa*-Fest ist für die meisten der einzige feste Ruhetag im Jahr, für manche auch das Weihnachtsfest. Nur Beerdigungen innerhalb der Großfamilie, zu denen alle (unter anderem finanziell) beizutragen haben, unterbrechen die Arbeit.

---

[24] Ich habe in Labadi keinen Kenkeybetrieb gesehen, der weniger als zwei Tage für die Verarbeitung eines Sacks Mais benötigte. Die Frauen berichteten mir jedoch, daß an den großen Bus- und Lkw-Stationen in Accra Kenkeyfrauen arbeiten, die jeden Tag einen Sack Mais verkochen.

[25] Die vier Frauen, die zwischen einer und drei Wochen Verarbeitungszeit für einen Sack Mais benötigen und zeit ihres Lebens Kenkey kochen, sind durchweg alt und haben deshalb ihr Geschäft reduziert.

[26] Nur sechs von 46 Frauen kochen sonntags keinen Kenkey, je zwei von jeder Betriebsgröße.

Arbeitsteilung

Mehr als 400 Frauen und Kinder arbeiten in den 46 Kenkeyküchen in Labadi. Hauptgruppe der Kenkeyfrauen, d.h. der für das Geschäft Verantwortlichen, sind die jungen Großmütter zwischen 46 und 55 Jahren. Mit ihnen leben ihre Mütter, Tanten, Großmütter, Schwestern, Töchter, Nichten und Kindeskinder. Wir finden die gesamte Vielfalt denkbarer Verwandtschaftsverhältnisse und Abhängigkeitsgrade.

"Keine Frau kann die Kenkeyarbeit ohne Hilfe verrichten. Jede weiß, gegen drei Uhr in der Frühe muß der Kenkey aufs Feuer. Man muß früh am Morgen anfangen, wenn er um sechs Uhr zum Verkauf fertig sein soll. Aber wir denken nicht über Zeit nach. Du machst eben Deine Kenkeyarbeit im Hof, wo Du auch wäschst, kochst und ausruhst. Alles ist miteinander vermengt." (Felicia)

Der Übergang von einer Generation zur nächsten vollzieht sich keineswegs nahtlos. "Wenn ich alt bin", sagte mir Tawia Adjetey (FB 12), "kann ich keinen Kenkey mehr kochen, dann übergebe ich das Geschäft an meine Tochter." Die Rechnung hatte sie ohne die (dabeisitzende) 31jährige Tochter gemacht: "Ich werde nie Kenkeyfrau." Die Tochter war auf dem Wege zum Makolamarkt. Sie handelt dort mit Stoffen, elegant gekleidet, gepflegte Hände, lackierte Nägel. Ihre Worte überschlugen sich nachgerade: "Die Arbeit ist zu schwer. Ich kann den Teig nicht rühren. Feuer und Rauch gehen auf die Augen. Du kannst nicht mehr richtig gucken, Dir fallen die Haare aus und Du kannst kaum noch atmen, Du kriegst unansehnliche Hände und Finger. Du kannst nie ausgehen. Du hast immer mit Kenkey zu tun und danach bist Du müde." - In der Generation der Töchter streben insbesondere diejenigen mit Schulbildung in andere Berufe. Die Kenkeyküchen müssen deshalb zunehmend auf Hilfskräfte von außen zurückgreifen. Sie lagern vor allem die schwersten Arbeiten aus. Eigenständige Berufsbilder entstehen. Aus dem integrierten, großfamiliären, matriarchalischen, nicht in Geld entlohnten Patronagesystem schält sich im Zuge der Arbeitsteilung eine Gruppe von Lohnarbeiterinnen heraus.

Berufsbilder und Lohnarbeit

In Labadi finden wir heute drei spezialisierte Berufsbilder innerhalb der Kenkeyküchen: die *Aflatamammie*, die *Abele gblelo* (die/der den Mais mahlt)[27] und die *Komi bolor* (die den Kloß wickelt).

---

[27] Wie in den meisten ghanaischen Sprachen gibt es auch in Ga keine Genusunterscheidung. "Die den Mais mahlt" kann also Frau oder Mann sein.

Die Aflatamammie

"Sie rührt nur den Teig, sie bereitet ihn so weit zu, daß man die Kenkeyklöße nur noch formen und einwickeln muß. Sie geht von einer Kenkeyküche zur nächsten. Manche rühren jeden Tag an sechs bis acht verschiedenen Stellen den Teig. Wer die ewigen Schulden nicht mag und stark genug ist für diesen Beruf, arbeitet als Aflatamammie." (Felicia)

Die Aflatafrau verlangt ihren Lohn nach getaner Arbeit. Er richtet sich nach der Menge des Teiges; d.h. nach der Größe des Topfes.[28] Mercy Quartey ist Aflatamammie, 46 Jahre alt und hat zehn Kinder. Mit Kenkey hatte sie von Kindheit an zu tun, ihre Mutter war Kenkeyfrau. Bis vor vier Jahren hat sie selbst Kenkey gekocht. Dann haben die Schulden bei der Maishändlerin sie erdrückt. Seither arbeitet sie als Aflatamammie. Eine eigene Kenkeyküche will sie nicht mehr. Jeden Tag rührt sie den Teig in fünf Kenkeyküchen. Am Abend trägt sie ¢ 900,- nach Hause. Sieben Tage in der Woche ist sie zehn Stunden unterwegs. Sie könnte noch mehr Kunden haben, Aflatamammies sind selten, den meisten Frauen ist die Arbeit zu schwer. Auch sie hat ständig Rückenschmerzen und Katarrh vom Feuer und Rauch. - Teigrühren ist Frauenarbeit; unter den 46 Kenkeyküchen fand ich jedoch auch drei, in denen Männer diese Arbeit verrichteten. In zwei Fällen handelte es sich um die halbwüchsigen Söhne der Kenkeyfrauen, in einem um einen "madman", den geistig behinderten und böse dreinschauenden Bruder einer Kenkeyfrau.

Abele gbelo

Ihre Aufgabe ist, ebenso wie die der Aflatamammie, genau abgegrenzt. Sie füllt den von der Kenkeyfrau eingeweichten Mais in Körbe um, trägt ihn zur Mühle, beaufsichtigt das Mahlen, füllt das feuchte Mehl in Schüsseln, gibt Wasser zum Fermentieren zu, klopft die Oberfläche fest und trägt die Schüsseln mit dem Aflata zur Kenkeyküche zurück. Pro Sack Mais erhält sie dafür bis zu ¢150,-. Diese Arbeit übernehmen häufig alte Frauen, die keine eigene Küche mehr betreiben können.

Der schwerste Teil der Arbeit liegt darin, die großen Schüsseln mit nassem Mais zur Mühle zu tragen. Häufig erledigen halbwüchsige Jungen diese Arbeit, ihr Lohn ist geringer, er liegt etwa bei der Hälfte.

---

[28] Zur Zeit der Befragung lagen die Sätze bei: kleiner Topf (= 2 Eimer à 4 Gallonen) ca. 36 Liter ¢ 40,-; mittlerer Topf (= 3 1/2 Eimer) ca. 63 Liter ¢ 60,-; mittlerer Topf (= 4 1/2 Eimer) ca. 81 Liter ¢ 140,-; großer Topf (= 8 Eimer) ca. 144 Liter ¢ 200,-.

Komi bolor

Wenn die Hände auf dem eigenen Hof nicht reichen, kann man auch Frauen rufen, die auf das Einwickeln der Klöße spezialisiert sind. Alte, ehemalige Kenkeyfrauen aus der Nachbarschaft verdienen sich damit ein kleines Zubrot. Ihr Lohn für zwei bis drei Stunden Arbeit liegt zwischen ¢ 30,- und ¢ 60,-.

Tabelle 11: Hilfskräfte

verarbeitet 1 Sack Mais in...Tagen	beschäftigt Hilfskräfte für					
	Aflata		Abele Gbelo		Komi Bolor	
	ja	nein	ja	nein	ja	nein
2-3	14	2	10	6	3	13
4-7	10	9	6	13	3	16
8-21	1	8	-	9	-	9
Insgesamt	25	19	16	28	6	38

Antworten insgesamt 44.

Der Grad der Arbeitsleitung korreliert mit der Betriebsgröße. Die größeren Kenkeyküchen beschäftigen fast alle eine Frau zum Teigrühren, und zwei von drei Küchen lassen den Mais von Hilfskräften zur Mühle und zurück tragen. Nur die Hälfte der mittleren Küchen kann sich eine Aflatamammie leisten, zwei von drei tragen ihren Mais selbst zur Mühle. Die anderen Frauen verrichten alle Arbeiten (mit Hilfe ihrer Kinder) selbst. Zwei der Kenkeyfrauen (beide haben Mittelschulabschluß) markieren die Extreme des Spektrums: Die eine, 39 Jahre alt und von Beruf Schreibkraft (FB 1), arbeitet heute allein in einer Kleinstküche, um sechs Kinder zu ernähren; die andere, 52 Jahre alt und von Beruf Schneiderin (FB 35), ließ als einzige alle Arbeiten im Lohn verrichten.

Innerfamiliäre Leistungen

Selbst in den Küchen, in denen entlohnte Hilfskräfte alle oben angesprochenen Dienstleistungen erbringen, verbleibt der bei weitem überwiegende Teil der Wertschöpfung innerhalb der Familie, in anderen die gesamte.

"Jetzt bin ich alt. Alle Frauen in unserem Haus haben mit Kenkey zu tun. Ich lehre sie das Kenkeygeschäft, wenn ich sterbe, können sie weitermachen. Ich gebe ihnen zu essen und Kleidung. Ich zahle niemandem Geld. Das habe ich nie gemacht. Ich brauche das auch nicht, weil unsere Familie groß genug ist. Heutzutage, wenn Du nach einer Aflatamammie rufst, mußt Du sie in Geld bezahlen, dazu etwas vom Teig geben oder etwas von der Holzkohle. So ist das heute." (FB 46)

In den alteingesessenen Kenkeyküchen arbeiten fast ausschließlich Familienmitglieder (Großfamilie). Hier herrscht noch das alte Patronagesystem: die Helferinnen, Töchter, Großtöchter, Nichten etc. erhalten Essen und Kleidung, aber kein

Bargeld. Die Frauen sorgen für sie, und bei besonderen Anlässen gibt es "a piece of cloth" (12 yard Tuch) für die Aussteuer.[29]

Daneben finden sich alle Übergangsformen, in manchen Küchen wird jeder Handgriff, selbst der halbwüchsiger Kinder aus der Verwandtschaft, entlohnt.[30] Wo der Zusammenhang über die Generationen abgebrochen ist, fühlen sich ältere Frauen oft der Verantwortung nicht mehr gewachsen, ein Mädchen aus der Großfamilie (als Entgelt für deren Mitarbeit) auszubilden und zu ernähren. Gleichberechtigte, die sich als Schwestern innerhalb der Familie bezeichnen, finden vielfältige Formen, zusammenzuarbeiten und den Überschuß zu verteilen.

"Ich betreibe das Geschäft zusammen mit meiner Schwester auf ihrem Hof. Ich komme früh am Morgen und gehe, wenn ich meinen Teil verkauft habe. Meine Schwester behält das Geld. Nach jedem Sack Mais rechnen wir ab. Tagtäglich nehme ich nur den Kenkey für mich und meine Kinder mit." (FB 8)

Im *Otswe*-Haus, gegenüber vom Markt, kochen die Frauen der Großfamilie seit Generationen Kenkey. In ganz Labadi ist es als *Kenkey*-Haus bekannt, obgleich die annährend 100 Frauen und Kinder aus fünf Generationen auch andere Arten von Gerichten zubereiten und verkaufen. Vier Frauen teilen sich die Kenkeyherstellung:

1. Akuokor Lamptey, ca. 75, die älteste aktive Kenkeyfrau im Hof.
2. Agnes Odatung, ca. 65, Tochter von Akuokor Lampteys Bruder.
3. Fofo Odartey, ca. 60, Tochter von Akuokor Lampteys Bruder.
4. Yemotsoo Laryea, ca. 45, Tochter von Akuokor Lampteys Schwester.

Jede der Frauen kocht mit ihrer Gruppe (Familienmitglieder) an vier aufeinanderfolgenden Tagen Kenkey (in der Regel von je zwei Sack Mais) und setzt danach für zwölf Tage aus. Töpfe, Feuerstellen und Verkaufsplatz sind immer die gleichen. Die 23jährige Nichte und die 15jährige Enkelin von Akuokor Lamptey verkaufen allen Kenkey: morgens und tagsüber am ererbten Marktstand, abends am Straßenrand.

Wer nicht mit Kochen an der Reihe ist, hilft den anderen. So rührt Agnes den Aflata für die drei anderen Gruppen und erhält ¢150,- Lohn pro Sack Mais. Unent-

---

[29] FB 18: "Ich zahle der Helferin nichts. Ich gebe ihr, was immer sie braucht. Sie arbeitet zwölf Stunden am Tag für mich." FB 37: "Meine Schwester, die Tochter meiner Schwester und meine eigenen Kinder helfen mir. Ich entlohne sie nicht, ich ernähre sie. Essen ist mehr als Geld."

[30] FB 28: Vier Kinder einer Schwester helfen ihr. Sie ernährt die Kinder, aber wenn sie ihnen nicht täglich ¢ 20,- zahlte, würden sie nicht jeden Tag helfen.

ta für die drei anderen Gruppen und erhält ¢150,- Lohn pro Sack Mais. Unentgeltlich, gegen zwei bis drei Kenkeyklöße (den Rest an täglich benötigtem Kenkey kaufen sie von der Gruppe, die gerade kocht), helfen sich alle gegenseitig beim Einwickeln der Klöße. Akuokor Lamptey trägt für alle Gruppen den Mais zur Mühle und bekommt ¢ 80,- pro Sack.

Diese Formen der gegenseitigen Hilfe finden sich nicht nur innerhalb des Kenkeygeschäftes, sondern auch im Austausch mit artverwandten oder komplementären Berufen. Kenkey und Fisch gehören zusammen. In acht Betrieben findet sich diese Kombination: "Meine Schwester brät Fisch. Sie rührt mir den Aflata und ich verkaufe ihren Fisch zusammen mit meinem Kenkey. Gegenseitig zahlen wir uns nichts." (FB 17) "Ich koche Kenkey, meine Tochter brät Fisch. Beides verkaufen wir am gleichen Tisch. Wir wechseln uns mit dieser Arbeit ab. Die Einnahmen halten wir getrennt." (FB 27)

Zunehmende Arbeitsteilung, Auslagerung schwerster Arbeiten (Proletarisierung) und fortschreitende Monetarisierung des Produktionsprozesses lassen sich nicht nur außerhalb, sondern auch innerhalb der Großfamilien ablesen, jedoch nicht immer eindeutig und gleichzeitig. Vielmehr finden wir eine Vielfalt von Mischformen unentgeltlicher Dienstleistungen neben verschiedenen Formen der Entlohnung in Geld oder Naturalien.

Verkauf

Fragt man eine Kenkeyfrau, wieviel Kenkey sie heute verkauft hat, antwortet sie immer in Geld: "für ¢ 800,-" oder "für ¢1000,-". Die meisten alteingesessenen Küchen müssen sich um den Verkauf kaum kümmern, er läuft sozusagen von allein. Die Kunden kommen und holen sich ihre Tagesration in mitgebrachten Schüsseln vom Verkaufstisch vor der Kenkeyküche ab. Andere Küchen haben einen permanenten Stand am Straßenrand, an Busbahnhöfen, Schulen oder auf dem Markt. Viele der größeren Küchen unterhalten zwei Verkaufsstandorte.

verarbeitet 1 Sack Mais in...Tagen	fliegender Verkauf	Verkaufstisch		
		Haus	Straße	k. A.
2-3	–	11	5	
4-7	–	8	11	
8-21	6	2	1	
Insgesamt	6	21	17	2
Antworten insgesamt 46.				

Tabelle 12: Vorwiegende Verkaufsart

Je kleiner (und jünger) der Betrieb, desto seltener verfügt er über einen permanenten Verkaufsplatz und desto länger müssen Frauen und Mädchen mit ihren

Schüsseln auf dem Kopf herumziehen, um den Kenkey an den Kunden zu bringen. Die meisten kleinen Kenkeyküchen verkaufen ihre Klöße im fliegenden Handel, und die Wege sind weit: zwischen acht und zwölf km für eine Tour.

Mit dem Verkauf betraut man ungern Fremde. Es sind die eigenen Töchter oder die aus der Großfamilie, oft Schulmädchen oder solche, die die Schule abgebrochen haben, aber zumindest rudimentär Englisch sprechen, die hinter dem Verkaufstisch sitzen, häufig bis spät abends, oder durch die Straßen ziehen. Sie tun es gegen Lohn, für ¢30,- oder ¢40,- pro Tag. Ältere Kenkeyfrauen erledigen nur den Hausverkauf. Ihr Refugium ist der Compound, den sie nur zu besonderen Anlässen verlassen. Der fliegende Handel (und auch mancher Verkaufstisch) führt an die Grenzen von Labadi und darüber hinaus; in Gegenden, die sie kaum kennen und in denen sie nie etwas verloren haben.

"Du kannst genügend Mädchen und Frauen finden, die Dir beim Verkauf helfen. Die meisten nehmen Familienmitglieder, aber wenn Du eine von außen findest, der Du vertraust, dann kannst Du ihr Provision geben.[31] Der Verkauf ist eine Arbeit für junge Leute. Sie mögen nicht den Aflata rühren, aber verkaufen gefällt ihnen. Über den Verkauf von Kenkey können wir alle etwas sagen, jede von uns denkt hauptsächlich daran. Du kannst mit Deiner Kenkeyschüssel z.B. von Labadi bis zur Cantonments Polizeistation laufen. Wie viele Meilen das sind oder wie lange wir unterwegs sind, können wir nicht sagen. Wenn ich am Abend gegen fünf das Haus verlasse und gut verkaufe, bin ich manchmal schon um acht zurück. Um neun Uhr bin ich immer zu Hause, auch wenn ich schlecht verkauft habe, weil ich von dem langen Weg müde bin. Wer einen Verkaufstisch am Straßenrand hat, bleibt länger auf, bis elf oder Mitternacht. - Die Frage nach der regelmäßigen Kundschaft ist kaum zu beantworten. Jeder nimmt, was er gerade braucht. Mancher kauft heute keinen Kenkey, trotzdem mußt Du bei allen vorbeigehen. Als ich neulich unterwegs war, fuhr ein Mann in einem Auto an mir vorbei. Er rief mich und kaufte für ¢ 400,- Kenkey. An dem Abend war ich schon um sieben wieder zu Hause. Du mußt eben Glück haben." (Felicia)

Einkauf

Zur Kenkeyherstellung benötigen die Frauen (neben einer Menge Wasser) Mais, Salz, Maiskolbenblätter und Brennholz, für deren Einkauf sie sich nicht von ihren Töpfen fortbewegen müssen. Die Händlerinnen liefern ihre Waren im abgesprochenen Rhythmus oder man läßt sie bei Bedarf durch die Kinder rufen.

---

[31] Zwei Kenkeyfrauen vergaben den Verkauf auf Provisionsbasis. FB 39: "Eine Frau verkauft meinen Kenkey. Sie kocht nicht selbst, aber sie verkauft gerne. Sie setzt am Tag für etwa ¢1000,- ab und erhält ¢160,- Provision."

Mais

Die Hälfte aller Kenkeyfrauen bezieht ihren Mais von je einer Händlerin, große Küchen haben auch zwei oder drei Zulieferinnen: "Ich habe drei Frauen, die mich mit Mais versorgen. Ich nehme drei Sack von einer und je zwei von den beiden anderen. So habe ich sieben Sack und bin nie knapp mit Mais." (FB 22)

Sechs Frauen fanden für sich günstigere Quellen auf dem Kaneshie- oder Labadimarkt: "Wir leben gleich neben dem Markt. Von dort kann uns jeder Mais liefern." (FB 23-26) Nur vier Frauen kaufen den Mais nicht sackweise, sondern in kleineren Mengen.

Tabelle 13: Maiseinkauf				
verarbeitet 1 Sack Mais in...Tagen	Kauft bei... Händlerinnen		auf dem Markt	Kleinst- ein- kauf
	1	2-3		
2-3	6	5	4	-
4-7	11	4	1	1
8-21	6	2	1	3
Insgesamt	23	11	6	4
Antworten insgesamt 44.				

Eine Maishändlerin *Abele hoolo*[32] kauft je nach Kapital und Angebot auf dem ländlichen Markt pro Einkaufsfahrt zwischen zehn und 40 Sack Mais ein, größere Mengen sind die Ausnahme. Ihre Reisekosten deckt sie aus dem *dash*: Derzeit erhält sie pro 15 Sack gekauften Mais einen Sack gratis. Die Nebenkosten (Einfüllen und Vernähen der Säcke, Träger, Marktsteuer, Verladen, Fracht und Abladen) liegen z. Z. bei ca. ¢ 600,- pro Sack. Der Marktpreis ist schwankend. In Brong Ahafo lag er z.B. im Juli 1986 bei ¢ 4200,- pro Sack. Auf den Selbstkostenpreis von ¢ 4800,- schlagen die Händlerinnen je nach Marktlage ¢ 200,- bis ¢ 400,-, bei Verkauf auf Kredit ¢ 400,- bis ¢ 800,- auf.

Kredite sind innerhalb von zwei Wochen zurückzuzahlen. Sobald die Maisfrau den größten Teil ihres Kapitals wieder in der Hand hat, begibt sie sich auf die nächste Einkaufsfahrt. Der Aufschlag von 5-10 % auf den Selbstkostenpreis beim Barverkauf liegt innerhalb normaler Bandbreiten des Handels. Anders verhält es sich mit dem zusätzlichen Zinsaufschlag von weiteren 10-15 % für zwei bis drei Wochen Kredit. Schon bei 10 % Aufschlag liegt der Jahreszins bei mehr als 170 % p.a. Man sollte deshalb annehmen, den Kenkeyfrauen läge daran, Krediteinkäufe nach Möglichkeit zu vermeiden. Tatsächlich kaufen jedoch fast alle Kenkeyfrauen ihren Mais auf Kredit (41 von 46).[33] Zwei große Küchen kaufen in bar

---

[32] Der Zwischenhandel mit Mais liegt fast völlig in Händen von Frauen, Männer (meist aus dem Norden) sind die Ausnahme. Alle befragten Kenkeyfrauen kaufen bei Maishändlerinnen.

auf dem Kaneshiemarkt, Accra. Drei Kleinstküchen kaufen in losen Mengen ebenfalls in bar, nicht weil sie genügend Kapital haben, um Preisvorteile nutzen zu können, sondern weil ihnen keine Maishändlerin Kredit gewährt.

Auch Preisvorteile durch Einkauf en gros nutzt keine der Frauen. Selbst große Küchen kaufen selten mehr als fünf Sack gleichzeitig, keine Kenkeyfrau mehr, als sie innerhalb von zwei bis drei Wochen verarbeitet. Die einfachste Erklärung, und sie trifft sicher in vielen Fällen zu: den Frauen fehlt es an dem notwendigen Kapital, um den Mais in bar und in größeren Mengen einzukaufen. Der Zusammenhang ist jedoch vielschichtiger.

"Wenn ich dringend Geld für Sonderausgaben benötige, dann nehme ich es von meinen täglichen Einnahmen, auch wenn sie mir nicht gehören, weil ich den Mais davon zurückbezahlen müßte. Die Schulden kann ich dann erst später und in kleinen Raten abzahlen." (FB 28)

"Die Maishändlerin bringt uns den Mais ins Haus. Wenn wir den Mais zu Kenkey verarbeitet haben, kommt sie und sammelt das Geld ein. Der letzte Sack kostete ¢ 6000,- auf Kredit. Den Barpreis kenne ich nicht. Wir wissen überhaupt nichts über den Marktpreis. Wir wohnen zu weit vom Markt entfernt. Die Maishändlerin kann verlangen, was sie will. Wir sind von ihr abhängig." (FB 3)

"Die Maishändlerin bringt uns immer vier bis fünf Sack auf einmal. Sobald wir einen Sack verarbeitet haben, bringen wir ihr das Geld. Der letzte kostete ¢ 7000,-." (FB 6)

"Ich kaufe immer bei der gleichen Frau, jeweils vier Sack. Wenn sie nicht rechtzeitig mit dem neuen Mais kommt, nehme ich das Geld, das ich für sie zurückgelegt habe, und kaufe bar auf dem Markt." (FB 13)

"Die Maishändlerin bringt vier bis sechs Sack zu einer Zeit. Ich fange an zurückzuzahlen, sobald der erste Sack verarbeitet ist. Ich hänge von dieser Frau ab. Ich habe Schulden bei ihr, das ganze Jahr über. Deshalb braucht jede Kenkeyfrau eine feste Lieferantin." (FB 14)

"Ich kaufe vier Sack zur gleichen Zeit. Ich habe zwei Maishändlerinnen. Ich fange an zurückzuzahlen, wenn ich zwei Sack verarbeitet habe. Manchmal, wenn Geld übrig ist, kaufe ich auch in bar. Aber jetzt habe ich ein Ladung Brennholz gekauft,

---

33 Hill, Polly. 1962. Some Characteristics of Indigenous West African Economic Enterprise. *The Economic Bulletin* (published by the Economic Society of Ghana) 6 (1). S. 12: "...credit is ubiquitous ...an instance being the delivery of one bale of flour to a baker on condition that she pays for it when the next bale is delivered, the bread having by that time been sold."

nun ist kein Geld mehr da." (FB 18)

"Ich nehme immer zwei Sack. Die letzten kosteten ¢ 5000,-. Zur Zeit schulde ich der Händlerin noch ¢1000,- aus früheren Lieferungen. Diese Schulden zahle ich jetzt in kleinen Raten zusätzlich ab." (FB 27)

"Ich habe immer auf Kredit gekauft, bis vor sechs Monaten. Ich konnte die Schulden nicht mehr bezahlen, da hat die Maisfrau mich nicht mehr beliefert. Jetzt kaufe ich kleine Mengen Mais in bar. Ich habe mir ¢ 1000,- von meinem Sohn geliehen, dem muß ich das Geld jetzt zurückzahlen." (FB 37)

"Die Maishändlerin liefert immer drei Sack auf einmal. Die letzten kosteten ¢ 4000,-. Ich muß alle zurückzahlen, bevor sie neue liefert." (FB 38)

"Die Maishändlerin beliefert mich nicht mehr. Ich schulde ihr ungefähr ¢ 20.000,-. Der vielen Kinder wegen bin ich so verschuldet. Ich sorge für die zehn Kinder von meiner verstorbenen Schwester. Jetzt kaufe ich den fertigen Teig von der Mühle. Jeden Tag zwei *Kerosine*-tins (6 Kerosine-tins = 1 Sack Mais), jede zu ¢1100,-. Als ich noch mit meiner Mutter zusammen kochte, kauften wir den Mais immer selbst im Dorf." (FB 39)

"Früher habe ich immer auf Kredit gekauft, jetzt kaufe ich kleine Mengen in bar. Der Mais auf Kredit war zu teuer." (FB 40)

"Ich habe aufgehört, den Mais auf Kredit zu kaufen, er war zu teuer. Vor einem Jahr habe ich mir Geld von meinen Kindern geborgt. Jetzt kaufe ich immer kleine Mengen in bar. (FB 41)

Der Mais ist bei der Kenkeyherstellung der weitaus größte Kostenfaktor. Wer wirtschaftlicher produzieren will, muß versuchen, den günstigsten Einkaufspreis zu erzielen. - Die Logik der Armut ist umgekehrt: wer kein Geld in der Kasse hat, muß Kredit aufnehmen. Je größer der Kredit, desto größer die Bewegungsfreiheit. Nur beim Maiseinkauf schafft der Kredit einen täglichen Bargeldbestand für Lebens- und Sterbefälle. Diese (überaus teure) Kasse für Notfälle können die Kenkeyfrauen innerhalb bestimmter Grenzen dehnen und strecken, ohne zuvor jemanden zu fragen, denn über die Einnahmen des Tages verfügen sie zunächst selbst.

Das Kreditgeschäft zwischen Maishändlerin und Kenkeyfrau kennt keine Schuldscheine und Strafzinsen. Das wirtschaftliche Gefälle zwischen ihnen ist einseitig, die Abhängigkeit voneinander jedoch durchaus gegenseitig. In aller Regel beliefert die Maishändlerin auch säumige Schuldnerinnen weiter, um sie instandzuhalten, ihre Schulden zurückzuzahlen.

Die Antworten der Frauen erhellen daneben eine verblüffend geringe Markt- und Preistransparenz. In den drei Monaten der Befragung sank der Maispreis infolge der neuen Ernte, insofern verwundert die Diskrepanz zwischen den hohen Preisen, die in den ersten Gesprächen genannt werden, Mitte Juni, und den vergleichsweise niedrigen von Mitte August nicht. Dennoch variierten die Abnahmepreise zur gleichen Zeit und am gleichen Ort um 20 bis 25 %, obgleich der jeweilige Marktpreis in Accra auf allen Märkten identisch ist und höchstens geringfügig unter- oder überschritten wird. Die Frauen beziehen ihren Mais immer von der oder den gleichen Händlerin(nen), sie verlassen ihren Compound kaum, sie sind bei ihr verschuldet, haben insofern keine Wahl und akzeptieren den Preis, den die Händlerin verlangt.[34]

Die personalisierten Beziehungen zwischen Angebot und Nachfrage führen zugleich zu einem breiten Spektrum an faktischen Kredit- und Rückzahlungsbedingungen, das von dem einigermaßen einheitlichen Kodex beträchtlich abweichen kann und in lautstarken und wortreichen Auseinandersetzungen verhandelt wird, bei denen nicht nur die Kenkeyfrauen, sondern auch die Maishändlerinnen Federn lassen.[35]

"Zur Zeit verlieren wir Geld. Sogar ziemlich viel. Wenn die Maisfrau kommt, um das Geld zu kassieren, streiten wir mit ihr. Wir können nicht alles zurückzahlen. Das nächste Mal ist es das gleiche. Erst zur Erntezeit, wenn der Preis für den Mais sinkt, können wir die Schulden zurückzahlen." (FB 7)

Brennholz

Brennholz ist die zweitteuerste Position.[36] Es ist einfach zu lagern, sofern man

---

[34] *Report of the Commission of Enquiry into Trade Malpractices in Ghana.* Accra. August 1965. S. 12: "Many buy locally produced foodstuffs like corn and yams in monopoly quantities and then re-sell them at much higher prices. It is in this way that corn comes to be sold in Ghana at a price three to four times the world price."

[35] Robertson, Claire. 1974. S. 663: "Debt collection is a persistent and knotty problem for women traders to solve...To collect debts women have to be persistent and tough; not infrequently a trip to collect a debt turns into a fight between creditor and debtors involving much mutual abuse, hairpulling and scratching"

[36] Interview mit Adam Abu, senior conservator of forests in the Ministry of Lands and Mineral Resources (Ghana). In: *West Africa.* London. 9.6.1986. S. 1210: "In many areas today firewood is a problem. In the desperate areas in the north-east around Bawku, animal manure as well as agricultural crop residues are being used to provide fuel for cooking instead of being used to fertilize the soil for food production. It is costing nearly as much to

genug Platz hat, und beim Einkauf pro Lkw-Ladung läßt sich ein weit günstigerer Preis erzielen.

Etwa die Hälfte aller Frauen kauft komplette Wagenladungen, die anderen nur den Tages- bis Wochenbedarf. Die gezahlten Preise lassen sich kaum miteinander vergleichen, die Ladeflächen der Lastwagen sind zu unterschiedlich.

"Wir kaufen en gros und zahlen in bar. Die letzte Ladung kostete uns ¢ 6800,-, ¢1800,- für den Transport, ¢ 5000,- für das Brennholz. So kommt es viel billiger." (FB 6)

Tabelle 14: Einkauf von Brennholz				
verarbeitet 1 Sack Mais in...Tagen	kleine Mengen		LKW-Ladung	
	bar	Kredit	bar	Kredit
2-3	-	4	5	7
4-7	6	1	1	9
8-21	3	5	-	1
Insgesamt	9	10	6	17
Antworten insgesamt 42.				

"Ich kaufe in kompletten Ladungen auf Kredit. Für die letzte bezahlte ich ¢ 7000,-. Das reicht mir für vier bis sechs Monate. Ich zahle in kleinen Raten an die Brennholzhändlerin zurück." (FB 9)

"Ich kaufe wagenweise große Holzscheite. Wir spalten sie selber. Ein Wagen kostet ¢10 000,- . Wenn wir viel kochen, reicht das Holz zwei Monate." (FB 10)

"Wir kaufen immer einen Lkw voll. Die Ladung Holz kostete ¢ 2500,-. Wenn der Wagen ankommt, zahlen wir die ¢ 2000,- für den Transport in bar. Einen Monat später kommt der Mann aus dem Dorf und kassiert das Geld für das Brennholz. Es reicht immer drei bis vier Wochen." (FB 14)

"Wir kaufen wagenweise. Das Holz kostete ¢ 5000,-, der Transport ¢1500,-. Ich zahle in bar, eine Ladung reicht für zwei Monate. Bevor alles Holz verbraucht ist, rufe ich die Holzhändlerin. Normalerweise ist das so: Die Männer schlagen das Brennholz im Dorf. Dann kommen die Holzhändlerinnen und kaufen es von ihnen. Eine Großhändlerin verkauft an die Brennholzverkäuferin weiter oder direkt an die Kenkeyfrau." (FB 17)

Koshie Ajeko, ca. 50 Jahre alt, handelt seit 20 Jahren mit Brennholz: "Früher gab es viel Holz in den Dörfern zu kaufen, aber heute ist das schwierig geworden."

---

cook food as it is costing to purchase it."

Sie kauft das Brennholz in der Umgebung ihres zehn Meilen von Accra entfernt liegenden Heimatdorfes. Die Bauern bündeln das Holz zu vier bis sechs Stück, für jedes Bündel zahlt sie ¢ 60,-. Sie lagert das Holz im Dorf, bis sie genügend zusammen hat, um eine Mammielorry zu ordern. Eine Fuhre umfaßt etwa 150-200 Bündel. Pro Bündel zahlt sie bis Labadi ¢ 50,- Transportkosten, fürs Abladen ¢ 400,- bis ¢ 500,- an Hilfskräfte. Eine Lkw-Ladung Holz ist in zwei bis drei Wochen verkauft, pro Bündel verlangt Koshie Ajeko ¢130 bis ¢140,-: "Das Holz ist nicht dick und zu frisch, es brennt nicht sonderlich gut. Die Käufer fordern Preisnachlaß, viel bleibt mir nicht übrig."

Maiskolbenblätter

Ein gut gestopfter Sack mit den Blättern der reifen Maiskolben reicht normalerweise hin, um die Kenkeyproduktion von zwei Sack Mais einzuwickeln; es ist ihre einzige Verwendung. Ich sprach mit zwei Händlerinnen, die eine verkauft auch Feuerholz, die andere Orangen. Von nur einem Handel können diese Frauen nicht leben. Die Händlerinnen sortieren die Blätter weder nach Größe noch Qualität, sondern verkaufen sie sackweise an die Kenkeyfrauen weiter. Bei diesem reinen Wiederverkauf ist die Verdienstspanne nicht hoch. Manche von den großen Kenkeyküchen beziehen ihre Maisblätter direkt vom Bauern, das lohnt sich nur en gros (d.h. mehr als fünf Sack), sonst überschreiten Zeitaufwand und Transportkosten den Nutzen.

Christiana Layeir, ca. 50 Jahre alt, handelt seit zwölf Jahren mit Maisblättern. Zweimal pro Woche fährt sie in ein vier Autostunden entfernt liegendes Dorf und kauft, je nachdem wieviel Geld sie hat, zwischen zehn und 20 Sack. Für einen großen Sack bezahlte sie im August (also zur Zeit der laufenden Maisernte) ¢ 200,- in bar. Ein dash ist bei diesem Geschäft nicht üblich. In der Trockenzeit verknappt sich das Angebot, dann kostet der Sack ¢ 300,- und mehr. Pro Sack zahlt sie ¢ 50,- für den Transport und mit je ¢10,- pro Sack entlohnt sie die Jungen im Dorf für das Aufladen und die in Labadi für das Abladen. Ihre Hinfahrt kostet sie ¢ 50,-, auf dem Rückweg fährt sie frei, da zahlt sie nur für die Säcke. Pro Sack entstehen ihr Kosten um ¢ 270,-, etwa die Hälfte der Säcke verkauft sie an Kenkeyfrauen gegen Barzahlung für ¢ 300,- bis ¢ 350,-, die andere Hälfte mit einem Aufschlag von weiteren ¢ 50,- auf Kredit. "Die Maisblätter findet man in den Dörfern nicht einfach. Man muß dort seine festen Lieferanten haben. Man liefert die leeren Säcke ab, und die Bauern füllen sie, bevor man das nächste Mal wiederkommt." [37]

---

[37] Im Gegensatz zum Ga-Kenkey wird Fanti-Kenkey in mehrere Schichten Blätter der Kochbananenstaude eingewickelt. Die einzige von mir befragte Fanti-Kenkeyfrau sagte mir: "Ich brauche für ¢1600,- Blätter pro Sack Mais." (FB 43).

Salz

Um mit Salz zu handeln, benötigt eine Frau weit weniger Kapital als im Maishandel. Der Salzhandel, wie übrigens auch das Schürfen und Sammeln in den Lagunen, ist eine Frauendomäne. Die Großhändlerin kauft das Salz direkt an der Schürfstelle, üblicherweise in Ada, ca. 120 km östlich von Accra, und bringt es nach Labadi. "Im Moment ist Salzsaison", sagte Agnes Koju, eine 42jährige Kleinhändlerin, "in der Trockenzeit ist der Salzpreis niedrig, in der Regenzeit geht er in die Höhe." Sie bezieht das Salz von einer Großhändlerin in Labadi auf Kredit. ¢ 700,- kostet der Sack im Moment bei Barkauf, Agnes Koju zahlt ¢ 900,- zurück. Einen Sack Salz verkauft sie in etwa einer Woche. Die 12jährige Tochter ihrer Schwester erledigt den tagtäglichen fliegenden Handel: ein *american tin* Salz für ¢ 50,-, ein *quarter margerine tin* für ¢10,-. Agnes Koju unterhält außerdem einen Verkaufsstand vor ihrem Haus, wo sie Salz, Cassava, Mehl und Palmöl verkauft. "Ich verdiene ungefähr ¢ 200,- an einem Sack Salz. Hätte ich etwas Kapital, würde ich selbst nach Ada fahren. Dort kostet der Sack nur ¢ 400,-. ¢ 40,- müßte ich noch für die Marktsteuer rechnen und ¢ 60,- für den Transport."

Große Kenkeyküchen beziehen ihr Salz von den Großhändlerinnen: "Ich kaufe mein Salz sackweise für ¢ 700,- von einer Frau aus Ada. Ein Sack reicht für drei Wochen." (FB 12) "Ich kaufe jeden Sack Salz auf Kredit. Einer kostet ¢ 800,-. Jede Woche zahle ich ¢100,- ab." (FB 28) Die meisten Kenkeyfrauen kaufen von ihren Kleinhändlerinnen jeweils ein *american tin* Salz, manchmal auf Kredit. Es ist die Menge, die sie pro Sack Mais benötigen.[38]

Einwickelpapier

Sala Matu handelt mit Papier, hauptsächlich mit zwei Sorten. Die Maurer verkaufen ihr leere Zementsäcke, zu ¢ 10,- bis ¢ 15,- das Stück. Sie gibt den Sack für ¢ 20,- weiter. Andere Leute bringen ihr alte Tageszeitungen. Für ein Bündel zahlt sie nach Anzahl ¢ 200,- bis ¢ 300,- und verkauft es für ¢ 350,- bis ¢ 400,-; je drei bis vier Zeitungen zu ¢10,-. Die Kenkeyfrauen klagen über die Papierpreise und die schlechte Qualität:

"Für den Verkauf von ¢ 700,- Kenkey benötige ich für ¢ 40,- Einwickelpapier. Wir kaufen es auf dem Labadimarkt, jeden Tag für etwa ¢ 80,- ." (FB 4)

---

[38] Sai, Florence. 1978. Women Traders. In: National Council on Women and Development. 1978. *Proceedings of the Seminar on Ghanaian Women in Development (4th-8th September 1978)* Accra. S. 246: "Owing to the very small capital used by many traders they can only get their supplies from third or fourth step handlers who have broken the bulk and added a mark-up for the third or fourth time... The service of breaking bulk is essential to the average Ghanaian who is in a position to buy only small quantities of certain goods at a time."

"Wir haben Frauen, deren einziges Geschäft der Papierverkauf ist. Sie bekommen es von Hühnerfarmen oder kaufen Zementsäcke. Die Säcke vom Hühnerfutter sind teurer, ¢ 30,- pro Stück. Die Kunden bevorzugen Papier vom Futtersack, das ist nämlich sauber, oder Zeitungspapier. Nur ist unser Zeitungspapier zu dünn, es zerreißt schon, wenn wir den Kenkey hineinlegen." (Felicia)

Alteingesessene Kenkeyküchen mit großem Kundenstamm haben den Vorteil, daß die meisten Käufer Teller oder Schüsseln mitbringen.

3.6 Einkommen

"Das einzige Ga-Wort für Profit *se namo* heißt wörtlich 'von hinten nehmen' und birgt eine Andeutung von Unterschleif in sich", schrieb Margaret Fields im Jahre 1940.[39] "In Kenkey there is secrecy", sagte eine der Kenkeyfrauen, gleichsam bestätigend. (FB 39) Nach ihrem Einkommen lassen sie sich ebenso wenig fragen wie Bauern oder Händler. Ich habe mich der Frage indirekt genähert, über die Probleme im Kenkeygeschäft (Frage 31), die Verluste (Frage 35) und die Produktionszahlen (Frage 17).

"Keine von uns rechnet so wie Du", erläuterte mir Felicia. "Wir denken so nicht. Deshalb fingen die Frauen bei dieser Frage auch an zu lachen. Die Frage war wunderbar. Du brachtest uns dazu, an unsere Schulden zu denken, und es ist nicht leicht, an die Schulden bei der Maishändlerin erinnert zu werden. Es war eine gute Frage, nur eben nicht leicht zu beantworten. Sie machte uns klar, wie häufig wir Geld einbüßen."

"Das Kenkeygeschäft ist zum Kinderfüttern, der Tomatenhandel zum Geldverdienen." (FB 14) Die Aussage trifft den Nagel auf den Kopf. Tatsächlich hat jede Kenkeyküche, völlig unabhängig von der Ertragslage, eine bestimmte Anzahl von Personen zu ernähren, und es macht wenig Sinn, diesen Eigenverzehr als Gewinn auszuweisen, noch weniger, die Erträge durch die Anzahl der Mitarbeiterinnen zu teilen.[40]

---

[39] Field, Margaret. 1940. S. 63.

[40] Church, Katie. 1978. A Study of Socio-Economic Status and Child-Care Arrangements of Women in Madina. In: National Council on Women and Development. 1978. *Proceedings of the Seminar on Ghanaian Women in Development (4th-8th September 1978).* Accra. S. 569:"The woman who sold cloth wholesale only visited her source of supply once a week and immediately handed over the goods at considerable profit to waiting retailers. Her work did not in any way interfere with her keeping a very comfortable home. On the other hand a kenkey-maker...was busy throughout the day in strenuous activity and every evening she left the house carrying her produce to sell at the night market. She was clearly overworked and moreover she said that she scarcely got any cash profit from her work. Most of

Alle Frauen verlangen für den Kloß Kenkey den gleichen Preis, seit Mitte 1986 ¢ 10,- pro Stück. Es gibt im eigentlichen Sinne keinen Preiswettbewerb[41], wohl aber einen um die Größe des Kenkeykloßes. Bei steigendem Maispreis werden die Klöße zunächst, das ist common practice, kleiner[42], sinkt der Maispreis nicht innerhalb einer angemessenen Frist, erhöhen die Kenkeyfrauen den Preis für den Kloß.[43] Zur Zeit der Untersuchung rechnete ich (aufgrund meiner Erfahrungen aus Madina) mit rund 960 Klößen pro Sack Mais, d.h. einem erzielbaren Erlös von ¢ 9.600,-. Die Kosten für die weiteren Zutaten variieren mit der Einkaufsmenge, also auch mit der Betriebsgröße. Ähnlich verhält es sich mit dem Eigenverzehr, in den großen Küchen essen Familienmitglieder im Durchschnitt etwa 120 Klöße selbst, in den kleineren kochen die Frauen länger an einem Sack Mais, hier summieren sich die selbst gegessenen, also nicht verkauften Klöße auf etwa 210 pro Sack. Aus der Differenz zwischen dem erzielbaren Erlös und den Nebenkosten plus Eigenverzehr ergibt sich, ab welchem Maispreis Kenkeyküchen Gewinne oder Verluste machen.

Die Ergiebigkeit eines Sacks Mais hängt vor allem von seiner Qualität und seinem mehr oder weniger gut gestopften Umfang ab (Hohlmaß). Es gibt auch Anzeichen dafür, daß insbesondere die kleineren Küchen, die durchweg im fliegen-

---

the profit consisted of the kenkey which she and her eight children consumed themselves."

[41] Hill, Polly. 1962 (b). S. 11: "...the extent to which women plantain retailers do not compete with their sisters by cutting their prices might, in some other countries or contexts, seem remarkable - that the *ingratiation* of customers, by dashing them a little extra to complete the transaction, sometimes replaces more orthodox forms of competition."

[42] Acquah, Ioné. 1972 (1958). S. 86: "The Petty Traders' Association also aims at fixing prices at which goods should be sold, and the Bread Bakers' Association has as an aim: "To decrease the weight of bread when the cost of flour increases and vice versa when the cost falls." - Was für die Bäcker gilt, trifft ebenso auf die Kenkeyfrauen zu. Hill, Polly. 1962. *Notes on the Distribution of Certain Ghanaian (and other West African) Foodstuffs with Special Reference of Wholesaling*. Cambridge. S. 8: "Portions [of kenkey] costing 3 d., 4 d., or (less often) 6 d. are commonly sold in the Accra markets - varying sizes of portion reflecting changes in the price of maize."

[43] 1982 bewegte sich der Kenkeypreis zwischen einem und zwei Cedis. Im Mai/Juni 1986 lag er bei ¢ 5,-. Nach einer Übergangszeit, in der die Frauen sowohl ¢ 5,-Klöße und (dickere) ¢ 10,- Klöße herstellten, verschwanden die kleineren und der ¢ 10,- Kloß (nun von mittlerer Größe) setzte sich ohne großes Aufheben durch. Zur Zeit (Mai/Juni 1987) liegt der Maispreis zwischen ¢ 8.000,- und ¢9.000,- pro Sack. Derzeit verkaufen die Kenkeyfrauen in Labadi und Madina kleine Klöße zu ¢10,- und größere zu ¢ 20,- . Es ist abzusehen, wann der ¢ 10,- Kloß ganz vom Markt verschwindet. Die neuen Kenkeypreise gehen in aller Regel von den Kenkeyfrauen auf dem Makolamarkt (Zentralmarkt von Accra) aus. Die Frauen in Labadi hören davon und lassen sich zuweilen einen Kloß mitbringen, um Größe und Gewicht mit ihrer Produktion zu vergleichen.

den Handel verkaufen, kleinere Klöße fertigen, um damit ihre Erlöse zu verbessern und einen Teil ihrer höheren Kosten aufzufangen. Im Juni and Juli 1986 lagen die Maispreise fast durchgehend über dem kritischen Punkt. Nur drei der befragten Kenkeyfrauen sagten, sie machten nie Verluste.

Alle drei Frauen verdanken dies besonderen Umständen: FB 17: Ernestina Laryea, 28 Jahre alt, übernahm die Kenkeyküche, dazu ein kleines Kapital, von ihrer Großmutter. Sie kauft alles gegen Barzahlung. Den Mais auf dem Kaneshiemarkt, wenn nicht ihr Vater, ein Farmer, sie mit günstigem Mais und Maisblättern versorgt. Wir sprachen Ende Juni miteinander, in einer Zeit, wo auch sie ¢ 5000,- pro Sack Mais zu bezahlen hatte.

Tabelle 15: Gewinn von drei Kenkeyküchen			
Fragebogen :	17	22	45
	Verbrauch von 1 Sack Mais in :		
Kosten /Gewinn	3 Tagen	3 Tagen	7 Tagen
	¢	¢	¢
Mais	5,000.00	5,200.00	3,200.00
Mahlen	240.00	300.00	350.00
Maisblätter	250.00	200.00	120.00
Brennholz	500.00	400.00	600.00
Soße	900.00	780.00	1,050.00
Einwickelpapier	180.00	300.00	560.00
Salz	50.00	50.00	50.00
Lohnarbeit	125.00	370.00	360.00
Herstellungskosten insgesamt	7,245.00	7,600.00	6,290.00
Eigenverzehr an Kenkey	900.00	420.00	1,400.00
Herstellungskosten + Verzehr	8,145.00	8,020.00	7,690.00
Erlös aus verkauftem Kenkey	9,000.00	9,000.00	8,300.00
Reingewinn pro Sack Mais	**855.00**	**980.00**	**610.00** [44]

FB 22: Salome Okoj, ca. 50 Jahre alt, kocht seit 40 Jahren Kenkey und kauft seit jeher alles auf Kredit, den Mais mit ¢ 5200,- allerdings nicht zu den schlechtesten

---

[44] Es ist handelsüblich, einen oder zwei Teelöffel stew (Soße) gratis zum Kenkey zu geben. Der stew besteht aus Pfefferschoten, Zwiebeln und Tomaten, alles fein gerieben.
Vom *Reingewinn* sind die Kosten für Wasser und Verkaufssteuer zu bestreiten. *Wasser*: In Labadi haben fast alle Compounds eigene Wasserzapfstellen im Hof, sonst benutzen die Kenkeyfrauen die eines Nachbargrundstückes und bezahlen eimerweise (je ¢ 2,) oder wochenweise an den Eigentümer. Die Wasserkosten waren auffallend gering. Die *Gewerbesteuer* von ¢10,- am Tag pro Verkaufstisch oder -tablett ist den Frauen ein besonderer Dorn im Auge. In den letzten Jahren hat die Regierung bzw. der Accra City Council auffallende Versuche unternommen, die Klein- und Kleinstgewerbe über pauschale viertel- oder jährliche Abgaben (für Lizenzen) stärker zur Kasse zu bitten. Die Kenkeyfrauen versuchen, diese Abgabe zu umgehen, einige erwähnten jedoch eine Zahlung in Höhe von ¢480,- im Jahr.

Bedingungen. Salome benannte zwei Vorteile für ihr Geschäft: ihre 25jährige Tochter verkauft an einem Busbahnhof in Accra neben gebratenem Fisch mehr als die Hälfte von Salomes täglicher Kenkeyproduktion. Salome hat ihren Verkaufsstand direkt an der Kenkeyküche und verkauft mit ihrem Kenkey den Fisch für die Tochter. Salome hat nicht sehr viele Personen zu ernähren, für nur ¢ 140,- essen sie am Tag vom Kenkey.

FB 45: Anayle Maaley, ist etwa 70 Jahre alt und seit 50 Jahren mit Kenkey beschäftigt. Ihre Tochter handelt mit Mais. Zum Zeitpunkt unseres Gesprächs (5.8.86) verkaufte die Tochter den Sack Mais für ¢ 4.000,- an ihre Kunden, die Mutter erhielt ihn für ¢ 3.200,-. Außerdem bringt die Tochter Säcke mit Maisblättern von ihren Einkaufsfahrten mit. Brennholz kauft Anayle Maaley in Lkw-Ladungen auf Kredit. Im Moment kocht sie an einem Sack Mais sieben Tage lang. In ihrer Gegend gibt es, vor allem in der Zeit, wenn der Maispreis sinkt, zu viele Frauen, die Kenkey verkaufen. Rechnet man die verzehrten Kenkeyklöße dem Reingewinn hinzu (eine Brennholzverkäuferin muß ja auch alle Nahrungsmittel kaufen), so hat

Ernestina Laryea	in 3 Tagen	¢ 1.755,-
Salome Okoj	in 3 Tagen	¢ 1.400,-
Anayle Maaley	in 7 Tagen	¢ 2.010,-

verdient. Aber diese Art der Aufrechnung verstünden die Kenkeyfrauen nicht, denn sie betreiben ihr Geschäft ja hauptsächlich, weil sie so viele Mäuler zu stopfen haben.

Alle anderen befragten Frauen leben in einem Jahresrhythmus zu- und abnehmender Verschuldung (und einer kurzen Zeit der Schuldenfreiheit), den die Angebotszyklen des Mais, anderer komplementärer (Fischfang/ Heringssaison) und konkurrierender Nahrungsmittel (etwa Cassava) bestimmen:

"Sie wechseln sich ab, Gewinn und Verlust. Wenn wir Verluste haben, wie zur Zeit, können wir nicht aufhören zu kochen. Die Kundschaft rennt weg und später ist es schwierig, neue Kunden zu finden. Wir kochen weiter, obgleich wir zusetzen. In der Erntezeit wird der Mais billig, dann zahlen wir unsere Schulden zurück." (FB 13)

"Von März bis Juli schießt der Maispreis immer in die Höhe. Von August bis Dezember sinkt er und steigt danach wieder langsam an. Jetzt haben wir gerade die schlimmste Zeit im Jahr." (FB 14, 27.6.86)

"Über Gewinn mache ich mir keine Gedanken. Mir geht es nur darum, das Geld für den nächsten Sack Mais rechtzeitig in der Hand zu haben. Der Rest ist doch nur, um die Kinder zu füttern." (FB 15)

"Ich habe Schulden bei der Maisfrau, ¢ 6.000,-. Ich muß ihr ¢ 3.000,- zurückzahlen, sonst gibt sie mir keinen neuen Sack. Ich weiß nicht, ob ich Verluste mache." (FB 21)

"Verschuldet bin ich gerade, mit ¢ 2.800,- für Mais. Die Maisfrau weiß nicht, daß ich bei ihr Schulden habe. Sie liefert vier Sack und geht wieder. Zwei Wochen später kommt sie wieder und liefert noch einmal vier Sack, dann zahle ich für zwei." (FB 28)

"¢ 4.000,- Schulden bei der Maisfrau. Alle Schulden habe ich bei ihr. Wenn ich Maisblätter brauche, zahle ich von ihrem Geld. Immer nur Schulden." (FB 29)

"Die Maisfrau beliefert mich nicht mehr. Ich habe ¢ 5.000,- Schulden bei ihr. Sie bedrängt mich, weil die Schulden zu alt sind." (FB 30)

"Ich muß weiterkochen, weil ich viele Schulden habe. Könnte ich den Mais nur bar zahlen, dann wäre das Geschäft in Ordnung. Ich habe nie Geld von meinem Mann gekriegt. Ich habe nie Mais in bar gekauft, mein ganzes Leben lang immer nur auf Kredit." (FB 31)

"Auf dem Markt liegt der Preis jetzt bei ¢ 4.600,- bis ¢ 4.800,-, aber ich habe der Maisfrau ¢ 5.600,- bezahlt." (FB 34)

"Kein Kapital. Der Zwischenhandel ist unser Problem. Alles Frauen. Sie nehmen uns das Geld ab, sie horten den Mais." (FB 44)

Viele Frauen haben deshalb nur zu einer Zeit im Jahr die Wahl, aus dem Kenkeygeschäft auszusteigen, nämlich dann, wenn sie ihre Schulden beglichen haben.

Den Jahresrhythmus nehmen nicht alle Kenkyfrauen identisch wahr. Auf die Frage nach der besten und schlechtesten Kenkeysaison antworteten sie: Die Trockenzeit, wenn alle anderen lokalen Grundnahrungsmittel teuer und rar sind, ist die beste Verkaufszeit, Kenkeysaison. Zwei bis drei Kenkeyklöße mit einem Teelöffel Soße und einem Fischlein füllen den Magen. "Manche essen fünf bis sechs Klöße am Tag. Ich esse morgens zwei Klöße. Abends mag ich keinen Kenkey. Da esse ich Fufu oder Gigi." (Felicia) Nach der Maisernte (Juli/ August) fällt der Maispreis deutlich, man sollte vermuten: jetzt kommt die Zeit, wo Profite winken. - Zur Erntezeit sind jedoch alle anderen lokalen Nahrungsmittel ebenfalls auf dem Markt, die Leute wollen Abwechslung im Speisezettel. Kenkey ist weniger gefragt. Hinzu kommt: viele Frauen, die den teuren Mais nicht kaufen konnten, leihen sich nun ¢ 200,- oder ¢ 300,-, kaufen zwei, drei oder vier *american tins* Mais und kochen in kleinen Mengen Kenkey. Um Kunden zu gewinnen, formen sie besonders große Klöße. Zu dieser Zeit ist das *kala ayioley*[45] überall zu hören. "Wenn ich mit meiner Schüssel losziehe, treffe ich bis zum nächsten Baum schon vier Kenkeyfrauen", sagte die Tochter von Elizabeth Nunoo. "Man muß jetzt am Ball bleiben, um seine Kunden nicht zu verlieren." (FB 9)

Zwischen Juni und August ist an der Küste Heringssaison. Sie überschneidet sich mit der Haupterntezeit. Fisch und Kenkey gehören zusammen. Die kleineren Küchen schätzen diese Saison: "Während der Erntezeit kann ich große Klöße zubereiten und schnell verkaufen. In der Trockenzeit ist der Mais zu teuer, dann verkaufe ich weniger." (FB 37) "Wenn die Heringssaison kommt, verkaufe ich den meisten Kenkey." (FB 19) - Für die größeren Küchen gilt mehrheitlich eine andere Logik:

verarbeitet 1 Sack Mais in...Tagen	Trocken- zeit	Ernte-/ Heringszeit	k.A.
2-3	13	1	2
4-7	11	7	1
8-21	6	3	-
k.A.	-	-	2
Insgesamt	30	11	5

Tabelle 16: Geschäftszyklus. Beste Saison in der... Antworten insgesamt 46.

"In der Trockenzeit kochen die Frauen mit den kleinen Töpfen nicht, sie können sich den teuren Mais nicht leisten." (FB 9)

"In der Trockenzeit sind alle Nahrungsmittel teuer und knapp, vor allem Cassava, niemand kann mehr *Banku* zubereiten." (FB 14)

Ihre beste Saison beginnt, wenn die natürliche Verknappung des Angebots anderer Nahrungsmittel den Kenkey zum einzig erschwinglichen Grundnahrungsmittel macht, und endet einige Monate später, wenn der Zwischenhandel im Zuge der zunehmenden (oft auch künstlichen) Verknappung des Maisangebots den Maispreis so stark nach oben treibt, daß selbst größere Kenkeyküchen zu ersticken drohen.

3.7 Ersparnisse

Wir finden in Ghana zahllose Solidarkassen und Netzwerke für den Notfall, 'mutual benefit societies' u.ä..[46] *Susu* ist eine der ältesten Formen von Spar- und

[45]*Wir essen sie heiß.* Mit diesem Ruf preisen die Frauen ihren frischen Kenkey an.
[46] Acquah, Ioné. 1972 (1958). S. 87: "These societies...provide a measure of social security for persons living under urban conditions, where it is increasingly difficult for the

Kreditvereinen [47] und eine Domäne der Frauen.[48] Die Kenkeyfrauen benutzen den Susu als Sparstrumpf, denn ihre Kreditquelle ist die Maishändlerin. Die Cedis, die sie zur Seite legen können, betrachten sie als ihren Gewinn, der nur im Fall von Verlusten wieder ins Kenkeygeschäft zurückfließt. Die Ersparnisse dienten bei keiner einzigen dazu, Kapital zu bilden[49], sondern für die kleinen Annehmlichkeiten des Alltags. Bargeld ist traditionell eher "...a luxury and meant to be spent on life's greater gratifications..."[50], ein T-shirt, ein Kopftuch, Babykleider. Susu ist in Labadi weit verbreitet: zwölf der 46 Frauen zahlten zum Zeitpunkt meiner Befragung regelmäßig ihren täglichen Susu, eine zahlte ¢ 20,- , fünf zahlten ¢ 40,-, eine zahlte ¢ 50,-, drei zahlten ¢ 60,- und zwei ¢100,-. Auf die Frage, wie sie am Monatsende ihre Ersparnisse verwenden, antworteten sie :

---

traditional forms of security and mutual assistance to be adequate or applicable." - In den 1960er und 1970er Jahren haben sich eine Reihe von Arbeiten mit *Women's Voluntary Associations* beschäftigt. Die Ziele solcher Vereinigungen reichen von gegenseitiger Hilfe in familiären oder persönlichen Krisenfällen bis hin zu sozialen und politischen Aufgaben. - Hafkin, Nancy J.; Bay, Edna G. (Hrsg.) 1976. *Women in Africa.* Stanford: Stanford University Press. S. 12: "Outsiders have sometimes seen women's associations as *proof* of female power in African societies, or as evidence of strong female consciousness. Yet several articles suggest...that there has been a kind of sisterhood without solidarity. Women act together, but usually for personal goals only incidentally related to the fact that they are female."

[47] Simms, Ruth; Dumor, Ernest. 1976/77. Women in the Urban Economy of Ghana: Associational Activity and the Enclave Economy. *African Urban Notes.* 2 (3). S. 58: "*Esusu* has been recorded among the African diaspora in the West Indies, which suggests that it was part of the African culture before the slave trade." Vgl. ebenso Bascom, William. 1952. The Esusu: A Credit Institution of the Yoruba. *Journal of the Royal Anthropological Institute* 82. S. 63-69.

[48] Acquah, Ioné. 1972 (1958). S. 87: "In August 1954 there were sixty-seven societies in existence in Accra, having a total membership of 26.192 persons, of whom 23.406 were females and 2.786 males. This is approximately 75 % of all females of nineteen years and over, and 10 % of all adult males." In den 1970er Jahren kamen Simms und Dumor zu folgendem Ergebnis: von 500 interviewten Mitgliedern aus 14 verschiedenen *benefit societies* in Accra waren fast 90 % Frauen, davon 61 % im Handel beschäftigt (*sales workers*) und 75 % aller Frauen waren entweder nicht oder nur kurze Zeit zur Schule gegangen. Vgl. Simms, Ruth; Dumor, Ernest. 1976/77. S. 54.

[49] Eine Untersuchung aus Nigeria kam zu ähnlichen Ergebnissen. Longhurst, Richard. 1982. Resource Allocation and the Sexual Division of Labor: A Case Study of a Muslim Hausa Village in Northern Nigeria. In: Beneria, Lourdes (Hrsg.) 1985 (1982). *Women and Development.* New York: Praeger. S. 111: "In these organizations women received payments on a rotating basis, and used them to buy cloth, gifts for their children, animals, or grain, according to the time of year."

[50] Field, Margaret. 1960. S. 32.

"Wenn es ein Loch im Geschäft gibt, nehme ich das Geld, um es zu stopfen. Sonst kaufe ich, was wir brauchen, Unterwäsche für die Kinder usw." (FB 1)

"Ich kann nicht jeden Tag zahlen. Das Geld ist mein Gewinn aus dem Kenkeygeschäft. Am Ende des Monats mache ich Kasse. Hatte ich Verluste, brauche ich das Geld fürs Geschäft. Sonst kann ich davon ein paar Kleinigkeiten kaufen." (FB 2)

"Ich zahle ¢ 100,- am Tag. Ich benutze das Geld für das Brennholz. Deshalb zahle ich Susu." (FB 14)

"Ich zahle ¢100,- am Tag. Das ist mein Gewinn, davon kaufe ich mir etwas zum Anziehen." (FB 17)

"Manchmal zahle ich meine Schulden davon zurück, wenn ich keine habe, ist es mein Gewinn." (FB 29)

"Ich zahle davon meine Schulden, der Rest ist für die Kinder: Schulgebühren oder Schuluniformen." (FB 37)

"Ich brauche den Susu, um meine Schulden zu decken und für Salz und Maisblätter, denn die zahle ich in bar." (FB 38)

Die überwiegende Mehrheit der Frauen hat keine Ersparnisse: "Kein Geld für Susu, zu viele Kinder zu ernähren", war die üblichste Antwort. Andere mißtrauen dem Susu-Mann: "Wenn man Susu einzahlt, nimmt der Mann das Geld und läuft davon." (FB 10,11). "Früher habe ich Susu eingezahlt, das war 1970, aber der Mann lief mit dem Geld davon." (FB 32) Und schließlich gibt es noch die, die selbst sparen: "Ich habe meinen eigenen Susu im Hause." (FB 35)

Exkurs: Der Susu-Mann[51]

"Ich habe vor einem halben Jahr angefangen. Ich traf einen Freund, der ist Susu-Mann. Ich fragte ihn, wie sein Geschäft funktioniert. Ich sagte ihm, ich sei interessiert, und er versprach, mir zu helfen. Ich arbeitete in der Pepsi-Cola-Fabrik und wollte dort aufhören, ich wollte selbständig sein. Er brachte mir das Einmaleins des Susu bei. Mit Gesprächen ging es los. Ich wanderte über die Märkte und Straßen und sprach mit Frauen, die dort verkaufen. Ich sagte ihnen, ich wolle bald mit dem Susu anfangen und hoffe, sie würden mir helfen. Sie kannten mich inzwischen und könnten mich Leuten vorstellen, die mich noch nicht kennen, sie wüßten ja, ob ich ein zuverlässiger Mensch sei oder nicht. So fing das an. Die

---

[51] Interview mit einem Susu-Mann aus Labadi am 17.8.1986.

Frauen sagten, mach Dir keine Sorgen, in unserem Haus wohnen eine Menge Leute. Wenn Du kommst, stellen wir Dich vor und eine oder zwei wollen sicherlich mit Dir zusammenarbeiten. Ich fing unter der Hand an und sah bald, daß die Sache sich gut anließ. Erst im letzten Monat ging ich zum Verband. Normalerweise muß man das von Anfang an tun, aber die Leute fragen nicht groß danach, ob man registriert ist, da kümmert sich keiner drum. Nur wenn es Ärger gibt, fragen sie, 'bist Du auch angemeldet?' Man muß sich beim City Council eintragen lassen. Man zahlt ¢ 1440,-, dann erhält man eine Lizenz fürs ganze Jahr. Zuerst muß man Karten anfertigen lassen, man geht zu einem Drucker. Auf der Karte stehen meine Adresse, die Einzahlungen, der Saldo und die Vorschüsse.

Eine Frau zahlt z.B. zehn oder 20 Tage lang den vereinbarten Betrag. Dann braucht sie einen Vorschuß. Nun will sie, daß ich ihr helfe. 'Ich habe wohl ¢1000,- eingezahlt, kannst Du mir mehr als ¢ 1000,- geben oder nur das, was ich eingezahlt habe?' Bevor ich ihr mehr gebe, als sie eingezahlt hat, muß ich den Wert ihres Geschäfts abschätzen. Alles hängt davon ab, ob man ihr trauen kann. Man muß sich zumindest darauf verlassen können, daß sie den Vorschuß zurückzahlt. Also sehen, wie sie bislang ihre Beiträge bezahlt hat.

Die Frauen können sich immer auszahlen lassen, was auf ihrer Karte steht. Sie sagen mir, 'ich kann nicht mehr weitermachen, ich will mein Geld haben.' 'Heute habe ich nichts bei mir, du hast es mir erst eben gesagt, wenn Du Dein Geld haben willst, mußt Du warten, bis ich morgen vorbeikomme, dann bringe ich Dir Dein Geld.' Sie kann jeden Tag des Monats kommen, aber jeder Susu-Mann, der eingetragen ist, kann sagen, 'ich zahle Vorschüsse erst am Ende des Monats aus.' Oder er sagt, 'Du mußt zwei, drei Tage warten, vorher komme ich nicht zur Bank.' Man braucht ein eigenes Bankkonto. Wenn ich ein bis zwei Tage Geld eingesammelt habe, zahle ich es bei der Bank ein. - Ich gehe morgens zwischen neun und halb zehn aus dem Haus und bin spätestens um zehn auf meiner Tour. Ich habe nicht nur Mitglieder in Labadi, sondern auch auf dem Makolamarkt. Morgens fange ich in Labadi an, nachmittags bin ich in Accra. Abends bin ich zwischen halb sieben und sieben wieder zu Hause.

Man muß wissen, wie man mit den Menschen spricht. Man muß Takt zeigen, so pflegt man die Kundschaft. Dann sagen alle, das ist ein guter Susu-Mann. Zur Zeit habe ich rund 300 Kunden und täglich muß ich alle besuchen; wenn es mal zu spät wird, kann ich sie auch am nächsten Tag besuchen. Manchmal muß man sich Zeit nehmen, mit den Frauen zu reden, ein oder zwei Minuten. Wenn das Gespräch länger wird, vertröste ich sie auf den nächsten Tag: 'Morgen komme ich früh, dann haben wir genug Zeit, miteinander zu sprechen.' 90 % meiner Kunden sind Frauen. Die meisten verkaufen Essen am Straßenrand, rund 70 %, gekochten Reis, geröstete Erdnüsse, Bananen, Kenkey. Manche sind fliegende Händlerinnen. Die sind schwierig. Wenn sie sich am Susu beteiligen wollen, hinterlegen sie ihr Geld bei einer Freundin, bei der ich es abholen kann. Die fliegenden Händlerinnen sind immer unterwegs, die trifft man nie an. Frauen, die am Straßenrand Essen verkaufen, trifft man immer am gleichen Platz.

Wer mit dem Susu anfängt, muß fünf Cedis für die Karte bezahlen. Manche zahlen innerhalb von einer Woche zwei Karten voll. Wenn ich komme, sagen sie, heute zahle ich für fünf Tage, am nächsten zahlen sie für sechs Tage, so haben sie innerhalb kurzer Zeit die Karte voll. Oft nehmen sie dann eine neue, lassen ihr Geld aber stehen.

Bei mir ist der niedrigste Beitrag ¢ 20,-. Andere Susu-Männer haben ein Limit von ¢ 30,- ¢ 40,- oder ¢ 50,-. Ich habe rund 80 Kunden, die ¢ 20,- zahlen, einige wenige zahlen zwischen ¢ 30,- und ¢ 40,-, rund 100 Kunden zahlen ¢ 50,-, ca. 120 zahlen ¢ 100,- und zehn bis 15 zahlen ¢ 200,- pro Tag. Die meisten Schwierigkeiten hat man mit denen, die nur ¢ 20,- zahlen. Sie zahlen am unregelmäßigsten. Die Frauen sind arm, manche verkaufen Eiswasser oder Gummisandalen, manche Pfeffer, Tomaten oder Brot. ¢ 100,- oder ¢ 200,- zahlen die Frauen, die Stoffe oder Kosmetik verkaufen. Die Kenkeyfrauen zahlen meist ¢ 50,-. Die Mehrheit läßt sich ihr Geld am Ende des Monats auszahlen. Nur wenige, vielleicht zehn oder 15, lassen ihr Geld für einige Zeit bei mir stehen.

Normalerweise kaufen die Frauen die Waren, die sie wiederverkaufen, auf Kredit. Sie benutzen ihren Susu, um ihre Kreditschulden zurückzuzahlen. Wenn ich Vorschüsse gebe, komme ich zu einer Vereinbarung mit der Frau, ich sage ihr: 'Das ist nicht Dein Geld. Du hast nur ¢ 1.000,- eingezahlt und jetzt brauchst Du ¢ 3.000,-. Von heute an schuldest Du mir also ¢ 2.000,- und für jede ¢ 1.000,- mußt Du mir ¢ 100,- extra geben.' Das handle ich aber im Einzelfall aus. Jeden Monat gebe ich mehrere Vorschüsse. Für meine Arbeit berechne ich monatlich pro Karte einen Tagessatz.

Die meisten Susu-Kassierer sind Männer, wir haben nur drei oder vier Frauen. In der ghanaischen Gesellschaft ist das Susu-Geschäft eine Sache der Männer. Die paar Frauen sind erst seit kurzem im Geschäft. Natürlich passiert es auch, daß Susu-Männer untertauchen. Nehmen wir an, jemand ist aus dem Norden nach Accra gekommen und fängt hier als Susu-Mann an. Wenn er mit dem Geld davonläuft, ist es schwierig, ihn ausfindig zu machen. Deshalb ist es besser, einen Susu-Mann zu nehmen, der im Haus seiner Familie wohnt.

Ich mag mein Geschäft. Nur, wenn die Beträge nicht gezahlt werden, geht es einem schlecht. Man geht zu zehn Frauen und kassiert nur ¢ 20,-. Das macht müde. Bei mir zahlen im Schnitt 50 Kunden am Tag nicht. Trotzdem muß man jeden Kunden täglich besuchen, wenn man nicht kommt, sind sie ärgerlich. Manche sind sehr unregelmäßig. Eine Frau ist z.B. zwei Monate dabei, im dritten Monat setzt sie aus, zwei Monate später will sie wieder mitmachen, weil ihr Geschäft besser läuft.

Manche Frauen organisieren ihren eigenen Susu. Eine aus der Gruppe ist die Kassiererin. Sie müssen sich gut kennen, sie verständigen sich z.b. darauf, jeden Monat einen bestimmten Betrag einzuzahlen. Der gesamte Betrag wird dann einer Frau ausgezahlt. Sie vereinbaren zuvor, wer die erste ist, die zweite usw. Manche Gruppen zahlen nur je ¢ 100,- im Monat, manche in der Woche. Die Kassiererin ist verantwortlich, wenn irgend etwas schief geht. Sie muß auch das Geld eintreiben von denen, die nicht einzahlen wollen. Sie ist zwar verantwortlich, wird aber nicht entlohnt."

3.8 Zusammenfassung

Die meisten Kenkeyfrauen in Labadi sind über 45 Jahre alt und füttern weit mehr als ihre durchschnittlich sechs Kinder durch; häufig die doppelte Anzahl: Enkel und Geschwisterkinder. Die Frauen müssen alle Kraft aufbieten, um die Kinder zu ernähren und zu kleiden, die Schulbildung der Mädchen bleibt dabei auch heute noch häufig auf der Strecke. Drei von vier Kenkeyfrauen haben nie eine Schule besucht, bei ihren Ehemännern ist es umgekehrt.[52]

Alle waren einmal verheiratet, fast alle leben dagegen allein (ohne Ehemann). Zwischen den Kenkeyfrauen und ihren Ehemännern wird im Zuge einer Generation eine krasse berufliche Auseinanderentwicklung deutlich. Die Mütter der Kenkeyfrauen stellten zum überwiegenden Teil selbst Kenkey her, alle anderen stammen aus artverwandten Berufen. Die Väter der Kenkeyfrauen haben meist als Bauern oder Fischer ihren Lebensunterhalt verdient und arbeiteten durch Zulieferungen (Mais oder Fisch) oder Dienstleistungen (Transport) mit ihren Frauen zusammen. Die Ehemänner der heutigen Kenkeyfrauen üben in der Mehrzahl moderne Berufe aus, die kaum noch Möglichkeiten der Kooperation zwischen den Eheleuten bieten.[53]

Kornmühlen und permanente Wasserversorgung am Haus haben den Kenkeyfrauen einen Teil ihrer Arbeit erleichtert. Zugleich hat die rapide zunehmende Verstädterung ihnen die nutzbare Umwelt zerstört, die ihren Eltern noch unentgeltlich viele Lebensnotwendigkeiten lieferte.[54] Das frühere Farmland in Labadi

---

52 Vgl. auch Robertson, Claire. 1976. Socioeconomic Change in Accra: Ga Women. In: Hafkin, Nancy J.; Bay, Edna G. (Hrsg.) 1976. *Women in Africa*. Stanford: Stanford University Press. S.131.

53 Vgl. Robertson, Claire. 1976. S.117 f.

54 Vgl. Illich, Ivan. 1983. S. 42.

ist längst bebaut, die Männer sind meist Lohnarbeiter, alles, was zum Lebensunterhalt benötigt wird, ist in Geld zu bezahlen.

Die großen, alteingesessenen Kenkeyküchen zeigen sich als weit überlebensfähiger als die kleinen. Gerade in den großen Küchen setzt sich eine zunehmende Arbeitsteilung durch. Sie lagern vor allem die schwersten Arbeiten in Lohnarbeit aus (üblicherweise an Frauen ohne jegliche Schulbildung). Diese zunehmende Monetarisierung greift allmählich auch auf innerfamiliäre Arbeitsverhältnisse über, auch in die Sphäre des Verkaufs, der allgemein den jüngeren weiblichen Familienmitgliedern mit (oft abgebrochener) Schulbildung vorbehalten bleibt.

Unabhängig von der Betriebsgröße kaufen Kenkeyküchen den Mais, der zu den meisten Zeiten im Jahr mehr als 50 % der Herstellungskosten des Kenkey ausmacht, trotz Wucherzinsen auf Kredit, um auf diese Weise stets Bargeld in der kombinierten Betriebs-, Lebens- und Sterbekasse zu haben. Günstigere Barkäufe bei den anderen Produktionsmitteln können sich fast nur die größeren Kenkeyküchen leisten. Nur ein verschwindender Bruchteil erzielt durchgehend einen bescheidenen Gewinn, die überwältigende Mehrheit lebt in einem von den landwirtschaftlichen Ernten abhängigen Zyklus zunehmender und abnehmender Verschuldung, unterbrochen von Zeiten der Schuldenfreiheit, die nach Betriebsgröße variieren. Ihren kalkulatorisch errechenbaren Gewinn verzehren Kinder und Kindeskinder in Kenkeyklößen.

4 Erfahrungen mit Kenkeyfrauen in Madina

4.1 Erste Kontakte

Meine Erfahrungen mit Kenkeyfrauen begannen im Herbst 1983. Esther Ocloo[1], eine Kleinunternehmerin aus Madina[2], brachte mich mit ihnen zusammen. Ich besuchte die Frauen an ihren Verkaufsständen oder saß in ihren Kenkeyküchen und schaute bei der Herstellung zu. Die Kenkeyfrauen hatten, das wurde mir im Verlauf unserer Gespräche deutlich, keinerlei Absicht, ihre Produktionsmethoden zu verändern, ihr Produktionsvolumen wesentlich zu erweitern, ihren Arbeitsrhythmus zu modifizieren, ihren jeweiligen Standort aufzugeben oder ihre Produktionsmittel zusammenzulegen, sondern suchten unter Beibehaltung alles Bewährten nach Möglichkeiten, ihr Einkommen zu verbessern. Zwischen November 1983 und Januar 1984 ermittelte ich gemeinsam mit den Frauen aus drei Kenkeybetrieben, welcher Anteil ihrer Einnahmen auf die verschiedenen Kosten entfällt und was ihnen an Verdienst übrigbleibt. Im Frühjahr 1984 streckte ich das Geld für den Einkauf von 20 Sack Mais auf einem der ländlichen Märkte vor. Schon bei dieser kleinen Menge lag der Einkaufspreis deutlich unter dem Abgabepreis des Zwischenhandels. Der günstigere Maiseinkauf besserte das Einkommen der Kenkeyfrauen deutlich auf: er verzehrte nur noch 60% statt wie zuvor 77% ihres Erlöses.

Wir sprachen auch mit einer Maishändlerin aus Madina, über Preise und Ein-

---

1 Esther Ocloo ist Ewe und etwa fünfzig Jahre alt. In ihrem Kleinunternehmen stellt sie hauptsächlich Orangensyrup her. Daneben beschäftigt sie mehrere Frauen, die Stoffe für Tischdecken, Servietten, Kleider und Röcke färben, bedrucken und nähen. Esther war zur damaligen Zeit Präsidentin der *Women's World Bank, Section Ghana*, Präsidentin der *Federation of Ghana Business and Professional Women* und häufig zu internationalen Entwicklungskongressen unterwegs. Sie ist aktives Mitglied der *Evangelical Presbyterian Church of Ghana* und eine Projektemacherin. Über die Frage, wie den Kenkeyfrauen zu helfen sei, gingen unsere Meinungen rasch auseinander. Sie dachte an Gelder aus Deutschland für Maiseinkäufe, Gerätschaften und einen LKW. Ich wollte mich nicht einbinden lassen, und so trennten sich unsere Wege wieder.

2 Madina war ursprünglich ein *Ga*-Dorf. Das heutige Stadtgebiet entstand ab 1960. Der Chief von Labadi hatte der Regierung das Land für die Neuansiedlung der vom Bau des Nima-Highway (Accra) und des Messegeländes (Labadi) verdrängten Bewohner überlassen. Gleichzeitig siedelten sich viele der auf dem nahegelegenen Campus der Universität von Legon beschäftigten Arbeiter in Madina an. Die ersten Bewohner stammten fast zur Hälfte aus der Eastern und aus der Volta Region (*Ewe*). Vgl. Asiama, Seth Opuni. 1984. The Land Factor in Housing for Low Income Urban Settlers: The Example of Madina, Ghana. *Third World Planning Review* 6 (2). S. 171-184. - Madina liegt 16 km nördlich von Accra entfernt und hat heute ca. 40.000 Einwohner.

kaufsbedingungen. Sie thronte vor ihrem Lagerbestand. Nach ihrer Darstellung kauft sie alle zwei bis vier Wochen ihren Mais in Techiman, dem Zentrum des größten Maisanbaugebietes von Ghana, ein. Zum Zeitpunkt unseres Gespräches (März 1984) gab sie den Sack Mais bei Barzahlung für ¢ 4.000,- ab und verlangte von Kreditkunden nach zwei Wochen ¢ 4.200,-, das entspricht 130% Zinsen im Jahr. Die Kenkeyherstellerinnen zählen zu ihren Kunden. Mir wurde bald klar: um den Kenkeyfrauen zu helfen, muß man beim Maiseinkauf ansetzen.[3] Meine Überlegung war: wenn man jeweils in der Erntesaison einkauft und damit die künstliche Verknappung vermeidet, durch Einkauf en gros die Transportkosten senkt und einen Bankkredit aufnimmt (damaliger Zinssatz 18,5% p.a.), dann ließe sich ein um 20 bis 25% günstigerer Preis für den Mais erzielen.

Im folgenden beschreibe ich, welche Erfahrungen wir mit der Genossenschaft, der Kreditaufnahme und unseren Maiseinkäufen, aber auch miteinander gemacht haben. Neben den schriftlichen Quellen (Urkunden, Anträgen, Gesetzestexten) basiert mein Bericht auf den Aufzeichnungen der Frauen über ihre Einnahmen und Ausgaben, im wesentlichen aber auf Auszügen aus meinem Arbeitstagebuch. Der Bericht umfaßt die Jahre 1984 bis Mitte 1987. Er folgt nicht dem zeitlichen Ablauf, sondern bündelt die Darstellung nach Ereignissen.

---

[3] Neben den saisonalen Ertragsschwankungen wirken andere Faktoren auf den Maispreis ein: eine einflußreiche und kapitalkräftige Schicht von Groß- und Zwischenhändlern, denen die Bauern z.T. über Kredite verpflichtet sind, kauft den Mais in den beiden Erntezeiten zu niedrigen Preisen auf und verknappt das Angebot künstlich, bis die Preise steigen; es mangelt ständig an Jutesäcken, so daß die Bauern einen Teil der Ernte gar nicht auf den Markt bringen können; die Regierung propagiert zwar ein billiges Lagerverfahren in Plastiksäcken (die man in die Jutesäcke einzieht), in die man Phostoxintabletten gibt, mit denen die Schädlinge vergiftet werden, an beidem mangelt es jedoch, so daß ein gut Teil der Ernte verkommt; das ghanaische Transportsystem basiert fast ausschließlich auf LKWs, die hohen Transportkosten verteuern das Angebot an Grundnahrungsmitteln in den Städten. Mais zählt zu den Spekulationsobjekten und ist ein Politikum. *Report of the Commission of Enquiry into Trade Malpractices in Ghana.*Accra, August 1965. S. 13: "For each commodity sold in the consumer's market, there seems to be a "queen mother". This personage exerts control over purchase, sometimes arranging bulk or even monopoly purchases in certain foodstuffs on behalf of herself and her followers. Outsiders can be refused bulk purchases by the supplier at the "queen mother's" suggestion. Having thus put the market at bay, she next assures that the food is retailed at prices fixed on her authority or with her concurrence. This price is usually appreciably high." Vgl. ebenso: Dumor, Ernest. 1982. Commodity Queens and the Distributive Trade in Ghana: a Sociohistorical Analysis. *African Urban Studies* 12. S. 27-45.

1. Familienbetrieb

Ellen Tamakloe[4], *Ewe*, 58 Jahre, acht Kinder.
Mit ihr leben und arbeiten derzeit (1984):
- Yawa, 22 Jahre, wohnt und arbeitet bei Ellen seit ihrer Kindheit und stammt aus dem gleichen Dorf.
- Charity, 30 Jahre, Nichte von Ellens geschiedenem Mann, und deren sechs Jahre alter Sohn.
- Jeanet, 44 Jahre, Cousine von Ellens Halbschwester, und deren 13 Jahre alter Sohn (Jeanet wohnt im Gegensatz zu ihrem Kind nicht bei Ellen, hilft aber, neben ihrer anderen Tätigkeit in Accra, im Kenkeygeschäft mit).
- Linda, 19 Jahre, die Tochter von Ellens Bruder.
- Sure, 22 Jahre, der Sohn von Ellens Halbschwester.
- Kaa, ca. 30 Jahre, eine Frau aus dem Norden, die mit ihren vier Kindern tagsüber bei Ellen arbeitet und lebt.
- Aku, 15 Jahre, Emanuel, 19 Jahre, und Kobla, 21 Jahre, drei von Ellens Kindern.
Insgesamt 15 Personen.

Ellen Tamakloe verarbeitete im Jahr 1984 pro Woche etwa einen Sack Mais. Ihre durchschnittliche Tagesproduktion von ca. 170 Kenkeyklößen verkaufte sie im fliegenden Handel sowie an einem kleinen Stand in der Nähe ihres Hauses. Um zu sehen, wie Kenkey hergestellt wird, verbrachte ich einige Tage bei ihr:

◊ Arbeitstagebuch vom 2.11.1983:
Ellen Tamakloe hat gestern neun *american tins* Mais (etwa 25 kg) eingeweicht. Jetzt wird er gewaschen. Wir bringen den Mais zur Mühle, ihre Helferin trägt die schwere Schüssel auf dem Kopf. Nach 20 Minuten Fußweg erreichen wir eine Bretterbude, in der die dieselgetriebene Mühle steht. ¢ 8,- kostet das Mahlen pro *american tin*. Zurück im Hof vermischen Ellen und ihre Helferinnen das Maismehl mit Wasser und kneten einen Teig. Er muß (je nach gewünschtem Säuregrad) ein bis drei Tage lang fermentieren.
Wir sitzen unter einem Mangobaum in Ellens Hof. Hinter uns das als *boys' quarter* gebaute Haus, in dem sie mit ihren Kindern wohnt. Vor uns eine weite, schattenlose Betonfläche, das Fundament eines geplanten Wohnhauses, sie dient als Arbeitsplatz, hier wird das Brennholz getrocknet, der Mais gelüftet und gesiebt. Rechts der gemauerte Wassertank mit wenig Wasser. Eine große Sorge von Ellen: was, wenn die defekte Zuleitung nicht rechtzeitig repariert wird? Zur Kenkeyherstellung braucht sie viel Wasser. Im Hintergrund vier aus Lehm gebaute, z. T. überdachte Kochstellen. Große Bottiche, Töpfe und Eimer, in denen Maiskolbenblätter wässern. Ellen wohnt zur Miete. ¢ 50,- zahlt sie jeden Monat, für Elektrizität

---

4 Siehe auch: Auszüge aus der Lebensgeschichte der Ellen Tamakloe in Kapitel 5.

zusätzlich ¢ 60,- und für Wasser ¢ 12,-.

Yawa ist den größten Teil des Tages mit einer Schüssel Kenkey unterwegs. Kaa kommt morgens um fünf Uhr mit ihren vier kleinen Kindern und hilft bis zum späten Nachmittag. Kaa spricht die Sprachen des Südens nicht, ist ernst und schweigsam. Sie kann weder lesen noch schreiben und, wie Ellen sagt, kaum zählen. Sie ist deshalb ausschließlich zu den schweren Hilfsarbeiten verdammt. Als Lohn erhält sie Essen und Kleidung für sich und die Kinder. ◊

◊ Arbeitstagebuch vom 4.11.1983:

Es ist zwei Uhr, ein angenehmer Wind nimmt ein wenig von der Hitze der Mittagsstunde. Kaa entfacht das Feuer an der Kochstelle, ein großer Topf mit Wasser steht bereits darauf. Nach und nach gibt Ellen etwa die Hälfte des fermentierten Maisteiges ins Wasser. Zunächst benutzt sie ihren Arm als Rührlöffel, noch ist das Wasser nicht zu heiß, später ein ruderähnliches Holzgerät. Die Masse verdickt. Ellen rührt und knetet kräftig weiter, die Bewegungen wirken so leicht. Erst als ich es selbst probiere, vor Hitze und Rauch fast ersticke und das Ruder nur um Zentimeter bewege, weiß ich, wie beschwerlich die Arbeit ist und welche Kraft diese Frauen haben.

Eine feste, klebrige Masse ist entstanden, sie riecht gut. Es ist vier Uhr, der Schatten wächst, die Hitze hat nachgelassen. Die kleine Tochter von Kaa schleckt den Teig vom Rührlöffel. Wir sitzen auf niedrigen Hockern um die beiden Bottiche. Aus dem Teig werden nun sehr geschickt und schnell die Klöße geformt und in Maisblätter gewickelt.

Soeben bin ich mit Matte und Schlafsack zurückgekehrt. Die *curfew*-Sirene bläst,[5] es ist zehn Uhr abends. Einige Kinder schlafen in ihre Decken gewickelt auf der Betonfläche. Ellen läßt mich die Klöße zählen, es sind 200 Stück, sie rechnet anders, sagt "für ¢ 1.000,-". Ich addiere ihre Ausgaben und komme auf ¢ 955,-. Wir liegen nebeneinander auf unseren Matten und schauen in den Sternenhimmel. Ich sage "¢ 45,- Erlös für all die Arbeit" (und denke, ein Ei kostet ¢ 7,-, eine Yamwurzel ¢ 200,-). Sie antwortet, von dem Kenkey könne sie aber die Kinder ernähren.

Um halb vier in der Frühe zündet Ellen das Feuer an. Gemeinsam mit Yawa schichtet sie die 200 Kenkeyballen in den Topf, schüttet einen Eimer Wasser hinzu und bedeckt den Topf mit einem Jutesack. Inzwischen zerreibt das Mädchen Pfefferschoten zwischen zwei Steinen, ein monotones, einschläferndes Geräusch. Es ist noch stockdunkel. Um halb sechs nehmen die Frauen die Klöße mit bloßer Hand aus dem dampfenden Topf und zählen 50 Stück in eine Schüssel. Mit den heißen Kenkeyklößen, einem Schälchen mit Pfeffersoße und einem mit kleinen geräucherten Fischen verläßt Yawa den Hof. Zur Zeit gibt es auch Weißbrot, da ist Kenkey zum Frühstück nicht so sehr gefragt. ◊

---

5 Nach Rawlings zweiter Machtübernahme am 31.12.1981 bestand jahrelang eine nächtliche Ausgangssperre.

2. Familienbetrieb

Tsotso Mensah, *Ga*, ca. 57 Jahre, acht Kinder
Von ihren Kindern leben bzw. arbeiten derzeit (1984) mit ihr:
- Tochter Cecilia, 34 Jahre, verheiratet, mit ihren drei Kindern, elf, sieben und vier Jahre alt.
- Tochter Irene, 24 Jahre, verheiratet, mit ihren drei Kindern, sechs, vier und zwei Jahre alt.
- Tochter Mary, 21 Jahre.
- zwei Söhne, 15 und 17 Jahre alt, aus der zweiten Ehe ihres verstorbenen Mannes.
- zwei Enkelkinder, elf und acht Jahre, die Kinder ihres Sohnes, der in Lagos arbeitet.
- Sohn Odaty, 30 Jahre, mit Frau und Kind, kam vor einem Jahr aus Nigeria zurück. Sie gehen anderer Arbeit nach.
Die Ehemänner von Cecilia und Irene leben nicht im gleichen Haushalt.
Insgesamt 20 Personen.

Tsotso Mensah stammt aus Labadi. Seit ihrer Heirat wohnt sie im Haus ihres Mannes in Madina. Sie hat fünf Söhne und drei Töchter; alle gingen einmal oder gehen zur Schule. Ihr Mann hatte noch eine zweite Frau. Er starb 1982. Seine lange Krankheit und die Kosten für seine Beerdigung haben Tsotso Mensah verschuldet. Zwei ihrer Söhne, die in Nigeria arbeiten, lassen nebenan ein Haus bauen; der Rohbau steht. Die Lehmwände zum Innenhof von Tsotsos Compound sind zur Hälfte eingefallen. Sie lebt und schläft mit ihren kleineren Söhnen im Freien. Die Töchter wohnen mit ihren Kindern nebenan im Rohbau. Tsotso Mensah hat zeit ihres Lebens Kenkey gekocht, wie schon ihre Mutter und jetzt ihre drei Töchter. Während der Regenzeit arbeitet sie jeden dritten Tag auf ihrer Farm, sie baut Okro und Tomaten an. Bis vor ein paar Jahren fuhr sie zum Maiseinkauf in die Dörfer, doch dazu benötigt man Kapital. Heute kauft sie Sack um Sack auf Kredit. Tsotso behält die Einnahmen, versorgt alle mit Essen und bezahlt das Schulgeld für die Kinder. Acht Kinder gehen zur Schule, pro Term und Kind kostet das ¢ 700,-.

Wenn auch alle Familienmitglieder bei der Kenkeyherstellung und beim Verkauf helfen, können doch nicht alle davon leben. Cecilia fährt seit einigen Wochen täglich zum Makolamarkt in Accra und hilft ihrer Tante, geräucherten Fisch zu verkaufen. Am liebsten wäre sie Maishändlerin, aber dazu fehlt ihr das Startkapital. Tsotso und ihre Töchter verarbeiten pro Woche etwa anderthalb Sack Mais und verkaufen ihre Tagesproduktion von ca. 200 Klößen ausschließlich an ihrem Stand auf dem Markt.

◊ Arbeitstagebuch vom 26.2.1985:
Irene und Mary sind vor allem mit dem Verkauf des Kenkey beschäftigt. Heute morgen habe ich die beiden auf dem Markt besucht. Beide betreiben zusätzlich eigene Geschäfte: Irene verkauft Zucker, zwei Eßlöffel für ¢ 5,-, Plastiktüten zu ¢ 15,- das Stück, Seife, Dosenmilch und Milo. Mary brät und verkauft kleine Fische. Mary hat unlängst geheiratet. - Cecilia sagt, über die jeweiligen privaten Geschäfte werde nicht geredet. Irene habe sich aber neulich neue Kleider gekauft. Es ginge allen jetzt ganz gut und ihre Mutter sei zufrieden. Täglich komme eine Frau, erledige die Arbeit des Kenkeyrührens und erhalte dafür ¢ 40,-. Außerdem zahle ihre Mutter für alle drei Töchter jeden Tag je ¢ 40,- Susu. ◊

3. Familienbetrieb

Mit dem dritten Kenkeybetrieb verhielt es sich komplizierter: Atua Nyaku schied im Januar 1985 aus der Genossenschaft wieder aus. Abla Ketor, ihre Nachfolgerin, war ab März 1985 Mitglied, zog aber vier Monate später in die Voltaregion. Im September brachte Ellen Tamakloe Frieda Kutuadu, die seither dabei ist.

Frieda Kutuadu, *Ewe*, 35 Jahre, sechs Kinder.
Mit ihr leben bzw. arbeiten derzeit (1984):
- ihre sechs Kinder, 17, 13, 11, 8, 4, 1/2 Jahr alt.
- ihr Ehemann (arbeitet als Maurer).
- Florence, 40 Jahre, mit vier Kindern.
- Christy, 38 Jahre, mit zwei Kindern.
Sowohl Florence als auch Christy wohnen nicht im gleichen Compound, arbeiten aber von morgens bis abends mit Frieda zusammen: sie teilen sich das Geschäft und den Verdienst.
Insgesamt 16 Personen.

◊ Arbeitstagebuch vom 15.10.1985:
Ellen zeigt mir Friedas Verkaufsplatz. Wir fahren auf eine weitläufige Anlage mit einer mächtigen steinernen Kirche in der Mitte. An zwei Seiten der Kirche, doch in gebührendem Abstand, langgezogene, einstöckige Schulgebäude. Wie ein Stall wirkt das eine. Bretter bis in Sichthöhe verhindern den Einblick in die drei Klassenräume. Das andere Gebäude aus Stein macht einen solideren Eindruck. Auch hier drei Klassenräume. Jeder der Räume quillt über von Kindern. Im Schatten eines Vordachs sitzt Frieda mit ihrem dicken Baby auf dem Rücken. Auf dem Tisch stehen eine Schüssel mit Kenkey, mehrere Schalen Soße, ein Kasten mit geräucherten kleinen Fischen und ein Stapel Plastikteller. Es ist fünf Minuten vor zehn. Frieda ist emsig beschäftigt, von den heißen Kenkeyklößen die Maisblätter zu entfernen. Um zehn Uhr haben die kleineren Schulkinder Pause, um halb elf die größeren.
Ellen wäscht sich die Hände in einer unter dem Tisch stehenden Schüssel und

hilft, die heißen Klöße auszuwickeln. Frieda beginnt mit dem Verteilen. Ein Kloß Kenkey, ein Teelöffel Soße und noch ein Viertel Teelöffel als Nachschlag pro Teller; viel fester Maisbrei, wenig zum Tunken. Eine ältere Frau, die Lehrerin der ersten Klasse, kommt mit einer Liste der Kinder, die am Morgen ¢ 5,- gebracht haben und jetzt ihren Kenkey abholen können. Die Kinder stehen um den Tisch und sprechen mit der Lehrerin ein Gebet. Nicht alle bekommen etwas zu essen. Ellen macht mich auf Friedas Tochter aufmerksam, auch sie hält einen Teller in der Hand. Frieda nimmt einen der geräucherten Fische aus dem Kasten. Der Fisch ist weder länger noch dicker als mein Mittelfinger. Sie bricht ihn in der Mitte durch, legt die eine Hälfte auf den Teller ihrer Tochter, die andere Hälfte in den Kasten zurück.

Frieda ist heute morgen um drei Uhr aufgestanden und hat 430 Kenkeyklöße gekocht. Normalerweise kocht sie nur etwa 300 Klöße am Tag, aber diese Woche ist die zweite Kenkeyfrau am Platz zu einer Beerdigung gefahren.

Die Kinder tragen jetzt Teller mit zwei, drei oder vier Klößen und Fisch zu den Lehrern. Sobald auch die größeren Kinder gegessen haben, packt Frieda ihre Sachen. Etwa eine halbe Stunde lang muß sie mit all den Töpfen auf dem Kopf und dem Baby auf dem Rücken durch die heiße Mittagssonne laufen. Zu Hause angekommen, beginnt sie, den Kenkeyteig für den Verkauf am nächsten Tag vorzubereiten. ◊

Frieda   Ellen   Tsotso

Abb.5 Drei Kenkeyfrauen aus Madina

In den drei Kenkeybetrieben hatte ich meist mit den *heads of family* zu tun. Sie haben das Kenkeygeschäfts aufgebaut und sind dafür verantwortlich.

Meine Rolle

In den Jahren 1984 und 1985 besuchte ich die Kenkeyfrauen jede Woche in Madina. Daneben erledigte ich alle Wege, um die Genossenschaft eintragen zu lassen und einen Kredit zu bewerkstelligen. Den Kenkeyfrauen, aber auch mir, war diese Arbeitsteilung ganz selbstverständlich. Nur Ellen Tamakloe begleitete mich manchmal. Ab Mitte 1985 regelten die Frauen die Geschäfte der Genossenschaft zunehmend selbständiger. Von da ab sah ich sie etwa alle vier Wochen zu vereinbarten Treffen. Wenn sie darüber hinaus mit mir sprechen wollten, kamen sie zu mir.

In dieser Zeit begleitete mich Felicity Dzeble, als Freundin, Sach- und Sprachkundige häufig nach Madina.[6] Felicity wies mich auf Fehler in meinem Verhalten hin und machte mir die kulturellen Barrieren bewußter. Ihr gegenüber fiel es mir leicht, meine Fremdheit zu benennen:

◊ Arbeitstagebuch vom 20.11.1984:
Letzte Woche haben wir das heutige Treffen mit allen Kenkeyfrauen vereinbart. Um neun waren wir verabredet, aber außer Felicity und Ellen ist nur Atuas Mann da. Nach einer Stunde beschleicht mich ein Gefühl, ich sollte die Frauen besser sich selbst überlassen, anstatt ihnen meine Vorstellungen von Zusammenarbeit und Zeit aufzudrängen. Während wir sitzen und warten, auch Ellen und Thomas Ankara sind noch einmal verschwunden, rede ich mit Felicity. Meine Zweifel, ob die Kenkeyfrauen den Kredit auch pünktlich zurückzahlen, versteht Felicity nicht. Ich vertraue den Frauen, wie ich merke, nicht völlig, weil ich häufig nicht nachvollziehen kann, wie sie denken. Ich gehe von meinen Vorstellungen und Werten aus, ihre sind mir fremd. Vielleicht bin ich manchmal zu direkt und gehe nicht genügend auf sie ein. Wenn sie untereinander in ihrer eigenen Sprache reden, fühle mich außen vor, zur Helferin degradiert, die gut genug ist, den Behördenkram zu erledigen. Ich denke, ich kümmere mich so viel um das Projekt, daß ich zumindest Pünktlichkeit erwarten könnte. Felicity ist verständnisvoller, vor allem ruhiger. Als ich mich beschwere, daß die anderen immer noch nicht da seien - es ist inzwischen nach zehn - sagt sie: "In den letzten Monaten haben wir nur viel geredet und nichts ist passiert. Es ist, wie Tsotso letzthin sagte, 'no time to talk only'."

---

6 Felicity Dzeble ist Hauswirtschaftslehrerin, *Ewe*, 50 Jahre alt. Sie betreibt im eigenen Hof eine Hühnerfarm und hatte mit ihrer nebenberuflichen Brotbäckerei als Mitglied einer Bäckergenossenschaft praktische Erfahrung. Felicitiy spricht neben *Ewe* und Englisch, *Ga*, *Fanti* und *Twi*.

4.2 Die Gründung der Genossenschaft

Barclays Bank war bereit, den Kenkeyfrauen einen Kredit zu gewähren, verlangte jedoch als Voraussetzung deren Zusammenschluß zu einer Genossenschaft. Die Frauen aus den drei Kenkeybetrieben hatten zwar gewisse Bedenken, sich zu einer Einkaufsgenossenschaft zusammenzuschließen, weil sie fürchteten, sich durch ihre Unterschrift in die Hand der Steuereintreiber zu begeben, nach der Erfahrung des gemeinsamen günstigen Maiseinkaufs überwog jedoch ihr Interesse an dem Kredit.

Zuständig ist das Department for Co-operatives, dessen bewegte Geschichte sich in seiner wechselnden Eingliederung bei verschiedenen Ministerien niederschlägt[7]. Der Prozeß stets neuer Zuordnung mag zu der heute offenkundigen Erschlaffung beigetragen haben. - Felicity und mir gelang es, beim zuständigen Referenten herauszufinden, unter welchen Voraussetzungen eine Genossenschaft eingetragen werden kann:
- wenn sich mindestens zehn volljährige Personen zusammenschließen,
  die in einem Umkreis von zehn Kilometern ansässig sind,
- sofern keine Genossenschaft des gleichen Gewerbes dort existiert.
Die Hindernisse waren praktischer Natur: es fehlte an Formularen, um die Genossenschaft eintragen zu lassen, an Kopien der Ausführungsbestimmungen, an Schreibmaschinenpapier für das Protokoll und schließlich am Aktendeckel, um die Unterlagen über die Genossenschaft vorschriftsgemäß abzulegen. Für die Kenkeyfrauen wäre schon diese Hürde mangels Transports für die wiederholten Wege und mangels Zugangs zu dem geforderten Material unüberwindbar gewesen.

Wer die zehn zur Eintragung der Genossenschaft notwendigen Gründungsmitglieder sein sollten, hatten die Frauen untereinander geklärt: Tsotso wollte neben ihren drei erwachsenen Töchtern unterzeichnen. In Ellens Kenkeybetrieb arbeiteten die meisten zur Unterschrift berechtigten Frauen, vier aus ihrer Gruppe sollten unterschreiben. Atua Nyaku hatte neben sich nur eine Nichte als volljähriges Mitglied zu bieten, denn ihre Helfer sind halbwüchsige Kinder. Die Frauen einigten sich auch über die Verteilung der Ämter. Felicity soll Vorsitzende, Ellen Kassenwart, und - zu meinem Erstaunen - Atuas Mann, ein in Ruhestand versetzter Soldat, Schriftführer werden.

◊ Arbeitstagebuch vom 12.9.1984:
Bin heute in Madina mit dem vorbereiteten Unterschriftenblatt.[8] Fahre zunächst

---

[7] Vom Ministry of Agriculture, 1944, also noch in der Kolonialzeit, zum Ministry of Labour and Social Welfare nach der Unabhängigkeit, zum Ministry of Local Government bis hin zum heutigen Ministry of Rural Development and Co-operatives.

[8] Der Text des vorgeschriebenen Antrages vom Department for Co-operatives lautete: "We

zu Ellens Compound, sie soll als erste unterschreiben, falls Tsotso noch Vorbehalte, Angst vor den Steuereintreibern hat. Ein Tisch wird unter den Mangobaum
gestellt, Ellen unterschreibt, danach Jeanet. Alle anderen stehen drumherum.
Grace Yawa und Kaa Minnipie können nicht schreiben, für sie habe ich ein Stempelkissen mitgebracht. Zunächst wird die Unterschrift geprobt. Ellen führt den
rechten Daumen von Yawa, drückt ihn auf das Stempelkissen, danach auf einen
Zeitungsrand, wobei sie den Daumen vorsichtig von links nach rechts abrollt. Die
Übung wird mehrfach wiederholt. Yawa und Kaa wirken hilflos, mir scheint, die
beiden wären weniger verkrampft, ließe Ellen sie alleine gewähren. Felicity hatte
die schwierige Aufgabe übernommen, den Frauen die Bye-Laws (Satzung) nach
dem Co-operatives Societies Decree No. 252 von 1968 in Grundzügen zu erklären. [9] Am 8. Oktober 1984 konnte ich die Urkunde abholen, auf dickem Bütten-
papier und mit rotem Siegel. Überraschung bot auch der Titel, den das Department gewählt hatte: *Madina Co-op Street Food Sellers Society Limited.*

4.3 Der Kredit

Im April 1984 hatte ich dem englischen Leiter von Barclays Bank of Ghana von
den Kenkeyfrauen aus Madina erzählt. Unter vier Bedingungen war er bereit, den
Kenkeyfrauen einen Kredit zu gewähren, sofern nämlich
1. die Kenkeyfrauen sich zu einer Einkaufskooperative zusammenschlössen;
2. der Mais einbruchs- und schädlingssicher gelagert würde;
3. die Kenkeyfrauen je einzeln in Höhe ihres Anteils hafteten, ich den Kredit über
eine persönliche Ausfallbürgschaft absicherte und darüberhinaus der eingelagerte Mais als Unterpfand diente;

the undersigned, who hereby certify that each and all of us are capable of entering into a le-
gally enforceable contract and that each and all of us reside within or occupy land within the
area of operations as defined in (2) above and possess the other qualifications proposed for
membership in (5) above, apply that the above Society may be registered as a Co-operative
Society under Section 8 of the Co-operative Societies Decree No. 252 of 1968, and we attach
hereto two copies of the proposed Articles of Association and Byelaws of the Society.
Signed/marked by the above at MADINA on the 25th September 1984 after it had been read
over to them by FELICITY DZEBLE, BARBARA PAPENDIECK in the English, Ewe, Ga,
Twi language which they appeared to understand perfectly."

[9] Sie regeln auf acht Seiten und in 21 Artikeln, von den Zielen und Mitteln angefangen,
über die Mitgliedschaft und deren Beendigung, die Aufgaben der Generalversammlung, des
Leitungskomitees, des Sekretärs, des Kassenwarts, alle Eventualitäten und verlangen u.a.
von der Genossenschaft, die folgenden 14 Bücher zu führen: Membership and Attendance
Register; Minute Book; Sales Book; Bank Pass Book; Register of Share Payments, Entrance
Fees, Purchases made and bonuses paid; Building and Equipment Register; Stock Register; A
Pass Book for each member; Cash Book; Ledger; Deposit Register; Stationery Register; Cash
Receipt Book; Cash Payment Voucher.

4. ich mich verpflichtete, mindestens ein Jahr lang die Frauen zu betreuen und zu beraten.

Am 17.9.1984 beantragten wir den Kredit. Die Antwort von Barclays Bank ließ nicht lange auf sich warten[10] und Ende September lag der erste Teil des Kredits, ¢ 150 000,-, für Maiseinkäufe bereit. Er hatte eine Laufzeit von dreieinhalb Monaten und war bis zum 15.1.1985 zurückzuzahlen. Ein zweiter Kredit mit einer Laufzeit von acht Monaten sollte sich unmittelbar daran anschließen. - Doch der geplante Großeinkauf von Mais gestaltete sich, das werden wir weiter unten sehen, weit schwieriger als vermutet. So meldeten wir uns erst Anfang November bei dem zuständigen Zweigstellenleiter, um die Bedingungen für die Kontoeröffnung der Genossenschaft zu erkunden. Vorsitzende, Kassenwart und Schriftführer waren der Bank zu nennen, je zwei von ihnen sollten gemeinsam zeichnungsberechtigt sein.

◊ Arbeitstagebuch vom 23.11.1984:
Kurz vor neun treffen wir uns vor der Barclays Bank. Felicity, Ellen und Thomas Ankra, Atua Nyakus Mann. Ellen sitzt vor der noch geschlossenen Eingangstür auf der Treppe, wie sie sagt, seit sieben Uhr. Mr. Mensah, der Leiter der Zweigstelle, empfängt uns, und bald brüten wir über Formblättern und Erklärungen für die Kontoeröffnung. Ich frage mich, wie Frauen ohne Schulbildung je zu einem Kredit kommen können.
Ellen und Felicity reden, lachen, schreiben Erklärungen über ihre finanziellen Verhältnisse. Ellen zählt auf: persönliches Konto: Kontostand unbekannt. Ihr geschiedener Mann zahlt monatlich ¢ 30,- (den Gegenwert von drei Eiern) für die Kinder darauf ein. Als Garantie kann Ellen aber ihre Kenkeytöpfe bieten, sie veranschlagt sie mit ¢ 5.000,-. Mr. Ankra läßt sich beim Ausfüllen der Formulare von Felicity helfen. Er wirkt unsicher und linkisch neben den Frauen und hat Mühe mit dem Schreiben. Auch ich muß eine Garantieerklärung abgeben, da ich für den Kredit bürge.
Zu unserer Empörung reichen unsere Unterschriften nicht hin. Weil wir Frauen sind, müssen Ellen, Felicity und ich unsere Unterschriften von einem Rechtsanwalt beglaubigen lassen. Bei dem einzigen Mann, Thomas Ankra, entfällt diese Vorschrift. Felicity kennt eine Juristin im Ministry of Justice, zu der fahren wir. Auch ohne Personalpapiere glaubt sie uns, wer wir sind, und bestätigt per Stempel, die von uns geleisteten Unterschriften seien authentisch. Wir hetzen zur Bank zurück, eben noch rechtzeitig vor der Mittagspause, überreichen die Papiere,

---

10 Am 24.9.1984 schrieb er an die Madina Street Food Co-operative: "The facilities requested for are agreed to and in that respect would you please call on the Manager of our Circle Branch, Accra, Mr. S.E.Mensah, to arrange the opening of the account, and any other formalities that may be required. It is noted that the registration of the Co-operative will be completed in about 2 weeks time. - It is essential that the "stock" purchases are securely controlled and I have asked Mr. Mensah to undertake regular checks. It would be helpful none the less if monthly stock positions were also advised to him."

damit ist das Konto eröffnet. ◊

Im Januar 1985 beantragen wir vom zweiten Kreditteil ¢ 80 000,-. Das Geld liegt drei Tage später in der Zweigstelle Legon - nur wenige Kilometer von Madina entfernt - zur Abholung bereit.

◊ Arbeitstagebuch vom 25.1.1985:
Als Felicity, Ellen und ich um viertel nach neun bei der Bank ankommen, ist sie noch geschlossen. "Opening-times: 9 a.m. to 1 p.m." sagt ein Schild. Drei andere Leute warten wie wir. Wenige Minuten später fährt ein kleiner Jeep direkt vor den Eingang. Die beiden Bankangestellten tragen Blechkästen in die Bank. Es dauert eine Weile, bis sie alles geordnet haben: sie wischen Staub, stellen die Blechkästen auf und schließlich legt einer die neue Seite im großen Bankbuch an. Drei Kunden reichen Schecks ein, für ¢ 100,-, ¢ 300,- und ¢ 600,-; weit wird das Geld nicht reichen. Dann sind wir an der Reihe und erhalten ¢ 80.000,- in 10er und 20er Noten. Felicity und Ellen quittieren den Betrag. Acht mit Bindfaden verschnürte 10.000er Bündel sind unmöglich nachzuzählen, da müssen wir uns auf die Bank verlassen. Keine von uns hat daran gedacht, eine größere Tasche mitzubringen. Die Hälfte des Geldes paßt in Ellens und meinen Beutel, der Rest in Ellens Tuch, das sie um den Bauch trägt. Als wir bei Ellen ankommen, verschwindet sie mit dem Geld im Haus und kommt eine ganze Weile nicht wieder, sie wird es gut verstecken. ◊

4.4 Die Maiseinkäufe

Die Erfahrungen vom Frühjahr 1984, als während der Trockenzeit der Mais überaus knapp und teuer war, hatte ich noch gut in Erinnerung.[11] Die einzige Lösung schien mir deshalb, den Mais so früh wie möglich nach der Ernte im August/September einzukaufen, zu lagern und damit die Zeit bis zur nächsten Ernte (im Dezember/ Januar) zu überbrücken.[12]

Aus drei Gründen meinte ich, den Maiseinkauf selbst organisieren zu müssen: Wie um alles in der Welt sollten die Frauen an einen Lastwagen kommen? Konnte ich ihnen so viel Geld anvertrauen? Wer sollte die für die Einlagerung notwendige luftdichte Verpackung überwachen? Wir hatten uns doch bei der Bank für die sichere Lagerhaltung verbürgt und uns darauf geeinigt, den Mais so einzulagern, wie die ghanaische Regierung es empfiehlt. Jutesäcke sind in Ghana

---

[11] "...three years of drought in the early 1980s turned crisis into catastrophe. Ghana faced food shortages in everything except cassava. The effect was dramatic in some cases..." Ben Ephson: Feeding the people. *West Africa* 12.1.1987, S.72.

[12] Es gibt zwei Maisernten pro Jahr. Die erste Erntezeit variiert nach Regionen, sie liegt zwischen Juni und September, die zweite im Dezember.

Mangelware. Man kann Mais deshalb nicht samt Sack kaufen, sondern schüttet den Mais beim Einkauf in die eigenen Säcke um. Jute- und Plastiksäcke waren nur über Beziehungen zu erwerben. Mit einem offiziellen Brief, den mir eine ghanaische Bekannte aus dem Ministry for Agriculture schrieb, kaufte ich vom Cocoa Marketing Board 100 gebrauchte Kakaosäcke (¢ 30,- das Stück) und von einem libanesischen Hersteller die Plastiksäcke (¢ 23,- das Stück). Das Department of Co-operatives schenkte mir die Phostoxintabletten.

Eigene Versuche

1. Versuch

Ein ghanaischer Freund hatte mich wenige Monate zuvor nach Kokofa, zur Farm seines Vaters mitgenommen. Sie liegt auf dem Weg nach Koforidua, etwa 50 km von Accra entfernt. Ich hatte dem Vater, Mr. Koranteng, von den Frauen aus Madina erzählt und ihn gefragt, ob wir von ihm größere Mengen Mais einkaufen könnten. Er war von der Idee wohl auch deshalb angetan, weil sein Kleinlastwagen zusammengebrochen war und er Schwierigkeiten hatte, seinen Mais zum Markt zu bringen.

◊ Arbeitstagebuch vom 7.9.1984:
Felicity und ich sind auf dem Weg nach Kokofa, wir wollen mit Mr. Koranteng über den Maiseinkauf verhandeln. Es sind noch ungefähr zehn km bis zur Farm, als wir von der Hauptstraße Accra-Koforidua abbiegen. Der erste Teil des Weges führt über eine breitgeschobene Piste. Mit dem letzten größeren Dorf lassen wir auch die Piste hinter uns. Der weitere Weg gleicht einem festgetrampelten Buschpfad, auf dem wir nur noch im Schrittempo weiterfahren können. Hier scheint die Ernte noch in *headloads* von der Farm zum Markt getragen zu werden. Kein Wunder, daß Teile der Ernte mangels befahrbarer Straßen auf den Farmen verrotten.
100 Meter nach dem letzten Buschdorf endet der Pfad, wir sind auf der Farm angekommen. Ein flaches Wohnhaus, drumherum Unterkünfte für die Farmarbeiter und Lagerschuppen, inmitten ein großer Platz mit Bergen von Maiskolben. Frauen und Kinder sind dabei, die Maisblätter von den Kolben zu klauben und die Körner in Schüsseln zu puhlen. Wie lange wird es dauern, um 100 Sack zu füllen?
Mr. Koranteng sagt, er könne die Genossenschaft nicht mit 100 Sack Mais beliefern, seine Ernte sei weder vollständig eingebracht noch so reichlich wie vermutet. Er habe deshalb vorsorglich andere Bauern aus dem Nachbardorf gefragt. Ein Junge wird geschickt, um die Farmer zu holen, und kommt mit vier Männern zurück. Felicity erklärt, woher wir kommen und für wen wir den Mais einkaufen wollen. Das Palaver beginnt, es geht um den Preis. Wir wollen pro *american tin* nicht mehr als ¢ 20,- bezahlen, und unsere mitgebrachte Dose soll als Maß die-

nen.[13] Wir veranschlagen 44 *american tins* pro Sack und bieten dafür einen Preis von ¢ 900,-. Die Bauern wollen ihren Mais für den Preis nicht verkaufen, ihn lieber lagern, um später, wenn der Mais knapp wird, einen besseren Preis zu erzielen. Sie verlangen mindestens ¢ 1.000,- pro Sack. Felicity erklärt noch, daß wir keine Maishändlerinnen seien. Die Bauern ziehen sich zur Beratung zurück. Zuletzt einigen wir uns auf einen Preis von ¢ 970,- pro Sack. Danach geht das Palaver weiter, ¢ 1.200,-, sind wohl ihre eigentliche Preisvorstellung.

Als nächstes füllen sie probeweise einen unserer mitgebrachten Säcke mit Mais. Jede Dosenfüllung wird laut mitgezählt. Zwischendurch stopft einer der Männer den Mais mit einem Stock, damit sich auch die Sackecken gut füllen. Mit 44 *american tins* ist der Sack prall. Wir vereinbaren den Kauf von 100 Sack und laden die dafür mitgebrachten Jute- und Plastiksäcke ab. In zwei bis drei Wochen sollen die Säcke bereitstehen. Wir verabreden, den Mais am 27. September mit einem Lastwagen abzuholen und ¢ 97.000,- mitzubringen. ◊

◊ Arbeitstagebuch vom 24.9.1984:
Mr. Koranteng ist in Accra und bringt schlechte Nachricht: der Maiseinkauf ist geplatzt. Den Bauern ist der Preis zu niedrig. Sie wollen lieber zuwarten, bis die Preise steigen. Sie haben ihn nicht mal von sich aus informiert, er mußte die Bauern aufsuchen, um das zu erfahren. - Wenn ich mir die Situation auf der Farm, die Verhandlungen in Erinnerung rufe: die Bauern hatten sicherlich schon dort beschlossen, zu dem Preis nicht an uns zu verkaufen. Wir waren ohne Handschlag, ohne letztliche, ausdrückliche Einwilligung auseinandergegangen. Was weiß ich davon, wie ghanaische Bauern Geschäfte abschließen? Für Felicity und mich schien alles klar, auch weil wir es so wollten. ◊

2. Versuch

Bekannte vermittelten mir den Kontakt zu Papa, mit dem Hinweis, Papa sei Besitzer einer Maisfarm und, da er Geld für ein anderes Geschäft benötige, am baldigen Verkauf seines Maises interessiert. Papas Farm liegt 30 km westlich von Accra, nicht weit von der Küstenstraße entfernt.

◊ Arbeitstagebuch vom 15.10.1984
Wir stehen auf der Farm. In zahlreichen Hütten und Verschlägen lagert eine große Menge an Maiskolben. Die Farm macht einen verschlafenen Eindruck, es ist aber auch sehr heiß. Papa veranschlagt vier Wochen für das Schälen und Füllen von 100 Sack. Einen Preis zwischen ¢ 1.000,- und ¢ 1.200,- akzeptiert er zu-

---

13 Diese Blechdosen sind handelsübliches Hohlmaß, sie entsprechen bei Mais ca. 2,5 kg. Das Gewicht eines Sacks Mais liegt zwischen 110 und 120 kg. Da die Blechdosen im Durchmesser und in der Höhe leicht variieren, leisten sie dem Schwindel Vorschub und bieten deshalb Anlaß zu ewigen Streitereien. - Bauern bevorzugen neue Säcke, Händler und auch die Kenkeyfrauen alte: da sie ausgeleiert sind, paßt mehr Mais rein. "That was a proper full bag" heißt, man hat einen mit 46 oder 48 *american tins* Mais erwischt.

nächst, muß sich aber, wie er sagt, noch mit seiner Schwester, der Mitinhaberin, abstimmen. Papa will uns in einer Woche Bescheid sagen und sehen, wieviel Mais bis dahin per Maschine (die er sich leihen will) geschält worden sei. ◊

Als ich eine Woche später Papa aufsuche, teilt er mir lapidar mit, seine Schwester habe beschlossen, mit dem Maisverkauf noch zu warten. - Der Maispreis auf dem lokalen Markt ist immer noch günstig. Ob er in der Trockenzeit überhaupt wieder so ansteigt wie letztes Jahr? Mir schwebt die Maisknappheit des letzten Jahres ständig vor Augen. Die Erfahrung eines Jahreszyklus reicht nicht hin. Die Kenkeyfrauen sind gelassener. Ihre Ruhe stammt aus der Erfahrung vieler Jahre und ist zudem geprägt von Erzählungen ihrer Mütter und Großmütter. Sie sind gewohnt, mit Ertrags- und Preisschwankungen zu leben.

◊ Arbeitstagebuch vom 26.10.1984:
Wir sitzen in Tsotso Mensahs Hof zusammen. Ich berichte vom zweiten Mißerfolg. Die Ruhe und Fröhlichkeit der Frauen überträgt sich auch auf mich. Der Maispreis auf dem Madina Markt liegt bei ¢ 1.320,- per Sack. Da sie jedoch kein Bargeld haben, kaufen sie ihn auf Kredit bei der Maishändlerin und zahlen ¢ 1.500,-. Die Frauen haben sich umgehört: in Techiman soll der Sack Mais um ¢ 800,- kosten, aber die Transportkosten bis nach Madina (400 km) werden den Preisvorteil auffressen. Cecilia wiederholt, sie sei bereit, nach Brong Ahafo zu fahren, um den Mais einzukaufen. Atua ist sehr dafür und möchte Cecilia begleiten, Tsotso und Ellen stimmen zu. ◊

3. Versuch
In den Zeitungen ist zu lesen, die Regierung kaufe über die Food Distribution Corporation große Mengen Mais zur Lagerung auf und rate den Bauern, ihren Mais nicht zu eilig zu verkaufen. Nach den Erfahrungen des letzten Jahres, als der Maispreis rasch in die Höhe schnellte, haben dieses Jahr viel mehr Bauern Mais angebaut,[14] sie wittern ein gutes Geschäft. Die Ernte war überdurchschnittlich gut. Auch von dem (deutschen) Leiter des landwirtschaftlichen Projektes in Abokobi erfahre ich, seine Bauern seien zum gegenwärtigen Zeitpunkt nicht bereit, den Mais zu verkaufen. Für einen begrenzten Zeitraum sei ihre traditionelle Art der Lagerhaltung kein Problem. Sie türmen die Maiskolben auf ein Gestell und entzünden von Zeit zu Zeit ein kleines Holzfeuer darunter, um die Insekten zu vertreiben und den Mais zu trocknen. Doch dieses Jahr haben seine Bauern mit einer Mäuseplage zu kämpfen wie nie zuvor. Einer der Bauern muß seinen Mais verkaufen, Mäuse haben schon Teile seines frisch eingelagerten Bestandes angefressen. Wir können 16 Sack Mais zum Preis von ¢ 1.200,- in

---

14 "Maize production has increased by over 200 per cent from 172.000 tonnes in 1983 to 574.000 tonnes the next year, falling to 411.000 tonnes in 1985 before recovering by an estimated 15 per cent last year." Ben Ephson: Feeding the people. *West Africa* 12.1.1987. S.72.

Abokobi abholen.

◊ Arbeitstagebuch vom 24.11.1984:
Auf dem Weg nach Abokobi fahre ich bei Ellen vorbei und berichte von dem Angebot. Sie ist mit dem Einkauf einverstanden, kann mich aber nicht begleiten. Um neun Uhr bin ich an der Station. Mit Mr. Ababio, der den Maisverkauf abwickelt, fahre ich mit dem Trecker zu drei verschiedenen Plätzen, zwölf Sack sind fertig gepackt und mit der Gifttablette versehen. Offensichtlich kennen sich die Leute hier mit der 'modernen' Lagerhaltung aus. Als nächstes fahren wir ins drei Kilometer entfernt liegende Dorf Akpormang. Dort sind die restlichen vier Sack abzuholen. Die Sonne brennt, weder Mensch noch Tier sind zu sehen, auch kein Baum, der Schatten spendet. Wir halten vor dem Grundstück von Bauer Mensah. Mein Blick fällt auf eine Maismiete: auf einem etwa einen Meter hohen Gestell sind die Maiskolben kunstvoll zu einem hohen Kegel aufgetürmt und erinnern mich an einen Brennholzvorrat in Deutschland.
Wir treten in den Innenhof, es wimmelt von Männern und Kindern, dazwischen nur eine Frau mit einem Säugling auf dem Rücken. Kleine Säcke mit Mais stehen entlang einer Mauer. Die Männer sitzen und palavern. Die Frau öffnet die zugenähten Säcke vorsichtig mit einem Haumesser und füllt eine Blechdose nach der anderen in meine mitgebrachten Säcke. Die Männer zählen die Dosenfüllungen. Der Familienälteste fragt mich immer wieder nach Schnaps, er hält mich offensichtlich für eine Maishändlerin. Die vielen Kinder rücken immer näher, berühren meine Tasche, mein Kleid, meine Haut, meine Haare und lassen mir kaum noch Raum, mich zu bewegen. Keiner der Erwachsenen schert sich darum.
Im Schrittempo fahren wir die 10 km nach Madina, ich mit meinem Auto voraus. Das Abladen und Stapeln der Maissäcke in dem schmalen Schuppen auf Esther Ocloos Grundstück ist Schwerarbeit. Ich rechne zusammen: 16 Sack zu ¢ 1.200,- macht ¢ 19.200,-, ¢ 300,- gab ich den Helfern fürs Abladen, für den Trecker waren ¢ 1.000,- zu zahlen. Ein Sack Mais kostet somit ¢ 1.322,-. Für den Preis hätten wir ihn vor einem Monat auf dem Madina Markt kaufen können. ◊

Mit meinen Versuchen, Mais für die Genossenschaft einzukaufen, hatte ich mich gründlich übernommen. Ich hatte mich damit in eine andere Wirklichkeit begeben, die kurz hinter Accra beginnt und weder mit Bürogebäuden noch mit westlich orientierten Ghanaern zu tun hat. Auf dem Lande war ich als Verhandlungspartner weder geschätzt noch geeignet. In den Amtsstuben von Accra konnte ich meine Anliegen erklären und letztlich durchsetzen. Die ghanaische Verwaltung blieb mir zwar oft undurchschaubar, war mir so fremd jedoch auch wieder nicht: die formalen Zwänge und Denkweisen kannte ich auch aus Berliner Amtsstuben.

Mit den Kenkeyfrauen in Madina hatte ich anderthalb Jahre lang geredet, sie regelmäßig besucht, ihre Arbeits- und Lebensweise in Ausschnitten kennengelernt, und es war uns gelungen, allmählich gegenseitiges Vertrauen aufzubauen. Ihre

Ausdrucks- und Denkweise kannte ich zumindest in Ansätzen, konnte also auch Zeichen des Verhaltens deuten. Mit Bauern und Maishändlern hatte ich dagegen nie zuvor etwas zu tun gehabt. Ich kannte weder ihre Verhandlungsgewohnheiten, noch das verwobene Netz gegenseitiger Abhängigkeiten, weder ihr Mißtrauen noch die Bedeutung von ja oder nein oder die Zeichen, wann ein Kaufabschluß überhaupt zustande gekommen ist. (Meiner Freundin Felicity ging es im übrigen nicht viel anders.) Vor allem aber fehlte mir wohl jeder Begriff von Zeit. Mais ist keine Ware, die man innerhalb kürzester Zeit und in beliebiger Menge (sofern überhaupt vorhanden) kaufen kann. Ich dachte in Stunden und fand schon eine Verhandlung mühselig, die sich über einen Vormittag hinzog. Das Geschäft vollzieht sich dagegen in Tagen, selbst bei relativ kleinen Mengen. Was meinen Bemühungen jedoch am Ende die Krone aufsetzte: meine Übung, Mais einzukaufen, zahlte sich letztlich nicht einmal aus. Das stellten wir allerdings erst vier Monate später fest:

◊ Arbeitstagebuch vom 15.3.1985:
Wir schauen nach dem gelagerten Mais. Aus einer Reihe von Säcken rieselt es: Mäuse, trotz Plastiksäcken und Gift. Die 16 Sack Mais aus Abokobi müssen sofort verarbeitet werden. Ellen öffnet einen Sack. Etwa ein Viertel ist verschimmelt. Der Mais war nicht richtig trocken und von daher zum längeren Lagern ungeeignet.[15] ◊

Die Maiseinkäufe der Genossenschaft

Meine Versuche, den Mais für die Genossenschaft einzukaufen, hatten wir zwar immer gemeinsam besprochen, es war aber wohl meine eigene Vorstellung, man sollte den Maisvorrat am besten für neun Monate auf einen Schlag einkaufen, die mich die hin und wieder geäußerten Anregungen der Frauen überhören ließ, sie könnten den Mais ja auch selbst einkaufen. Als ich von meinen fehlgeschlagenen Versuchen müde geworden war, stellte ich in einem Gespräch mit Felicity fest, sie selbst teilte meine Vorbehalte nicht und sah auch kein Risiko, einer oder mehreren Frauen einen größeren Geldbetrag anzuvertrauen. Da wir den Bankkredit erst im Januar erhalten sollten, schoß ich ¢ 50.000,- vor.

Am 29.11.1984 fuhren Atua und Cecilia nach Sunyani (ca. 400 km von Madina entfernt) und kamen zwei Tage später mit 39 Sack Mais zurück. Der Einkauf war

---

15 In der ghanaischen Landwirtschaft mit ihren einfachsten Lagereinrichtungen sind die Ernteverluste generell hoch. Vgl. Gore, Charles. 1978. The terms of trade of food producers as a mechanism of rural differentiation. *IDS Bulletin* 9 (3). S. 20 f. Siehe auch Nyanteng, V. K. 1972. *The Storage of Foodstuffs in Ghana*. Legon: ISSER. Technical Publications Series (18). S. 24: "Studies made by Reusse (1968) put storage losses for maize at 25% in 5 to 6 months. Rawnsley (1969) studying the Ewe-barn recorded an extent of damage on maize in storage at about 75%...".

günstig, inkl. aller Nebenkosten hatten sie ¢ 1.100,- pro Sack bezahlt .

Cecilia erzählt von der Reise: abends gegen sechs kamen sie in Sunyani an und übernachteten bei Cecilias Verwandten. Am nächsten Morgen fuhren sie nach Odumasi, einem kleinen Dorf in der Nähe mit einem täglichen Markt. Den Tip gaben ihnen Cecilias Verwandte. Um sieben waren sie bereits dort, die Bauern auch. Ca. 150 Sack standen zum Verkauf, ¢ 700,- sollte der Sack Mais kosten. Andere Aufkäuferinnen aus Accra wollten zu diesem Preis nicht kaufen, Cecilia und Atua verhielten sich ebenfalls abwartend. Darauf meinten die Bauern, wenn sie nicht kaufen wollten, sollten sie abziehen und den Handel nicht stören. Die Frauen zogen sich bis zum Marktrand zurück und warteten. Gegen Mittag begann eine der Maishändlerinnen zum verlangten Preis zu kaufen. Cecilia und Atua folgten wie die anderen Frauen sofort diesem Beispiel, konnten aber anstatt 50 Sack nur noch 35 plus vier Sack dash erstehen.

◊ Arbeitstagebuch vom 22.1.1985:
Wir treffen uns in Tsotsos Compound. Thomas Ankra sagt, seine Frau habe keine Zeit zu kommen. - Der Maispreis hat über Weihnachten angezogen. Die Kenkeyfrauen haben billigeren Mais, ihr Kenkey ist daher von ordentlicher Größe und verkauft sich rasch. Alle sagen, es gehe ihnen finanziell besser.
Cecilia arbeitet nicht mehr für ihre Tante auf dem Makolamarkt in Accra. Sie war vom 20.12. - 25.12.1984 auf Einkaufsfahrt. Es gab kaum Mais in Odumasi, so mußte sie jeden Sack einzeln kaufen. Von der zweiten Einkaufsfahrt brachte Cecilia 13 Sack Mais mit. Inkl. aller Nebenkosten errechnen wir ¢ 1.345,- pro Sack. Die Frauen haben untereinander einen Preis von ¢ 1.400,- vereinbart. Tsotso erhielt fünf Sack, Atua und Ellen je vier. Mich verblüfft, wie genau sie alle Zahlen im Kopf haben. Jetzt lebt die Genossenschaft. Aufgrund der Weihnachtsfeiertage fand Cecilia keinen LKW. Um rechtzeitig zum Fest wieder zu Hause zu sein, ließ sie die Säcke in Odumasi stehen, regelte aber deren späteren Transport nach Madina. Sie selbst kam erst am 25.12. zu Hause an, der Mais am 28.12., sie verteilten ihn sofort. - Es dauert wohl eine Stunde, bis das Geld, ausschließlich in kleinen Noten, aussortiert und gezählt ist. Die Frauen übergeben mir eine Plastiktüte mit ¢ 18.200,- als ersten Abschlag auf meine vorgeschossenen ¢ 50.000,-. ◊

◊ Arbeitstagebuch vom 25.1.1985:
Heute ist der Tag, an dem wir den Kredit von Barclays Bank abholen. Nachdem Ellen das Geld im Haus versteckt hat, fahren wir zu Tsotso. Cecilia soll am Montag mit dem Geld von der Bank nach Brong Ahafo fahren, um 50 Sack Mais einzukaufen.
Atua Nyaku war gestern bei Tsotso und Cecilia. Sie will nicht länger mitmachen, habe keine Zeit und müsse verreisen. Die Frauen reden eine Weile, Tsotso ist sehr engagiert. Auf dem Heimweg sagt Felicity, die Frauen seien über Atuas Aus-

scheiden erleichtert, denn sie habe ihren Maisanteil auf dem Madina Markt verkauft. Ich bin froh über den richtigen Zeitpunkt, denn gerade heute ist die Genossenschaft Verpflichtungen gegenüber der Bank eingegangen. Cecilia und Ellen
wollen sich nach einer anderen Kenkeyfrau als Mitglied umsehen. ◊

◊ Arbeitstagebuch vom 14.2.1985:
Cecilia besucht mich und erzählt von ihrem dritten Maiseinkauf für die Genossenschaft. Sie mußte wiederum zwei Tage auf dem Markt in Odumasi zuwarten, das
Maisangebot war nicht ausreichend. Auf der Rückreise hat es stark geregnet, an
einer kleinen Anhöhe blieb der Lastwagen im Schlamm stecken. Cecilia und drei
weitere Mitreisende verbrachten die Nacht unter dem LKW. Erst im Laufe des
nächsten Tages ging die Reise weiter.[16] Am Abend, als sie in Madina ankamen,
lud sie 16 Sack Mais bei Ellen ab, die restlichen 15 Sack bei sich zu Hause. -
Cecilia liest aus ihrem Heft alle Ausgaben vor, ihre und meine Aufrechnung stimmen überein. Sie klappt ihr Heft zu und sagt, jetzt sei sie wieder vier Tage für die
Genossenschaft unterwegs gewesen und habe nichts für sich selbst verdient. Sie
möchte neben den Einkäufen für die Genossenschaft selbst mit Mais handeln,
aber ihr fehlt das nötige Kapital. Von ihren Ersparnissen habe sie noch ¢ 6.000,-
übrig. Ihr Mann habe sich erst unlängst an den Krankenhauskosten für ihren
Sohn beteiligt und könne ihr deshalb kein Geld leihen. ◊

◊ Arbeitstagebuch vom 17. 5.1985
Nach unserem Treffen in Madina fährt Cecilia mit nach Accra. Sie erzählt von ihren Geschäften. Seit ihre Tante ihr ¢ 20.000,- geliehen hat, hilft sie kaum noch in
der Kenkeyküche ihrer Mutter, sondern ist als Maishändlerin unterwegs. Das notwendige know how hat sie sich über die ersten Maiseinkäufe für die Genossenschaft erworben. Ihren Mais setzt sie am liebsten auf dem Makolamarkt in Accra
ab. Im Moment an zwei, drei Kleinhändlerinnen, die ihn in kleinen Rationen wei-
terverkaufen. Beim letzten Einkauf brachte sie z.B. 13 Sack mit. Pro Sack hatte
sie einen Reingewinn von ¢ 400,-, insgesamt ¢ 5.200,- . Dafür war sie fünf Tage
unterwegs, neun Tage wartete sie danach auf die Bezahlung des Mais, so lange
lag ihr Kapital brach. Immerhin kam sie auf einen Tagesverdienst von ¢ 370,-.
Cecilia sagt, sie sei häufig in Accra, um das Geld einzutreiben, oft wohne sie im
Familienhaus ihrer Mutter in Labadi. Ihre drei Kinder lebten bei der Mutter in Madina. Ihren Mann sehe sie nur noch selten, aber letzthin habe er ihr ¢ 1.200,- für
neue Schuluniformen gegeben. Dann sagt sie noch: "Mir macht es nichts mehr
aus, wenn er eine zweite Frau heiratet. Seit ich mein eigenes Geschäft habe, bin
ich nicht mehr eifersüchtig". Cecilia hat sich, seit ich sie kenne, verändert. Sie ist
dick geworden, selbstbewußt und durchsetzungsstark, eine Maishändlerin. Ihre

---

16 Ganz ähnlich berichtet Sai aus ihrer Untersuchung von 57 Händlerinnen: "For longer
trips the journey may last 4 - 6 days. Traders sleep on the truck and rough it until they return
home. The truck may break down on the return journey and trader as well as driver may have
to spend the night, sometimes several nights, at the roadside." Sai, Florence. 1978. S. 240.

Eifersucht hatte vielleicht mehr mit finanzieller Sicherheit zu tun, die hat sie nun in ersten Ansätzen auch ohne ihren Mann. ◊

◊ Arbeitstagebuch vom 5.11.1985
Cecilia erzählt vom letzten Maiseinkauf. Sie fuhr am 21.10. los und kam erst nach 13 Tagen zurück: "Als ich auf dem Markt in Odumasi ankam, gab es keinen Mais zu kaufen. Die Regierung hatte pro Sack ¢ 1.800,- angeboten, deshalb brachten die Bauern den Mais nicht auf den Markt, sondern an einen anderen Ort, wo die Regierungsagenten ihn aufkauften.[17] Die Bauern verkauften lieber an sie, weil die Säcke nicht so prall zu füllen waren wie für die Händlerinnen. Nur einige wenige Marktfrauen aus Odumasi zogen wie gewohnt auf die Dörfer, um Mais zu kaufen. Als sie mit ihren zehn oder zwanzig Sack zurückkamen, stürzten sich alle Händlerinnen gleichzeitig auf den Mais, um etwas davon abzukriegen, auch ich. An einem Tag konnte ich nur einen Sack kaufen, am anderen vielleicht zwei. Ich brauchte geschlagene zwölf Tage, um die 15 Sack für die Genossenschaft und die 22 Sack für meinen eigenen Handel zu erstehen. Der Preis lag bei ¢ 2.000,-."

Ellen sagt, der Mais, den Cecilia brachte, sei von bester Qualität und die Säcke seien randvoll. Der erste, den sie öffnete, enthielt 48 *american tins*. Die 15 Sack haben sie aufgeteilt. Ellen hat sich mit Tsotso und Frieda verständigt: die fünf Sack reichen nicht weit, sie wollen auch die 22 Sack von Cecilias eigenem Handel für die Genossenschaft kaufen. Da es nun mit dem neuen Bankkredit nichts wird, bitten sie mich, das Geld nochmals vorzuschießen. Sie könnten sicher im Laufe des nächsten Jahres alles an mich zurückzahlen. Ich stimme zu. Die Genossenschaft will ¢ 2.400,- pro Sack an Cecilia bezahlen. Damit ist sie überhaupt nicht einverstanden. Auf dem Markt könne sie ¢ 2.600,- gegen bar oder ¢ 2.800,- auf Kredit erzielen. Ellen hält dagegen, es vergingen drei Wochen oder mehr, bevor sie ihr Geld wieder in Händen habe, die Genossenschaft zahle bar. Am Ende einigen sie sich auf ¢ 2.500,- pro Sack.

Über jede ihrer Einkaufsfahrten hat Cecilia im Detail abgerechnet. Drei Beispiele finden sich in Tabelle 17. Was sich hinter diesen Zahlen und Einzelpositionen verbirgt, hat Cecilia mir erzählt. Eine Einkaufsfahrt sieht etwa so aus: Zwischen drei und vier Uhr ist Cecilia aufgestanden und mit anbrechender Morgendämmerung reisefertig. Von ihrem Haus bis zur Hauptstraße, die nach Accra führt, läuft sie etwa 20 Minuten. Zwei ihrer kleinen Brüder hat sie vorsorglich geweckt, sie helfen ihr, die Säcke tragen. An der Straße stehen schon Leute und warten, nur wenige Autos sind unterwegs. Nach einer halben Stunde hat sie Glück, eine

---

[17] Sai, Florence. 1978. S. 241: "...different governments have attempted to take over this stage of bulking food and transporting it to the markets...The popular opinion is that although there were fluctuations in supplies in previous times when women traders were solely involved there had never been such gross shortages as when an official body attempts to improve the situation."

Mammielorry hält an: ein kleiner LKW, auf dessen Ladefläche fünf oder sechs Holzbänke ohne Rückenlehne Platz für 20-30 Leute bieten. Die Säcke werden verstaut, Cecilia findet einen Sitzplatz auf einer der Bänke. Vom Redemption Circle in Accra ist es nicht schwierig, ein Taxi zum Busbahnhof zu finden. Inzwischen geht es auf sieben Uhr zu. Die Fahrkarten für den Bus nach Sunyani sind offiziell längst ausverkauft, zum regulären Preis sowieso nur über Beziehungen zu haben oder mit tagelangem Warten verknüpft. Cecilia kauft eine Fahrkarte zum Schwarzmarktpreis. Gegen acht geht die Reise los. Die Straße bis Nkawkaw, die Stadt liegt auf der ersten Hälfte des Weges Accra-Sunyani, ist ausgebaut und asphaltiert, drei Polizeibarrieren mit Gepäck- und Personenkontrollen unterbrechen die Reise. Am späten Nachmittag trifft sie in Sunyani ein. Ihre Verwandten, bei denen sie übernachtet, wohnen weit weg von der Busstation. Die Säcke verwahrt der Fahrkartenverkäufer für ¢ 40,- bis zum nächsten Morgen .

Schon früh ist Cecilia wieder auf den Beinen und an der Busstation. Bis Odumasi sind es nur wenige Kilometer. Ein Junge trägt ihr die Säcke zum Markt. Die Umgebung des Marktes ist von Lastwagen, Mammielorries und Handkarren verstopft, Säcke und Körbe voll Ware stehen im Weg. Scharen von Frauen mit großen Schüsseln auf dem Kopf sind unterwegs zum Markt. Cecilia lädt ihre Säcke an der Stelle ab, wo der Mais verkauft wird. Bei einem Rundgang trifft sie mehrere Maishändlerinnen aus Accra. Sie reden über Preise und beginnen zu verhandeln. Wie das Angebot aussieht, wird sie weder heute noch morgen ihren Einkauf zusammenhaben. Noch lassen sich die Frauen Zeit, bis alle Bauern mit ihrem Mais eingetroffen sind. Inzwischen beschriftet ein Junge, der mit Pinsel und Farbtopf unter einem Baum sitzt, für ¢ 75,- Cecilias Säcke mit der Aufschrift "Madina". Das Bündel Jutefäden zum Zunähen der Säcke kostet ¢ 300,-, es reicht für mehrere Einkäufe.

Bevor Cecilia die Säcke auf einen der bereitstehenden LKW's verladen läßt, muß sie noch eine Abgabe von ¢ 50,- pro Sack entrichten, die erhoben wird, um die Märkte zu unterhalten, Toiletten zu bauen usw. Sie verlangt dafür eine Quittung, die sie dem Fahrer gibt: "Wenn Du diese Steuer nicht bezahlst, gibt es Schwierigkeiten an den Polizeibarrieren". Inzwischen sind alle ihre Maissäcke aufgeladen. Der LKW hat noch Fracht für drei oder vier andere Frauen, die in die gleiche Richtung fahren.[18] Die Frauen lagern sich auf den Säcken, es ist Nachmittag, als die Rückreise beginnt. Bis Madina verlangt der Fahrer zwischen ¢ 300,- und ¢ 450,- pro Sack, Cecilias Rückreise ist im Preis inbegriffen. In Madina angekommen, erhält der Beifahrer, er war für das Verstauen der Ladung verantwortlich, ein

---

18 Hart, Keith J. 1970. Small-scale Entrepreneurs in Ghana and Development Planning. *Journal of Development Studies* 6 (4). S. 109: "The extensive private transport system with its network of lorry parks linking all parts of Ghana, is largely financed by a multitude of small investors who own one or two vehicles each."

Tabelle 17: Abrechnung von Maiseinkäufen der Genossenschaft

Einkaufsfahrt vom:		November 1984		Oktober 1985		August 1986	
nach:		Odumasi		Odumasi		Kintampo	
Menge:		39 Sack		15 Sack		20 Sack	
Pos.	Entstandene Kosten	Insgesamt	pro Sack	Insgesamt	pro Sack	Insgesamt	pro Sack
		₵	₵	₵	₵	₵	₵
1	Fahrtkosten Madina nach Redemption Circle, Accra	54.00		50.00			
2	Fahrtkosten Redemption Circle bis Busbahnhof	100.00		100.00		100.00	
3	Handgeld für Jungen, der Säcke trug	10.00		10.00		20.00	
4	Fahrtkosten ab Accra	370.00		400.00		480.00	
5	Fracht für die leeren Säcke dito	120.00		100.00			
7	Verwahrung der Säcke	40.00					
9	Fahrtkosten in Brong Ahafo	70.00		60.00			
10	Fracht für die leeren Säcke dito	40.00					
11	Handgeld für den Jungen, der Säcke zum Markt trug	10.00		10.00		20.00	
12	Beschriften der Säcke	75.00					
13	Essensgeld (schwankt mit Reisedauer, ca ₵ 70,– p.T.)	205.00		910.00		320.00	
14	Hanf zum Vernähen der Säcke	200.00		100.00			
	Summe Nebenkosten	**1294**		**1740**		**940**	
15	Mais (pro 10 gekaufte Sack, 1 Sack gratis)	24500.00	700.00	28000.00	2000.00	39600.00	2200.00
16	Lohn für Umfüllen und Zunähen der Säcke	1170.00	30.00	750.00	50.00	1500.00	75.00
17	Lohn fürs Tragen der Säcke zum LKW	1170.00	30.00	750.00	50.00	1500.00	75.00
18	Marktabgabe	1950.00	50.00	750.00	50.00	1000.00	50.00
19	Frachtkosten bis Madina	11700.00	300.00	4500.00	300.00	9600.00	480.00
20	Abladen in Madina	585.00	15.00	225.00	15.00	400.00	20.00
21	Handgeld für den Beifahrer	60.00					
	Summe aller Kosten	**42429**		**36715**		**54540**	
	Selbstkostenpreis pro Sack		**1088**		**2448**		**2727**

Trinkgeld. - Wie viele Tage Cecilia für den Maiseinkauf braucht, hängt davon ab, mit wie vielen anderen Maiseinkäuferinnen sie das Tagesangebot teilen muß. Nur auf zwei ihrer Einkaufsfahrten für die Genossenschaft konnte sie allen Mais an einem Tag einkaufen, meistens brauchte sie vier, bei einem Einkauf sogar zwölf Tage (s. Tabelle 18). Auf dem Markt in Odumasi gab es 1985/86 beim Einkauf von jeweils zehn Sack Mais einen Sack zusätzlich als dash. Diesen Vorteil haben die Maishändlerinnen sonst für sich. Bei Cecilias Einkäufen kommt er der Genossenschaft zugute und verringert den Einkaufspreis pro Sack. Im übrigen, sagen die Frauen, lohne sich der eigene Maiseinkauf selbst dann noch, wenn der Kostenpreis ebenso hoch liegt wie der Marktpreis in Madina, weil die Säcke unter eigener Aufsicht praller gefüllt würden.

Cecilias Abrechnungen enthalten bis zu 21 Positionen und sind Zeugnis einer extrem arbeitsteiligen Gesellschaft, in der Männer und Jungen alle Zuträgerdienste, die Frauen jedoch die Geschäfte abwickeln. Jede einzelne Dienstleistung fällt einem eigenständigen privaten Kleinstgewerbe zu: Personentransport, die Fracht, das Auf- und Abladen, das Umschütten, Vernähen und Beschriften der Säcke usw. In diesem funktionsfähigen, rein privatwirtschaftlich organisierten Geflecht gibt es keine 'Economies of Scale', das System hat natürliche Grenzen, es ist auf Kleinmengen zugeschnitten: ein Träger kann nicht mehr als einen Sack tragen, ein Handkarren nicht mehr als fünf fassen, die LKW's (3 t bis 7.5 t) zwischen 30 und 70 Sack.[19]

Bei einem meist knapp gehaltenen Angebot (auch da setzen die Transportmöglichkeiten natürliche Grenzen) bringen Großeinkäufe nicht einmal zeitliche Vorteile mit sich. Auf sieben Reisen war Cecilia insgesamt 39 Tage unterwegs, um knapp 200 Sack aufzukaufen, fünf Sack kosteten sie also durchschnittlich einen Tag. Ein solcher Aufwand ist nur in einer Gesellschaft möglich, in der die Gleichung *Zeit ist Geld* nicht gilt.[20]

An keiner Stelle in der Stufenleiter der Dienstleistungen haben die Frauen bei ih-

---

[19] Sai, Florence. 1978. S. 240: "It is unbelievable to learn that the maize or yam or tomatoes that arrive in the urban market as a truck load of 200 cwt. bags was purchased in small units from a supply market or sometimes from farm to farm. Maize from Asesewa is purchased by the cupful transferred into a bag until the bag is full to be sewn up by someone who makes his living by sewing bags."

[20] Mintz, Sidney W. 1971. S. 249: "It is perfectly true that, under some circumstances, small trade distributive activities may not represent the theoretically most efficient use of resources; but in dealing with the realities of underdevelopment, one begins with what is possible at a given point in time. To establish that the massive substitution of labor for capital results in economic redundancy requires that some alternative and more economic use of labor resources can be made available."

ren Einkäufen eine staatliche Hilfestellung erhalten, nicht einmal bei der staatlichen Busgesellschaft, denn zum Kontrollpreis gab es keine Fahrkarten. In diesem System gelten privatwirtschaftliche Gesetze und alle Versuche der Regierung, preisregulierend einzugreifen, haben begrenzte Wirkung. Der Staat war, ohne erkennbare Gegenleistung, nur einmal beteiligt: als Cecilia nämlich eine Marktabgabe von ¢ 50,- pro Sack entrichtete. Insofern wird auch verständlich, warum die Frauen einen großen Widerwillen zeigen, Steuern zu zahlen.

4.5 Kosten und Nutzen

Auch die kleinen Mengen summieren sich übers Jahr, wie Tabelle 18 über die Maiseinkäufe der Genossenschaft belegt. Von November 1984 bis Jahresende 1985 hat die Genossenschaft ca. 22 t eingekauft und an die drei in ihr zusammengeschlossenen Familienbetriebe verteilt.

Tabelle 18 : Maiseinkäufe der Genossenschaft, November 1984 bis November 1985

					Preisvergleich und erzielter -vorteil			
Einkaufs			Menge		Marktpreis up country pro Sack	Kostenpreis Genossen- schaft*)	Marktpreis in Madina **) pro Sack	Realer Preis- Vorteil pro Sack
-Ort	-Zeit	-Dauer	Kauf	Dash				
		Tage	Sack	Sack	¢	¢	¢	¢
Abokobi	Nov. 84	1	16	-	1200.00	1322.00	1350.00	28.00
Odumasi	Nov. 84	3	35	4	700.00	1100.00	1350.00	250.00
Odumasi	Dez. 84	6	12	1	800.00	1345.00	1600.00	255.00
Odumasi	Jan. 85	4	28	3	1100.00	1542.00	1700.00	158.00
Odumasi	Feb. 85	3	12	1	1100.00	1577.00	1750.00	173.00
Odumasi	Feb. 85	4	6.5	0.5	1150.00	1538.00	1800.00	262.00
Odumasi	Juni 85	k.A.	20	2	1700.00	2116.00	2800.00	684.00
Odumasi	Okt. 85	5	20	2	1200.00	1600.00	1980.00	380.00
Odumasi	Okt. 85	12	14	1	2000.00	2386.00	2600.00	214.00
Odumasi	Okt. 85	12	22		2000.00	2500.00	2600.00	100.00
ø-Werte			18.2	8%	1216.67	1614.00	1881.11	250.40

*) Inkl. Nebenkosten   **) Marktpreis bei Barzahlung

Jeder Familienbetrieb verarbeitete 1985 im Durchschnitt zwei Sack pro Woche, das sind etwa 90 bis100 Sack pro Jahr. Ellen hat 1985 ungefähr 70.000 Klöße verkauft, bei Tsotso waren es um die 85.000 Stück. Aus 22.000 kg Mais entstanden in diesen drei Familienbetrieben, die zusammen an die 40 Frauen und Kinder umfassen, zwischen 160 und 180.000 Klöße von ca. einem halben Pfund Fertiggewicht, also rund 45.000 kg verarbeitete Grundnahrungsmittel (fermentierter Mais). Ungezählte solcher Betriebe,[21] in denen Frauen und Kinder arbeiten,

---

21 Dei-Tutu, John. 1965. *Some Mechanical Aspects of Kenkey Preparation.* Accra: Food Research Institute. S. 3: "Maize production in Ghana has been estimated at 183.000 metric tons p. a. (1958/59) by F.A.O. and it can reasonably be estimated that about 60-70 percent of

ob sie Kenkey herstellen, Fufu stampfen oder *Pito* brauen, ernähren einen Groß-teil des ghanaischen Volkes. - Von der Preisfluktuation, das zeigt die Tabelle 18, haben sich die Frauen aus Madina im Zuge der eigenen Einkäufe nicht lösen können.

Nur lag ihr Kostenpreis pro Sack durchschnittlich um ¢ 250,- unter dem Markt-preis. Sie erzielten keinen großen Vorteil, hielten aber das Risiko begrenzt, denn alle Faktoren, die sich auf dem Marktpreis niederschlugen, trafen sie nicht mehr oder weniger als alle anderen.

Meine Zusammenarbeit mit den Kenkeyfrauen in Madina begann mit gemein-samen Wirtschaftlichkeitsberechnungen Ende 1983. Seit Mitte 1984 haben sie im großen und ganzen regelmäßig ihre Einnahmen und Ausgaben Woche für Wo-che notiert. Aus den Aufzeichnungen von Ellen Tamakloe habe ich die Tabelle 19 zusammengetragen. Je mehr man im Detail steckt, desto mehr relativiert sich die Aussagekraft solch aggregierter Zahlen, denn zu fast jeder ließe sich eine Ge-schichte erzählen, warum sie den Sachverhalt eben doch nicht ganz trifft. - Die Ausgaben haben die Frauen nach meiner Beobachtung so sorgfältig aufge-schrieben, wie sie sich auf die Maßeinheit, nämlich den Sack Mais, aufteilen las-sen. Die Daten der Rubriken 'Mais' und 'Kosten pro Sack' sind insofern zuverläs-sig. Etwas anders verhält es sich mit den Rubriken 'Erlös' und 'Einkommen'. Ihr Einkommen besteht nämlich nicht nur aus Geldeinnahmen, sondern die ganze Familie ißt ja zugleich von dem Kenkey, den sie kochen. Pro Erwachsenen rech-nen sie etwa vier Klöße am Tag, pro Kind zwei. Ich habe sie nie gefragt, wieweit der Eigenverzehr bei der 'Anzahl der Klöße pro Sack' auftaucht, ich gehe davon aus, im 'Einkommen pro Tag' sind sie nicht enthalten.

Die Kenkeyfrauen erklären die unterschiedliche Anzahl gefertigter Klöße pro Sack hauptsächlich unter technischen Gesichtspunkten: die aus einem Sack Mais gefertigte Menge hängt von der Qualität des Mais und der Zusammenset-zung des Teiges ab. "Bei uns mögen die Leute schwere und weiche Klöße", sagt Ellen, "da geht viel Teig bei drauf, das gibt weniger Klöße pro Sack. Und man muß sie länger kochen, man braucht mehr Brennholz, um sie weich zu kriegen."

Die Frauen können ihr Einkommen im Grunde nur aufbessern, indem sie die Kenkeyklöße verkleinern. Es gibt kein festgelegtes Mindestgewicht, innerhalb der Bevölkerung jedoch eine ausgeprägte Sensibilität: eine Handbewegung, wobei mit der hohlen Hand oder mit zusammengelegten Daumen und Fingerspitzen ge-zeigt wird, wie groß oder klein der Kenkeykloß war, den man heute gegessen hat.

---

this figure goes into the manufacture of Kenkey and its very close substitute, Banku."

Tabelle 19: Familienbetrieb von Ellen Tamakloe   Herstellungskosten und Verdienst im Kenkeygeschäft

Monat	Mais		Kosten pro Sack *)								Erlös pro Sack					Einkommen	
	Anzahl Sack	Preis p.Sack ¢	Mah-len ¢	Brenn-holz ¢	Salz ¢	Blät-ter ¢	Soße ¢	Einw.-papier ¢	Verarb.-kosten ¢	Summe Kosten ¢	Klöße p.tin **)	Anzahl Klösse ***)	Gesamt erlös ¢	Brutto gewinn ¢	Arb.-tage p.Sack	Einkom. pro Tag ¢	Verdienst zu Umsatz %
11/83	0.2	3309	353	270	25	98	211	417	1373	4681	22	980	4902	221	5	45	4.5
2/84	2	1990	264	207	21	88	161	228	969	2958	15	674	3368	409	5	88	12.2
3/84	3	2931	175	219	21	137	192	284	1027	3957	22	929	4644	687	5	125	14.8
4/84	3	3063	350	172	12	125	191	491	1341	4403	23	991	4956	553	4	126	11.2
11/84	7	1320	300	300	20	147	100	180	1047	2367	16	701	3505	1138	4	285	32.5
12/84	5	1336	300	300	20	154	120	164	1058	2394	15	673	3365	971	4	243	28.9
1/85	5	1544	300	300	20	160	180	155	1115	2659	15	676	3380	721	4	180	21.3
3/85	7	1507	176	300	40	140	300	180	1136	2643	19	857	4285	1642	3	547	38.3
4/85	8	1500	160	300	40	160	340	170	1170	2670	17	750	3750	1080	3	360	28.8
5/85	9	1630	160	300	40	170	320	180	1170	2800	17	758	3790	990	3	330	26.1
6/85	8	1750	160	300	40	160	305	170	1135	2885	18	797	3985	1100	3	367	27.6
7/85	6	2080	300	300	80	320	220	170	1390	3470	20	895	4475	1005	4	251	22.5
8/85	6	2080	300	300	75	240	240	150	1305	3385	16	703	3515	130	4	33	3.7
9/85	6	1967	300	300	80	120	300	150	1250	3217	20	864	4320	1103	4	276	25.5
10/85	8	1627	260	300	80	120	300	160	1220	2847	21	943	4715	1868	4	467	39.6
11/85	7	2429	260	350	80	160	330	180	1360	3789	23	1017	5085	1296	4	324	25.5
12/85	5	2500	250	300	40	152	240	132	1114	3614	23	1029	5146	1532	4	383	29.8
2/86	2	3000	250	300	40	200	260	140	1190	4190	20	890	4450	260	8	33	5.8
11/86	1	3200	340	320	40	240	300	200	1440	4640	19	820	8200	3560	10	356	43.4
12/86	3	3600	340	373	40	237	300	200	1490	5090	21	941	9410	4320	10	432	45.9
3/87	2	4500	400	400	40	220	600	200	1860	6360	25	1112	11120	4760	10	476	42.8
4/87	3	6000	400	400	40	233	600	247	1920	7920	28	1213	12130	4210	10	421	34.7
5/87	3	6600	400	400	40	400	600	273	2113	8713	31	1345	13450	4737	10	474	35.2

*) In den Zahlen für die Jahre 1983 und 1984 sind in dieser Kategorie auch Löhne für die Helfer enthalten. **) Der Sack Mais ist durchgehend mit 44 american tin berechnet. ***) Ab Mitte 1986 kostete der Kloß nicht mehr ¢ 5,- sondern ¢ 10,-.

Bei guter Maisqualität lassen sich etwa 22-24 Klöße pro *american tin* herstellen, mit deren Größe die Kunden zufrieden sind. Mit ihrem Tagesverdienst von 1984 z.b. lagen die Frauen weit unter den Sätzen, die etwa selbständige Handwerker in Accra verlangten.[22] Ihr Verdienst lag zwar über dem von der Regierung festgelegten Mindestlohn von ¢ 25,- pro Tag[23], aber weit unter dem vom *Trade Union Congress* (TUC) geforderten Mindestlohn von ¢ 300,- pro Tag. Im übrigen arbeitete damals kaum jemand für ¢ 25,-. In den meisten landwirtschaftlichen Gebieten Ghanas lag der Tageslohn für Hilfsarbeiter während der Ernte bereits zwischen ¢ 150,- und ¢ 250,-.

Vergleicht man die Zahlen von November 1984 bis Mai 1987 mit denen aus dem Frühjahr 1984, so wird deutlich: das Einkommen der Kenkeyfrauen hat sich erhöht und stabilisiert. Den eigentlichen Vorteil, den die Frauen selbst empfinden und benennen, drücken die Zahlen jedoch nicht aus. Wenn ich sie frage, was die Genossenschaft ihnen gebracht hat, antworten sie: "Wir haben einen vollen Magen und sind zufrieden".

4.6 Rückzahlungen und neuer Kreditantrag

Zwei Züge an den Frauen sind mir besonders aufgefallen: Sie sind miteinander verständnisvoll umgegangen, auch, oder besser, gerade wenn Probleme auftauchten, obwohl sie sich erst kennen, seit Felicity und ich mit ihnen zusammengetroffen sind. Auch als sie mit Atua Nyakus Verhalten, die so wenig Anteil an dem Leben der Genossenschaft nahm, unzufrieden waren, warteten sie zu, bis Atua von sich aus den Wunsch äußerte auszuscheiden. Sie nahmen Abla Ketor in ihren Kreis auf, weil sie sich mit ihren zehn Kindern alleine durchschlagen mußte, verstanden aber gut, als Abla sich einige Monate später entschloß, ihrem Mann in die Voltaregion zu folgen. Auch Frieda Kutuadu haben sie informell in ihren Kreis aufgenommen und ganz selbstverständlich integriert. Tsotso Mensah war eine Zeit lang vom Pech verfolgt, erst brach ihr Haus zusammen, dann brachte ihr aus Nigeria heimgekehrter Sohn mit einem importierten Wagen, den er hier verkaufen wollte, statt finanzieller Erleichterung nur Sorgen ein. Trotz der möglichen Rückwirkungen auf die Genossenschaft (sie konnte ihre Rückzahlung deshalb nicht rechtzeitig erbringen), nahmen die anderen das gelassen auf. Diese Gelassenheit ist gepaart mit einer großen Moral und Disziplin in finanziellen Dingen.

◊ Arbeitstagebuch vom 1.3.1985:
Wir treffen uns bei Ellen und rechnen die letzten Einkäufe ab. Die Verteilung der

---

[22] Je nach technischem Grad ihres Gewerbes zwischen ¢ 400,- für einen Maurer, für einen Klempner oder Elektriker ¢ 1.000,- bis ¢ 1.200,- .
[23] 1984 stieg der Mindestlohn pro Tag auf ¢ 40,-; 1985 auf ¢ 90,- und 1986.auf ¢ 120,-.

Maissäcke läuft reibungslos, ebenso die Rückzahlung. Als Sicherheit für die Bank dienen die auf Esther Ocloos Grundstück gelagerten 30 Sack Mais; aber die Bank hat nie danach gefragt. Ellen hat noch 20, Tsotso noch 18 Sack, bei diesen relativ kleinen Mengen gibt es kaum Probleme mit der Lagerhaltung. Ellen hat am 22. Februar ¢ 18.000,- an die Bank zurückgezahlt. Die Frauen beschließen, zunächst keinen Mais mehr einzukaufen. Bis zur neuen Ernte dürfte der eingelagerte Mais reichen. Ellen sagt, sie hätten Angst vor den hohen Zinsen (18.5% p.a.), deshalb wollten sie den Kredit so schnell wie möglich zurückzahlen. Ob ich mit meinem vorgeschossenen Geld noch warten könne. ◊

◊ Arbeitstagebuch vom 17.5.1985:
Der Maispreis auf dem Markt in Madina liegt bei ¢ 2.800,- bei Barzahlung und bei ¢ 3.000,- auf Kredit. Die Kenkeyfrauen haben weit günstigeren Mais, sie zahlen ¢ 1.800,-, und dabei haben sie den Preis pro Sack noch erhöht, damit der Kredit schneller abgezahlt ist.

Tabelle 20: Finanzlage der Genossenschaft am 17.5.1985			
Kredite	**¢**	**Rückzahlungen**	**¢**
Bankkredit	80,000.00	an Bank	58,000.00
Rest 1. Privatkredit	21,148.00	an Privat	18,200.00
2. Privatkredit	50,000.00	Kassenbestand	54,898.00
Erwirtschaftet	**33,950.00**	Lagerbestand *)	54,000.00
Summe	185,098.00	Summe	185,098.00
*) Bestand 30 Sack à ¢ 1.800,-			

Wir machen Kasse: Ellen will in den nächsten Tagen nicht nur die restlichen 22.000,- Cedis an die Bank zurückzahlen sondern den gesamten Kassenbestand aufs Konto der Genossenschaft einzahlen. Die 30 Sack vom Lager teilen sie zwischen Abla (6),Tsotso (12) und Ellen (12) auf. Nach meiner überschlägigen Rechnung sind etwa ¢ 3.500,- Zinsen zu zahlen. Der Kredit läuft bis Ende September. Die Frauen haben einen Überschuß von ¢ 30.000,- erwirtschaftet. Sie sind klug mit dem Vorteil umgegangen: die Genossenschaft hat den günstig eingekauften Mais zu einem höheren Preis an die Mitglieder abgegeben und den Überschuß weder aufgeteilt noch verbraucht. Die Frauen wollen, davon war schon mehrfach die Rede, möglichst rasch genügend Kapital zusammentragen, um sich von den Maishändlerinnen und der Bank mit ihren hohen Zinsen (18.5% p.a.) unabhängig zu machen. ◊

◊ Arbeitstagebuch vom 20.6.1985:
Der Filialleiter von Barclays Bank ging heute mit mir die einzelnen Zahlungen durch und ich verglich sie mit Ellens Aufstellung. Die Zinsen belaufen sich auf insgesamt ¢ 3.695,-. Fahre anschließend nach Madina. Ellen hat gestern nochmals ¢ 9.000,- eingezahlt. Das Bankguthaben der Genossenschaft beläuft sich

jetzt auf ¢ 30.106,-.
Die Frauen haben die 30 Sack gelagerten Mais wie verabredet aufgeteilt und verbraucht. Auch dieser Mais war von Mäusen angefressen und durch die Lagerung in den Plastiksäcken z.T. verschimmelt. Bei Abla waren von sechs Sack zwei nicht mehr zu verwenden. Bei Ellen und Tsotso betrug der Auschuß je ein Sack. Ein Verlust von ¢ 7.200,-. Die Frauen kommen überein, nur den verwertbaren Mais zu berechnen. Abla und Ellen zählen das Maisgeld. Tsotso war die ganze Zeit ungewöhnlich schweigsam, jetzt beginnt sie zu weinen. Die anderen Frauen wissen anscheinend schon, was passiert ist: Die schweren Regenfälle vor zwei Tagen haben zwei Lehmwände ihres Hauses unterspült, sie stürzten ein und rissen einen Teil des Daches mit. Das nebenstehende Haus hat ihr Sohn, der in Nigeria arbeitet, bauen lassen. Es steht im Rohbau, das Dach wurde unlängst fertiggestellt. Nun sind sie noch in der Regennacht umgezogen, aber das Haus hat weder Fenster noch Türen. Ihr Sohn wollte längst mit seinem Auto aus Nigeria kommen und von dem Geld des Autoverkaufs die Schreinerarbeiten bezahlen. Seit dem Putsch in Nigeria sind die Landesgrenzen geschlossen. Sie kann das Geld für den Mais jetzt nicht zurückzahlen, sondern braucht es für die notwendigsten Arbeiten. Ellen sagt sofort, das Geld reiche auch so, um den nächsten Maiseinkauf zu bezahlen. Abla nickt, sie ist noch immer etwas zurückhaltend. Cecilia will nächste Woche fahren, sie wird beauftragt, für die Genossenschaft 20 Sack zu kaufen. ◊

◊ Arbeitstagebuch vom 26.8.1985:
Ein hohes, schwarzgestrichenes Tor verwehrt jeden Einblick in den Hof von Tsotsos neuem Wohnhaus. Aber es ist nur angelehnt, Felicity und ich treten ein. Tsotso, Cecilia und Ellen sind da. Wir sind bald mitten im Gespräch. Der Kenkey verkauft sich schlecht, den ganzen August über haben sie kaum etwas verdient. Sicher liegt es auch am schlechten Mais, diese Woche wird der letzte Rest von der alten Lieferung verarbeitet. An Alternativen sind auf dem Markt: Brot, Zuckerrohr, gekochte Erdnüsse, Reis, Cassava, Cocoyam und am Kolben gekochter frischer Mais. "Wenn man den frischen Mais vom Kolben ißt, braucht man weder Fisch noch Kenkey dazu, nur einen Schluck Wasser". - Wir beschließen, für weitere Maiseinkäufe einen neuen Kredit bei Barclays Bank zu beantragen, ich werde einen entsprechenden Brief aufsetzen. ◊

◊ Arbeitstagebuch vom 18.9.1985:
Tsotso strahlt. Ihr Sohn soll in den nächsten Tagen mit dem Auto aus Nigeria ankommen. Ellen ist noch ganz aufgebracht von den Erfahrungen mit Barclays Bank. Vor einigen Tagen schickte sie ihren Sohn Emanuel mit einem Scheck zur Zweigstelle Legon, um das Guthaben von ¢ 30.000,- vom Konto abzuheben. Er kam jedoch unverrichteter Dinge zurück. Man wollte an ihn nicht auszahlen. Am nächsten Tag machte sich Ellen auf den Weg nach Legon: sie könne das Geld nur an der Zweigstelle abheben, bei der die Genossenschaft das Konto eröffnet

habe. Sie liegt mitten in Accra, mehr als 20 km entfernt. Dort erklärte man ihr, der Scheck müsse mit dem Stempel der Genossenschaft versehen sein. Ellen über ihren vierten Versuch: "Sie wollten mir das Geld noch immer nicht geben. Ich war besorgt und verärgert. Dann verlangte ich den Leiter der Bank, den wir gesprochen hatten, als wir das Konto eröffneten. Ich weiß nicht, ich hörte nicht, was er seinen Angestellten sagte, aber jetzt zahlten sie mir das Geld aus. Ohne ihn hätte ich nicht gewußt, was ich tun sollte. Wir verzichten besser auf weitere Kredite. Das ist die reine Zeitverschwendung und ohne Dich kriegen wir das Geld sowieso nicht."

Inzwischen ist die Antwort von Barclays Bank gekommen.[24] Ellen erklärt Tsotso und Frieda den Inhalt und gibt Cecilia den Brief zu lesen. Die Frauen sind aufgebracht, sie haben den Kredit doch pünktlich zurückgezahlt und damit gezeigt, daß sie zuverlässig sind. Über ihr Einkommen des letzten Jahres wollen sie mit der Bank nicht reden, "die melden uns doch nur der Steuer". Ich will in den nächsten Tagen zum Department for Co-operatives gehen, um deren Meinung zu hören. Auf meine Frage, ob jemand mitkomme, winken alle ab. Ellen erklärt sich schließlich bereit. Ich habe den Eindruck, für sie ist der Bankkredit schon passé.[25] ◊

◊ Arbeitstagebuch vom 23.9.1985:
Ellen und ich unterbrechen den Leiter des Department for Co-operatives zwar bei seiner Zeitungslektüre, aber er heißt uns freundlich willkommen. Die erste halbe Stunde vergeht mit der Suche nach unserer Akte, mehrere Mitarbeiter sind beteiligt. Am Ende findet sie der Leiter selbst in einem der vielen Ablagekörbe auf seinem Schreibtisch. Auf meine Frage hin darf ich mir die Akte anschauen. Ihr Inhalt

---

[24] Brief von Barclays Bank, Accra, vom 4.9.1985: "We refer to your application dated 26.8.85 and would like to have answers to the following points as soon as posssible to enable us consider it -1) Balance Sheet for 1984/85, 2) A fresh resolution at a general meeting authorising the amount of money to be borrowed which must be approved by the Registrar of Co-op. Societies or his accredited local representative. 3) A fresh list of members with their residential addresses and, where applicable, their postal addresses. 4) List of executive members showing positions held. 5) Unlimited Guarantees by executive members for which relative forms have been attached. 6) Statement of Affairs of the executive members for which relative forms have been attached."

[25] Miracle, Marvin P. 1980. Informal Savings Mobilization in Africa. *Economic Development and Cultural Change* 28 (4). S. 701 f.: "The great bulk of the African population makes little or no use of formal savings and lending institutions". Als Gründe dafür führt er u.a. an: "not unimportant is the fact that formal financial institutions are structures transferred from abroad with little thought for the needs and preferences of the average African saver...Were interest-rate policies not by themselves sufficient to deny most Africans access to formal credit, the inability of formal institutions to deliver credit to small borrowers promptly when needed, and without elaborate paperwork, would probably be sufficient to steer many of them away from the formal sector."

überrascht. Seit wir die Urkunde vor einem Jahr erhielten, war keine von uns je wieder hier, noch hat ein Mitarbeiter des Department die Frauen in Madina aufgesucht.
Als erstes finde ich einen handgezeichneten Lageplan von Madina, der Standort der Genossenschaft ist mit einem Kreuz willkürlich markiert; als zweites einen Vermerk:

Tabelle 21 :

"Einnahmen und Ausgaben der Genossenschaft im ersten Jahr"			
Expenditure	¢	**Income**	¢
Entrance Fees	250.00	Levy on goods	16,006.00
Stationery	2,500.00	Monthly dues	1,200.00
Transport of goods	5,000.00	Entrance fees	3,700.00
Rent	2,000.00	Voluntary contributions	8,500.00
Secretary Allowance	5,000.00		
Net surplus	**14,656.00**		
Summe	29,406.00	Summe	29,406.00

Die Zahlen sind völlig aus der Luft gegriffen, angeblich hat sie ein Mitarbeiter von den Frauen erfahren. Wir sparen uns jede Erwiderung. Nach langem Vortrag, ausführlichen Zitaten aus dem Genossenschaftsgesetz und den Verwaltungsrichtlinien zählt uns der Leiter die Vorschriften auf: Im Kassenbuch müssen alle Ausgaben und Einnahmen des laufenden Jahres eingetragen und durch Quittungen belegt sein, die Mitgliedsbeiträge sind nachzuweisen, ebenso die Verteilung des erwirtschafteten Überschusses an die Mitglieder; höchstens dreiviertel dürfen ausgezahlt werden. Erst wenn einer seiner Mitarbeiter die Unterlagen daraufhin geprüft habe, könne er den benötigen Stempel unter unseren Kreditantrag setzen.
Wir bedanken uns für diese Beratung. Als wir draußen sind, sagt Ellen: "Ich dachte, wenn wir den Kredit an die Bank zurückgezahlt haben, sind wir frei. Wir haben kein Auto und keine Zeit, da und dort hinzufahren und alle möglichen Sachen zu erledigen. Wir haben keine Zeit, weil wir Kenkey kochen. Das Kenkeygeschäft ist kein Schwarzmarkthandel, wir zählen doch nicht zu denen, die nur kaufen und verkaufen. Wir sind immer beim Kochen und haben keine Zeit, ständig irgendwelche Formulare auszufüllen. Sollen sie ihr Geld doch behalten." ◊

Dabei ist es auch geblieben, denn hier schloß sich der Kreis. So lebendig und erfolgreich die Frauen gemeinschaftlich gewirtschaftet haben, so wenig paßte ihre Wirklichkeit von Anfang an zu den formalen Vorgaben. Von den im Genossenschaftsgesetz verlangten Büchern haben sie kein einziges geführt und hatten dennoch jederzeit den Überblick, wieviel sie schuldeten und wieviel Sack Mais noch einlagerten. Bei ihrer Betriebsgröße entfallen schlicht die Funktionen des hauptamtlichen Kassenwarts, des Schriftführers und des Lagerhalters. Hinzu kommt: bei weitem nicht alle können schreiben, dafür aber wirtschaften und alles Wesentliche präzise im Gedächtnis behalten.

4.7 Auf eigenen Füßen

Seit Ende 1985 steht die Genossenschaft, wenn man sie überhaupt so bezeichnen will, denn, genau genommen, ist sie eine Maiseinkaufsgemeinschaft, auf eigenen Füßen. In diesen zwei Jahren haben die drei Betriebe trotz grundlegend veränderter wirtschaftlicher Rahmenbedingungen[26] ihren Kenkey ebenso hergestellt wie zuvor, die Preise sind gestiegen, der Geldwert ist gesunken, der Mais war mal knapp und mal reichlich, die Familienverhältnisse haben sich verändert, manche der Kinder sind inzwischen aus dem Haus, andere Neffen und Nichten neu dabei, Freundschaften haben sich gebildet[27] und wechseln sich ab.[28]

Historische Quellen, Interviews und Feldforschung haben einen großen Vorteil: sie haben einen Anfang und einen Schluß. Das erleichtert die Aussage. Der miterlebte Alltag zieht die gestern noch 'gesicherte' Erkenntnis heute schon in Zweifel, er hat eben kein Ende. Deshalb will ich mich mit wenigen Anmerkungen begnügen.

Im Januar 1986 fragte ich Ellen, Tsotso und Frieda bei einem unserer Treffen, wie sie den Erfolg ihrer Gruppe selbst einschätzen: "Wir müssen bei der Maishändlerin nicht mehr auf Kredit kaufen, deshalb ist unser Einkommen höher. Wir hatten

---

[26] 1983, in der großen Not, da hatte der Kenkey eine Schlüsselfunktion für die Ernährung großer Teile der Bevölkerung, vier Jahre später und unter dem Einfluß einer liberalen Importpolitik taucht plötzlich unvermutete moderne Konkurrenz auf. Seit Anfang 1987 verkauft Frieda ihren Kenkey noch an einer zweiten Schule, das Geschäft ist zurückgegangen, denn in letzter Zeit kommen junge Burschen auf Fahrrädern daher und verkaufen Eislollies aus einer Styroporbox. Die Kinder kaufen lieber Eis und verzichten auf ihr Kenkeyfrühstück. Von hier bis zum Junk-Imbiß scheint es nicht mehr weit. Im nigerianischen *Guardian*, Lagos, vom 6.11.1983 fand ich unter der Überschrift "Fast Foods taking over" die Beschreibung: " A man in a hurry picks up a meat pie for 90 Kobo or a hamburger for 1 Naira and washes it down with a coke. That keeps him going until the evening." In Ghana kann sich das bislang kein Arbeiter leisten, aber dennoch: ist das die Zukunft der Kenkeyfrauen? Vgl. auch Jones, W. O.1972. *Marketing Staple Food Crops in Tropical Africa.*Ithaca. S. 32 f.

[27] "Gestern wollte ich von Tsotso ein paar Okro kaufen. Sie hatte von ihrer Farm welche mitgebracht. Aber Tsotso hat sie mir geschenkt, neulich sogar ein paar Tomaten. Jetzt sind wir Schwestern." (Ellen im Januar 1986).

[28] "Weißt Du, die *Ga* hängen zu sehr am Geld. Sie sind schlau. Tsotso redet und klagt viel. *Ga*- Frauen erzählen nicht die Wahrheit. Wann immer ich Tsotso besuche, ist sie dabei, große Mengen Kenkey herzustellen, ich schätze mal für mindestens ¢ 3.000,- am Tag. Ein Handkarren fährt den Kenkey zum Markt, die Last ist zum Tragen zu schwer. Aber sie klagt dennoch." (Ellen im März 1987).

Eine Maishändlerin

Rühren des Teigs

Frieda an ihrem Verkaufsplatz

Abb. 6 Alltag in Madina

ein gemeinsames Problem und das haben wir gemeinsam gelöst. Wir wollen weitermachen." Das gilt auch so, dennoch fällt mir auf: die Frauen benutzen das Geld der Genossenschaft zwischenzeitlich immer häufiger, um einzeln Mais einzukaufen. Dadurch verzögern sich die gemeinschaftlichen Einkäufe.

Die Frauen schätzen mich weiterhin als Kontrollinstanz, als Aufsicht. Ich soll dabei sein und Buch führen. Im wahrsten Sinne des Wortes eine doppelte Buchführung, denn Godwin (Friedas Mann) erledigt die Arbeit sorgfältig. Solange die Frauen solche Treffen nicht alleine durchführen und die Einkaufsfahrten nicht wieder regelmäßiger und häufiger planen, zweifle ich, ob die Einkaufsgenossenschaft auf längere Sicht Bestand haben wird. Die Frage, ob die Kenkeyfrauen auch in Zukunft die Vorteile gemeinsamen Einkaufs nutzen werden, hätte ich vor einem Jahr mit größerer Bestimmtheit bejaht.

Die Einblicke in ihr Leben haben mir verdeutlicht, wie flüchtig und rasch veränderlich die äußeren Bedingungen ihrer Existenz sind. Stabil sind nur zwei Grunddaten: sie sind Teil eines Netzes von Verwandtschaftsbeziehungen und sie kochen Kenkey für ihren Lebensunterhalt. Alles andere ist flüchtig: ihre Verkaufsplätze, die Größe ihres Geschäfts, die Zusammensetzung ihres Haushalts oder Betriebs. Aus familiären Anlässen stellen sie das Kenkeykochen heute ein und nehmen es kurze Zeit später wieder auf. Eine Genossenschaft paßt im Grunde nicht zu dieser Form sozialer Organisation. Ihre traditionellen Spar- und Kreditvereine sind dagegen in ihren Alltag verwoben und den 'Economies of Scale' adäquat: mit Susu kann man jeden Tag anfangen und jeden Tag wieder aufhören. Zu einer Genossenschaft gehört auch ein Schuß formalen Denkens, etwa die Unterscheidung zwischen *mein* und *unser*. Ganz selbstverständlich nehmen sie das Geld der Genossenschaft und kaufen davon auf eigene Rechnung ein, wenn die Gelegenheit günstig ist.

In der Zusammenarbeit, so dachte ich, dürften sich manche tribale Vorurteile auflösen, das hat sich nicht bestätigt. Zwischen den beiden *Ewe* -Frauen, Ellen und Frieda, und den beiden *Ga* -Frauen, Tsotso und Cecilia, und mit diesen vier habe ich hauptsächlich zu tun, tauchten immer wieder Klüfte auf, die Kirchenzugehörigkeit mag das noch verstärkt haben. Von Frieda sagt Ellen: "Frieda und ich dienen demselbem Gott. Wir sind wie Schwestern, wir sind eins. Deshalb verstehen wir uns in allem." Und von Tsotso: "Den *Ga* traue ich nicht so recht. Tsotso bringt das Geld nie von alleine. Sie ist eben *Ga*. Du hast doch auch Deine Erfahrungen in Labadi gemacht."[29]

Mein Begriff vom Wirtschaften unterscheidet sich deutlich und nachhaltig von

---

[29] Tatsächlich ist der Versuch, eine ähnliche Einkaufsgenossenschaft in Labadi aufzubauen, an mangelndem Interesse und/oder Verständnis für die Idee rasch gescheitert.

dem der Kenkeyfrauen, am meisten vielleicht von dem der *Ga*-Frauen, nicht nur in Madina, sondern auch in Labadi. Sie leben in einer kulturellen Identität, die um Jahrzehnte, wenn nicht um ein Jahrhundert hinter der heutigen ghanaischen Wirklichkeit hinterherhinkt. Tsotso zum Beispiel, die alle unsere Berechnungen mitgemacht und den Vorteil am eigenen Leib gespürt hat, geht in der Regenzeit jeden dritten Tag auf ihre Farm, die kilometerweit außerhalb von Madina liegt. Sie baut dort Okro an und verkauft ihn. Okro gibt es in der Regenzeit im Überfluß. Sechs Finger Okro bringen ¢ 10,-, so viel wie ein kleiner Kenkeykloß. - Dabei wissen die Frauen mit Geld umzugehen. In all den Jahren hat nie ein Pesewa gefehlt. Der durch den Maiseinkauf erzielbare Vorteil war ihnen rasch klar. Bei so hart arbeitenden und genau rechnenden Frauen des produzierenden Kleingewerbes hätte ich in der Folge eine klarere Orientierung erwartet. Die blieb aus. Der Zusammenschluß bietet zwar Vorteile, aber daraus folgt noch lange nicht, man müsse diese ständig in Anspruch nehmen. Er bietet eine Verhaltensmöglichkeit neben anderen. Die 'Genossenschaft' kann auch getrost eine Weile ruhen, man kann sie ja wiederbeleben.

Kenkey herzustellen ist eine monetarisierte Form der Subsistenzwirtschaft, so paradox das auch klingt. Die Frauen wickeln den Einkauf von Mais, Feuerholz, Papier und anderer Zutaten zwar in Geld ab, und sie rechnen auch nur in Geldeinheiten: "ich habe heute für ¢ 800,- verkauft", aber das Ziel ist, die Familie zu ernähren. Der eigentliche Verdienst ist die physische Subsistenz der Angehörigen, wird nur als Verdienst gar nicht wahrgenommen. Deshalb war die Frage nach dem Eigenverzehr tabu. Auch ganz verständlich: Verdienst ist, was beim Geschäft übrig bleibt. Der Kenkey blieb nicht übrig, er war schon verzehrt.

4.8 Staatliche Vorstellungen

Der ghanaische Staat hat in den vergangenen Jahrzehnten auf zwei Ebenen Maßnahmen bedacht oder propagiert, die die Kenkeyherstellung unmittelbar berührten. Er wollte im Herstellungsprozeß Innovationen einführen und beim Mais den Zwischenhandel ausschalten, um stattdessen Kenkeygenossenschaften mit Mais zum Kontrollpreis zu versorgen und die städtische Arbeiterschaft mit einem billigen Grundnahrungsmittel. Keine dieser Maßnahmen hat gegriffen. Es wäre müßig, den Grund dafür allein in der Trägheit der Institutionen zu suchen, die sie umsetzen sollten. Die Erfahrungen aus Madina legen nahe, sie gingen am sozialen Kern des Kenkeygeschäfts vorbei.

Mechanisierung

In den sechziger Jahren gründete die ghanaische Regierung ein eigenes Food Research Institute, neben den bereits bestehenden in Sudan und in Senegal das dritte in Afrika. Das Institut warf im Geiste der industriellen Nahrungsmittelproduktion alle Energie auf die Forschung zur Herstellung von Konserven. Die Tatsache, daß im Jahr 1964 ein Kenkeyprojekt vorgeschlagen wurde, darf deshalb als ein mutiges Aufmucken gegen den Zeitgeist gelten, ging es doch um ein traditionelles und deshalb schon minderwertiges Nahrungsmittel, das im Vergleich zu Tomatenpüree oder Mangosaft (für den Export) besonderer gedanklicher oder finanzieller Investitionen kaum wert schien. Die Mitarbeiter des Food Research Institutes untersuchten die Ökonomie der Kenkeyherstellung und kamen zu dem Ergebnis: "Mechanisierung scheint die einzige Anwort"[30]. Sie empfahlen, ein Rührwerk zu entwickeln, wie man es in Bäckereien benutzt, um den Teig zu kneten; eine Maschine zum Schneiden und Formen des Teigs zu entwerfen, um die zeitaufwendige Arbeit des Klöße-Formens zu verkürzen und um das Gewicht der Klöße zu vereinheitlichen.[31] Als unproduktivsten, weil zeitaufwendigsten Arbeitsschritt erkannten sie das Einwickeln der Klöße. Die dazu benutzten Maisblätter widersetzten sich jeder mechanisierten Verarbeitung. Durchsichtige Plastikfolie verwarf man bald wieder, der Kenkey schmeckte darin fad und sah unattraktiv aus. Ein Material aus den gewobenen Fasern des Maishalms zu entwickeln oder ein festes Baumwolltuch notfalls strohfarben einzufärben blieben Ideen auf dem Papier.

Das Projekt ist längst vergessen, "selbst die Herstellung von Corn Flakes hätte damals mehr Aufmerksamkeit genossen als Kenkey", sagte mir der seinerzeit zuständige Projektleiter.[32] Niemand im Food Research Institute mag heute an das Projekt erinnert werden, dabei trafen einige der Ideen durchaus den Kern der Sache und manch anderer Vorschlag, etwa der, einen energiesparenden Ofen mit einem Rauchabzug zu entwickeln, war seiner Zeit voraus. Dennoch trafen sie alle nur den technischen Kern und gingen am sozialen und wirtschaftlichen in der irrigen Annahme vorbei, es ginge darum, Arbeitskraft einzusparen. Gerade die ist in diesem Gewerbe der vielen Hände im Überfluß vorhanden und insbesondere bei den Arbeiten, die keine Kraft, sondern Geschicklichkeit erfordern, also beim Einwickeln der Klöße.

Ich selbst habe zu Anfang auch immer wieder gedacht, warum müssen die Frauen die schwere Arbeit des Rührens und Knetens mit der Hand verrichten? Nur was helfen solch humanitären Überlegungen? Kenkey herzustellen ist das Gewerbe der Frauen ohne Kapital. Die Frauen befinden sich auf einer Art sozialer

---

[30] Dei-Tutu, John. 1965. S. 9. Vgl. ebenso Lartey, B. L. 1967. *Evaluation of the Kenkey Production Project*. Accra: Food Research Institute.

[31] Dei-Tutu, John. 1965. S. 12: "Through this means balls of uniform weights could be produced and the process would be considerably speeded up".

[32] Interview mit J.E.M. Bartles, Research Officer am Food Research Institute, am 24.2.1987.

Wanderschaft, sie betreiben ihr Gewerbe mal hier, mal dort oder greifen in Notzeiten darauf zurück. Die *Terms of Trade* ihres traditionellen Gewerbes der kleinen Preise haben sich gegenüber dem modernen Sektor allein in den Jahren meiner aktiven Beobachtung um mehr als 50% verschlechtert. So frage ich mich, was wohl aus der im März 1986 angekündigten (und bis heute nicht auf den Markt gekommenen) Maschine wird, die in der Stunde 2.000 Kenkeyklöße herstellen soll.[33]

Ausschaltung des Zwischenhandels

Den Spar- und Kreditvereinen der Goldküste setzte die britische Kolonialregierung den Genossenschaftsgedanken entgegen, insbesondere, um der permanenten Verschuldung der Bauern beizukommen.[34] "Die Briten waren nur am Kakao interessiert. Die Genossenschaften dienten ihnen ausschließlich dazu, die Kakaoproduktion anzukurbeln. Später, in den 1940er Jahren, begannen die Genossenschaften sich auch in anderen Berufszweigen auszubreiten."[35] Um Knappheitslagen zu beheben und die knappen Güter gerechter zu verteilen, belebte die ghanaische Regierung die Genossenschaftsidee in den 1960er und 1970er Jahren. Als wir 1984 die Madina-Genossenschaft eintragen ließen, gab es bereits mehr als 12.000 in dem Register.[36] Wie viele davon Kenkey produ-

---

[33] "The Farmers Services Company (FASCOM) is soon to put on the market automated kenkey producing machines which will turn out 2.000 balls of kenkey an hour". *People's Daily Graphic*. Accra. März 1986. - Chuta, Enyinna; Liedholm, Carl. 1985. *Employment and Growth in Small-Scale Industry: Empirical Evidence and Policy Assessment from Sierra Leone*. A study prepared for the ILO. S. 132f.: "If the current costs of producing a metal/iron wood-firing rotary peel oven prototype would be prohibitive, the then traditional labour-intensive technique continues to be the most appropriate though suboptimal method of producing bread in rural areas of Sierra Leone." Und das dürfte auch der Grund dafür sein "...that very slow progress has been made in the continent in producing bakery equipment prototypes such as improved brick ovens, dough brakes, mixers etc." Ebd. S.130.

[34] Shephard, C. Y. 1936. *Report on the Economics of Peasant Agriculture in the Gold Coast*.Ordered by his Excellency the Governor to be printed. Gold Coast. S.45: "The Royal Commission stated that, we have no hesitation in recording our belief that the greatest hope for the salvation of the rural masses from their crushing burden of debt rests in the growth and spread of a healthy and well-organised co-operative movement based upon the careful education and systematic training of the villagers themselves".

[35] Interview mit Paul Nartey, Education and Training Officer, Department of Co-operatives in Accra, am 30. 9. und 8. 10. 1985.

[36] Eine ganz andere Frage ist, wie viele davon als Genossenschaften arbeiten. "When you registered the Madina Co-operative, it received the number 12.250. In other words, at the time of your registration 12.250 co-operatives had been registered, some are alive, others are dormant, the third group are non-existent, they are only having their certificates at home. If

zieren, ließ sich nicht feststellen. In Labadi hatte ich die Frauen nach ihren Erfahrungen mit Genossenschaften gefragt, sie waren kurzlebig und ohne Bedeutung geblieben.

Die Kenkeyfrauen konnten nur zu einem Zeitpunkt Interesse daran entwickeln, Einkaufsgenossenschaften zu gründen, als nämlich die staatliche *Ghana Food Distribution Corporation* (GFDC) nach ersten fehlgeschlagenen Versuchen, über *Passbooks* die Maisverteilung an individuelle Kenkeyherstellerinnen zu steuern[37], der *Kenkey Makers' Association* Anfang der 1980er Jahre vorschlug, die Frauen sollten sich in Einkaufsgenossenschaften zusammenschließen, die den Mais zum Kontrollpreis beziehen könnten. Die GFDC war nicht einmal imstande, den Bauern im erwünschten Umfang den Mais abzukaufen.[38] Beim Weiterverkauf haben die Funktionäre jedoch den entscheidenden Punkt übersehen: der Mais ist in barer Münze zu bezahlen und Geld hat die überwiegende Zahl der an Kreditkäufe gewöhnten Frauen nicht.

---

you want to identify them you will only find one or two who used to be members. We used to have the figures for Greater Accra. Today there may be more than 300 co-operatives in our region. This relatively large number is due to double and triple registration." Interview with Mr. Paul Nartey, Department of Co-operatives. 30.9.1985.

[37] Vgl. *Report of the Commission of Enquiry into Trade Malpractices in Ghana.*Accra, August 1965. S.40 f. Das *passbook* ist eine Erfindung der kolonialen Handelsgesellschaften. Sie erweiterten ihre Vertriebsnetze über die eigenen Niederlassungen hinaus, indem sie über Land ziehende Händlerinnen mit einem *passbook* ausstatteten, das den Überbringer zum Bezug bestimmter Warenmengen und/oder ggf. zu einem Sonderrabatt berechtigte. Das *passbook* -System behielt der Großhandel in der nachkolonialen Zeit bei, um den Vertrieb an die Einzelhändlerinnen zu steuern.Auf einem Markt mit knappem Angebot an Gütern wurden die Berechtigungsscheine selbst zum Handelsgegenstand. Bei der *Ghana Food Distribution Company* konnten die Kenkeyfrauen sich aufgrund eigener Angaben eintragen lassen. Sie erhielten ein *passbook*, das sie berechtigte, alle vierzehn Tage einen Sack Mais zu beziehen. Die Bürokratie war zu schwerfällig, sie konnte den Rhythmus nicht aufrechterhalten und stellte Ende 1980 das Verteilungssystem wieder ein.

[38] Zu jeder Erntesaison finden sich die gleichen Klagen, wie etwa am 24. 9. 1986 im *People's Daily Graphic* abgedruckt: "Maize farmers in the Brong Ahafo Region are reluctantly selling their produce to middlemen at between ¢ 1.300,- and ¢ 1.500,- per maxi-bag instead of the government's minimum guaranteed price of ¢ 2.500,-...The farmers explained that the unfortunate situation has arisen as a result of the inability of the Ghana Food Distribution Corporation (GFDC) to supply them with sacks to bag the maize for purchase. Unlike the GFDC the middlemen have in stock abundant sacks and the farmers are therefore compelled by circumstances to sell the maize to them to enable them to meet certain expenses including paying school fees now that schools are about to open."

5 Zwei Lebensgeschichten von Kenkeyfrauen

5.1 Ellen Tamakloe[1]

Kindheit

Als ich 1927 geboren wurde, war mein Vater Lehrer in Keta. Ich war das letzte gemeinsame Kind meines Vaters und meiner Mutter. Sie hatten nur zwei Kinder miteinander. Nach meiner Geburt verließ meine Mutter meinen Vater. Sie trennten sich. Ich war schon zehn Jahre alt, als ich meinen Vater das erste Mal sah. - Mein Vater heiratete eine andere Frau, sie hatten sechs Kinder zusammen. Insgesamt hatte er zehn Kinder von drei verschiedenen Frauen. Meine Mutter heiratete auch wieder. Sie gebar noch neun Kinder. Drei starben früh, sechs blieben am Leben. - Mein Vater schlug meine Mutter viel, deshalb verließ sie ihn. Er war stark und ließ sich von niemanden etwas sagen. Er war von allen gefürchtet. Wenn man nicht vorsichtig war, gab es Krach. Die Eltern meiner Mutter waren schon tot, so hatte sie niemanden, der für sie sprechen konnte. Mein Vater verstand nichts. Der Mann war ein Trinker. Damals ging er nach der Schule immer einen trinken.

Meine Mutter verrichtete alle Arbeit im Haus, eine Hilfe hatten wir nicht. Daneben stellte sie *Abolo* und *Kakloe* her und verkaufte sie. Geld gab es wenig. Lehrer waren schlecht bezahlt: 1 Pfund, 20 Schillinge im Monat. Als Lehrer ließ sich nichts verdienen, man konnte nicht davon leben. Meine Mutter war noch ziemlich jung, vielleicht um die 30, als sie sich trennten. Mit meinem älteren Bruder und mir ging meine Mutter nach Koforidua. Dort lebte ihr Onkel, der Bruder ihres Vaters. Deshalb zog sie dorthin. In Koforidua traf sie ihren zweiten Ehemann. Er war ein Vetter zweiten Grades von ihr: der Sohn einer Schwester ihres Vaters. Der Mann arbeitete bei der Post, in einem Dorfpostamt einige Meilen außerhalb von Koforidua. Wir blieben also nicht bei unserem Onkel wohnen, meine Mutter zog mit uns in dieses Dorf.

Ich war zwei Jahre alt, als meine Tante kam und mich nach Akuse mitnahm. Akuse liegt in der Nähe von Kpong, rechter Hand auf dem Wege nach Ho. Dort baut man Zuckerrohr an. Meine Tante ist die Schwester meiner Mutter. Sie nahm mich zu sich, weil meine Mutter zu der Zeit schwanger war.

Ich war, daran kann ich mich erinnern, ziemlich dickköpfig. Ich blieb nicht im Haus. Ich spielte immer mit anderen Kindern draußen, weil meine Tante regelmäßig in ein anderes Dorf ging, um dort Kochbananen zu kaufen, mit denen sie

---

[1] Ellen Tamakloe hat mir zwischen Mai und Juli 1985 in zehn Abschnitten ihre Lebensgeschichte erzählt. Die folgenden Auszüge umfassen etwa ein Drittel davon.

handelte. Wann immer sie zurückkam, mußte sie nach mir suchen und mich nach Hause bringen. Ich war meist bei ihrer Großmutter. Wenn ich etwas angestellt hatte, bestrafte mich meine Tante, und ich rannte weg. Wenn sie nicht aufpaßte, blieb ich bis zum nächsten Tag fort und schlief anderswo.

Ich lebte zwei Jahre lang bei meiner Tante, bis meine Mutter kam und mich wieder in das Dorf in der Nähe von Koforidua mitnahm, wo sie zusammen mit ihrem Mann lebte. Ich hielt meinen Stiefvater für meinen wirklichen Vater, ich wußte nicht, daß ich einen anderen Vater hatte. Ich hatte immer Wunden an Armen und Beinen, mein Stiefvater verband sie mir. Eines Tages stand jemand neben ihm und sagte: jetzt kümmerst Du Dich um das Kind, irgendwann wird ihr Vater kommen und sie fortnehmen. Ich hörte es, sagte aber nichts. Ein anderes Mal, als ich meine Mutter ärgerte, sagte sie zu mir, paß auf, sonst verhau ich dich. Und ich sagte zu meiner Mutter: Du willst das Kind von einem anderen schlagen? Sie fragte mich, wer außer mir hat dich denn geboren? Ich sagte, Du und ein anderer. Ich muß damals fünf Jahre alt gewesen sein. Von dieser Zeit an drängte ich meine Mutter, mich zu meinem Vater zu bringen.

Eines Tages hörten wir, mein Bruder Allen sei in Accra schwer erkrankt und liege im Krankenhaus. Allen lebte bei meinem Vater. Meine Mutter fuhr nach Accra und als sie zurückkehrte, gab ihr mein Vater ein Stück Tuch mit, um daraus zwei Kleider für mich nähen zu lassen. Von da an wußte ich, mein Vater lebt irgendwo, und vom gleichen Tage an fragte ich mich, wie ich zu meinem Vater kommen und die Schule besuchen könnte. Davon träumte ich immer.

Mit meinem Stiefvater war es nicht einfach. Er stritt zuweilen mit meiner Mutter, dann lief ich fort. Wenn sich der Streit gelegt hatte, suchten sie nach mir. Manchmal, wenn er mich nach Hause gebracht hatte, lief ich wieder weg. Ich erinnere mich, eines Tages, als er mich erwischt hatte, trat er mich, und trat mich noch, als ich schon auf dem Boden lag. Aber am folgenden Tag hatte er Schmerzen. Er konnte nicht aufstehen. Er hatte mich wie einen Fußball getreten, aber am nächsten Tag fühlte ich nichts und er hatte die Schmerzen. Ja, wir wurden hart geschlagen. Das war der Charakter dieses Mannes. Meine Mutter schlug er auch immer.

Mein Stiefvater wollte nicht, daß ich zur Schule gehe, aber ich wollte gerne gehen. Selbst seine eigenen Kinder schickte er nicht zur Schule. Als meine Mutter meine Stiefschwester zur Schule schicken wollte, sagte er, sie solle sich erst um die Kinder aus seiner früheren Ehe kümmern, bevor meine Stiefschwester zur Schule gehen könne. Diese Schwester ist nie zur Schule gegangen, sie ist heute 50 Jahre alt und ist Analphabetin. Meine Mutter war vier Jahre lang in der Schule. Sie kann ihren Namen schreiben. Sie hat eine sehr schöne Handschrift und liest

Ewe, sie liest die Bibel und die Kirchenlieder in Ewe. Mein Stiefvater war ein böser Mann. Der Gedanke an diesen Mann ließ mich lange Zeit nicht heiraten.
Wenn ich an ihn dachte, wollte ich überhaupt nicht heiraten.

Eines Tages fuhren wir mit meiner Mutter nach Accra, um ihren Bruder zu besuchen. Meine Mutter, mein kleiner Stiefbruder, ihr zweitgeborener Sohn, und ich.
Wir kamen an einem Samstag an. Am Montag war das Baby tot. Bevor wir nach
Accra kamen, war es noch gesund gewesen. Meine Mutter und ihre Tante brachten das tote Kind zum Vater nach Koforidua zurück. Ich sagte meiner Mutter, ich
wolle zu meinem Stiefvater nicht zurückgehen, und wenn sie mich zwänge, würde ich weglaufen. Sie fuhren also alleine, um das Baby zu beerdigen, und ließen
mich bei meinem Onkel in Accra zurück. Als meine Großmutter, ich nannte sie so
- sie ist die Tante meiner Mutter, meiner Mutters Mutter Schwester - von der Beerdigung zurückkam, nahm sie mich nach Dabala in der Voltaregion mit. Ich war
damals acht Jahre alt. Meine Großmutter ließ mich auch nicht zur Schule gehen,
obgleich ihre eigenen Kinder zur Schule gingen. Meine Großmutter lebte mit
ihrem Mann und ihren Kindern in Dabala. Dort unterhielt ihr Mann die UAC-Niederlassung [United Africa Company]. Meine Großmutter fuhr immer nach Accra,
um Stoffe zu kaufen, nicht nur für das Geschäft ihres Mannes, sie kaufte und verkaufte auch auf eigene Rechnung. Bei ihr lebte ich zwei Jahre lang.

In Dabala traf ich einen meiner Onkel, einen Bruder meines Vaters. Ich ähnle
meinem Vater. Als meines Vaters Bruder mich sah, dachte er gleich, ich sei die
Tochter seines Bruders. Er fragte nach und man sagte es ihm. Wir sind eben alle
verwandt. Mein Vater und meine Mutter stammen aus der gleichen Familie. Mein
Onkel sagte dem Mann meiner Großmutter, er möge meinem Vater ausrichten, er
solle mich zu sich nehmen.

Eines Tages fuhr ich mit meiner Großmutter nach Whuti, unserer Heimatstadt, der
Stadt der Tamakloes. Wir wollten Verwandte besuchen. Schon früh am nächsten
Morgen kamen mein Vater und zwei meiner Onkel, seine älteren Brüder, die ich
schon von früher kannte, zu uns. Ich weiß nicht, woher sie wußten, daß wir dort
waren. Meine Großmutter lag noch im Bett. Ich rief sie. Ich kannte nur meine Onkel. Sie fragten mich, wer mein Vater sei. Ich zeigte auf einen meiner Onkel, und
da sagten sie mir, dies ist dein Vater. Ich war froh, meinen Vater zu sehen, denn
ich hatte mir immer gewünscht ihn eines Tages zu sehen. Er war auf Urlaub von
Likpe, dort war er zu der Zeit Lehrer. Dann saßen meine Onkel mit meinem Vater
und meiner Großmutter zusammen und redeten und redeten.

Mein Vater sagte meiner Großmutter, er nehme mich mit nach Likpe, sie sagte
aber, ich solle bei ihr bleiben. Dann sagte mein Vater, ich solle wenigstens zwei
Wochen mit ihm zusammen sein, bevor ich zu ihr zurückkehrte. Am gleichen Tag
fuhr ich mit ihm nach Keta. Dort wohnten wir eine Woche lang bei seinem Bruder.

Ich sagte meinem Vater: ich gehe nicht zur Großmutter zurück. So fuhren wir zusammen nach Likpe zu seiner zweiten Frau und ihrem Kind. Ich mochte den Gedanken, weil ich unbedingt zur Schule gehen wollte.

Meine Mutter wußte davon nichts. Sie lebte noch immer in Koforidua. Wir fuhren also nach Likpe und am Tage drauf begann mein Ärger mit meiner Stiefmutter. Solange ich bei meiner Mutter und bei meiner Großmutter gelebt hatte, mochte ich nie das Wasser vom Fluß holen. Ich holte das Wasser nur in Flaschen, damit es nicht zu schwer war, ich trug immer nur kleine Mengen. Aber jetzt mußte ich Wasser tragen gehen. Wir benutzten Petroleumkanister und ich mußte sie vollfüllen, zweimal am Tag hatte ich vier Gallonen zu tragen, und der Weg war eine halbe Meile lang.

In Likpe gab es keine Verkehrsmittel, nur einen Lastwagen von Likpe nach Hoe-Hoe, der aber nicht immer fuhr. Wenn wir nach Hoe-Hoe mußten, dann liefen wir die neun Meilen zu Fuß. Damals gingen die meisten Leute zu Fuß. Manchmal, wenn ich Hunger hatte und Essen im Hause war, durfte ich doch nichts davon nehmen, die Frau erlaubte es nicht. Manchmal erzählte sie meinem Vater Geschichten und er verprügelte mich, obgleich ich gar nichts getan hatte. - Meine Stiefmutter hatte ein Kind, bevor sie meinen Vater heiratete. Bald nach meiner Ankunft gebar sie das erste Kind von meinem Vater, 1938 das zweite. Ich lebte bei meinem Vater und meiner Stiefmutter neun Jahre lang, bis 1946.

Im Hause meiner Großmutter war ich fast die ganze Zeit mit Schulkindern zusammen gewesen und hatte von ihnen nebenher viel gelernt. Mein Vater war der Leiter der Schule in Likpe. Wenn er mich etwas fragte, wußte ich immer die Antwort. In Likpe ging ich sofort zur Schule. Ich war zehn Jahre alt. Zuerst ging ich sechs Monate lang in die zweite Klasse, dann übersprang ich eine Klasse. Ich war gut in der Schule, ich war die zweitbeste.

Ich war sehr ernsthaft mit dem Lernen. Mein Vater schlug mich, wenn ich etwas nicht wußte. Um Ärger zu vermeiden, spielte ich nicht. Ich lernte Tag und Nacht, abends bei der Petroleumlampe. Damals gab es in Ghana noch kein elektrisches Licht. Ich mußte früh morgens aufstehen, das heißt um fünf Uhr oder vier Uhr, manchmal auch schon um drei Uhr. Ich hatte das Haus zu fegen, bevor ich das Frühstück machte, reife Kochbananen oder *Ampesi*, das ist gekochter Cocoyam oder Yam. Wir schneiden den Yam in sehr kleine Stücke und kochen ihn zusammen mit Fisch, darüber gießt man Palmöl. Manchmal gab es auch Porridge. Zum Trinken gab es immer nur Wasser, nichts anderes.

Vor der Schule mußte ich immer Wasser holen und am Nachmittag wenn ich zurückkam, gegen vier Uhr, noch einmal. Die Schule endete um zwölf Uhr und ging am Nachmittag noch einmal von zwei bis vier Uhr. Mittags kochte ich das Essen, meist Banku, und damals gab es noch keine Kornmühlen. Wir mußten den Mais mit einem Stampfer in einer sehr großen Schüssel zerstoßen, vier von uns arbeiteten im Rhythmus zusammen: gun-gun, gun-gun, gun-gun. Wenn wir Mais zu Teig verarbeiteten, nahm ich einige von den Schulmädchen dazu. Ich konnte sie rufen, weil mein Vater der Schulleiter war. Wir mahlten dann den Schrot auf einem Stein, bis er geschmeidig war, und machten daraus Banku. Manchmal stampften wir Fufu oder Ampesi oder Gari.

Gari mag ich überhaupt nicht, besonders wenn man nur heißes Wasser darauf gießt und sonst nichts dazu ißt. Davon werde ich nicht satt, da bin ich nach dem Essen noch hungrig. Aber Banku mag ich gerne. Wir bereiten ihn heute noch genauso zu wie damals in Likpe. Man nimmt einen Teil Maisteig und vermengt ihn mit einem Teil Cassavateig - halbe, halbe. Man gießt Wasser dazu und rührt den Teig mit einem Stock über dem Feuer. Wenn die Masse dick wird, nimmt man sie vom Feuer und tut kleine Portionen in eine Kalabasse. Dann schwenkt man sie, bis die Portion eine schöne runde Form hat. Wir Ewe nennen das *Akple,* die Ga nennen das Banku. In meiner Kindheit aßen wir keinen Kenkey. Wir sind *Anlogs,* wir aßen Akple, Abolo oder *Yakayake.*Das Meer hat einen großen Teil von Keta weggespült, deshalb leben heute viele Anlogs in Accra, wo die Ga leben und manche von ihnen haben sich daran gewöhnt, Kenkey zu essen. Zu unserer Zeit aßen wir keinen Kenkey, nur die Ga aßen Kenkey. Man konnte auch Brot kaufen. Die Briten führten das Weißbrot ein. Ein großer Laib Brot kostete einen Penny, ein Abolo kostete einen halben Penny. Im Vergleich zu Abolo war Brot billig, aber normalerweise aßen wir kein Brot. Yam war billig, vier Stück kosteten einen Schilling, sechs Pence. Mein Vater hatte eine Yamfarm in Likpe. Damals gab es überhaupt viele Nahrungsmittel. Man konnte auf anderer Leute Felder gehen und jede Menge abernten, zuweilen sogar ohne zu bezahlen. Die Leute gaben es ohne Bezahlung, wenn man nur ging und erntete. Niemand hungerte, niemals. Und die Regenzeiten waren gleichmäßiger.

In den 1940er Jahren konnte man für den Gegenwert von einem Cedi genug Mais kaufen, um fünf Tage lang Abolo zu kochen. Das Brennholz kostete in der Woche nicht mehr als 20 Pesewas. Ich kann nicht sagen, meinen Eltern ging es besser als uns heute, weil alles von der jeweiligen Zeit abhängt. Ihre Lebensumstände und unsere heute sind mehr oder weniger die gleichen.

Wir verließen Likpe 1939. Mein Vater wurde nach Keta zurückversetzt. Seit ich bei meinem Vater lebte, hatte ich meine Mutter nicht gesehen, nicht ein einziges Mal. Zuweilen, wenn jemand aus der Familie starb, erschien sie zur Beerdigung, aber ich hatte meine Mutter seit fast vier Jahren nicht gesehen. Weil ich nicht bei ihr lebte, machte ich mir nichts daraus. Aber ich wußte immer, daß meine Mutter dort in Koforidua lebte. Ich schrieb ihr, aber in meinen Briefen beschwerte ich mich nie über meine Stiefmutter. Ich bat nur um irgendetwas: um Ohrringe, Halsketten oder Kleider. Und wenn jemand aus Koforidua kam, sandte sie mir Geschenke. Einmal schickte sie mir parfümierten Puder.

In Keta ging ich zur Mittelschule. Ich beendete die dritte Klasse und begann mit der vierten. 1944 hätte ich mit der siebten Klasse die Schule abschließen können, aber mein Vater erkrankte schwer, und ich versorgte ihn im Krankenhaus in Lomé. Ich verbrachte mehr als ein Jahr mit ihm in Togo, ohne zur Schule zu gehen. In Keta lebten wir im Hause der Mutter meines Vaters. Ich hatte ein Zimmer für mich alleine. Mein Vater mochte mich sehr. Wäre meine Stiefmutter nicht gewesen, hätte es ihm nichts ausgemacht, wenn ich etwas falsch machte.

Ich kümmerte mich weiterhin ums Kochen, Waschen, Wasserholen und um die Kinder. Weil sich niemand recht um mich kümmerte, übernahm ich jede Arbeit, um etwas Geld für mich zu erwirtschaften. Manchmal strickte ich Socken und Pullover oder bestickte Tischdecken. Die Leute fragten mich, ob ich solche Arbeiten für sie übernehmen könnte. Ich verkaufte auch *Doughnuts* und *Kellewele*. Ich tat alles, was ich tun konnte. Wenn ich jemanden bei einer Arbeit zusah und selbst lernen wollte, wie das ging, schaute ich es ihm ab, ging nach Hause und übte es.

Wir brauchten immer viel Salz. In meiner Kindheit war Salz nicht teuer. Wir holten unser Salz aus der Keta-Lagune. Wer einmal in Keta gewesen ist, weiß, wie groß die Lagune ist. Während der Trockenzeit steht die Lagune nicht unter Wasser und es gibt einige Plätze, an denen man feines, weißes Salz findet. Es ist natürliches Salz, und ich mag den Geschmack gerne. In meiner Schulzeit sammelten wir das Salz ein. In jener Zeit kosteten zwei große Schüsseln voll drei Pence. Aber wenn die Lagune in der Trockenzeit nicht richtig austrocknete, dann gab es kein Salz. Wenn es immerzu regnet, dann kann man kein Salz holen, aber man hat stattdessen Fisch, entweder Fisch oder Salz.

1946, das Jahr in dem ich die Schule verließ, gab es eine außergewöhnlich gute Salzsaison. Wir sammelten es für die Lehrer, für die Schule, in Mengen. Nachmittags gingen wir zur Lagune. Man brauchte nur einen kleinen Handfeger, fegte es zusammen und tat es in eine Schlüssel. Aber bevor man die Salzlöcher erreichte, war man schon sehr, sehr durstig. Man mußte Wasser mitnehmen, dort draußen gab es nichts zu trinken. Die Sonne brannte. Da gab es keinen Schutz, man fand keinen Schatten. Um einen herum war alles weiß und glänzend. Das Salz war nicht gut für meine Augen. Abends brannten meine Augen und meine Füße. Das Salz zerschnitt die Füße. Schuhe konnte man nicht tragen, weil man durch das Salz in dem Schlamm einsackte. Auf dem Rückweg trugen wir das Salz in großen Schüsseln auf dem Kopf, da hieß es genau aufpassen, wo man die Füße hinsetzt.

Der Boden ist schlammig und plötzlich sackt man bis zu den Knien ein.

In dem Jahr sammelten alle eine Menge Salz. Und wer einen guten Platz hatte, um das Salz zu lagern, konnte froh sein. Die Leute lagerten das Salz in großen Schüsseln unter einem Dach und deckten sie mit Wellblech oder ähnlichem Material sorgfältig zu. Aber man brauchte einen sicheren Platz, weit weg vom Fluß. Während der Regenzeit konnte die Lagune leicht über die Ufer treten und den Platz überschwemmen oder der Regen konnte das Salz fortspülen. Man konnte zwei Schüsseln Salz für drei Pence verkaufen, aber vielleicht gab es im folgenden Jahr keine richtige Trockenzeit und dann konnte man schnell zu Geld kommen, weil man das Salz für ein Pfund Sterling pro Schüssel verkaufen konnte.

1946 schloß ich die Schule mit der siebten Klasse ab. Ich verließ meinen Vater, um zu meiner Mutter nach Koforidua zu gehen; die Schule war zu Ende, und ich war unglücklich. Meine Stiefmutter behandelte mich weiterhin nicht gut. Ich hatte schon seit langem daran gedacht, das Haus zu verlassen, sobald ich die Schule beendet hätte. Aber mein Vater wollte es nicht. Ich mußte weglaufen, zwei Monate vor meinem zwanzigsten Geburtstag. Ich hatte meine Tante eingeweiht, sie war die Mutter meiner Stiefmutter, sie wußte alles. An einem Abend wartete ich, bis mein Vater zu Bett gegangen war. Als er endlich schlief, lief ich davon. Ich ließ sogar das Eingangstor offen. Ich lief zu den Händlerinnen, und um vier Uhr morgens saßen wir auf einem Lastwagen nach Koforidua. In Koforidua kamen wir am nächsten Abend gegen fünf Uhr an. Damals war die Straße nicht gut. Meine Mutter war zu Hause, als ich ankam. Rund fünf Jahre lang hatte ich sie nicht gesehen, bei meinem Vater war ich neun Jahre lang gewesen. Sie war glücklich, mich zu sehen, und ich war auch froh. Meine Mutter hatte ihren zweiten Ehemann verlassen. Jetzt lebte sie alleine im Hause ihres Onkels. Meine Mutter war Händlerin. Sie kaufte Tuch von einem Geschäft und verkaufte es wieder. Nach ihrer Trennung ging es ihr besser als zuvor.

In Koforidua lebte ich sechs Monate lang bei meiner Mutter. Ich tat Sachen, die ich nicht von meiner Mutter gelernt hatte. Ich stellte Kakloe her und verkaufte sie morgens an die Schulkinder oder auf dem Markt. Ich war gerne bei meiner Mutter. Weil ich aber so viele Jahre nicht bei ihr gelebt hatte, war ich gewohnt, mein eigenes Leben zu leben. Ich hatte nie ein einfaches Leben. Solange ich bei meinem Vater wohnte, sorgte keiner für mich. In Keta begann ich, Doughnuts zu backen und zu verkaufen, nur in kleinen Mengen. Morgens, wenn ich zur Schule ging, lieferte ich sie bei den Frauen ab, die für die Schulkinder Essen kochten, sie verkauften die Pfannkuchen für mich. Nach der Schule holte ich das Geld ab. Manchmal stellte ich Kekse aus Cassavastärke her. Als ich mit meinem Vater in Togo war, hatte ich meinen Tanten dabei zugeschaut und es von ihnen gelernt. Ich probiere immer Sachen aus, die ich noch nicht kenne. Zu Anfang geht es noch nicht gut, aber ich übe so lange, bis ich es richtig hinkriege. So fange ich neue Sachen an. Es war meine eigene Idee und die einzige, zu etwas Geld zu kommen.

Als Lehrerin

Sechs Monate später zog ich zu meiner Tante nach Odumasi. Sie war verheiratet, hatte aber keine eigenen Kinder. Ich hatte schon einmal in meiner frühen Kindheit bei ihr gelebt und zog wieder zu ihr, um ihr bei ihrem Handel zu helfen. In Odumasi traf ich auch einen meiner Onkel. Er war früher Soldat gewesen. Er erzählte mir, sein Bruder in Adidome habe ihm dort eine Stelle als Lehrer angeboten. Er sagte, als Lehrer wolle er nicht arbeiten. Deshalb bot ich an, ich könne doch die Stelle annehmen. So zog ich nach Adidome, zu zweien meiner Onkel, den Söhnen des Bruders meiner Großmutter.

Die Schule lag in Mepe, auf der anderen Seite des Flusses. Eine Brücke gab es nicht, man mußte die Fähre nehmen, sie verkehrte von Akuse nach Ada, oder man nahm ein Kanu. Das war ein Weg von zwei Stunden, wenn der Fluß Hochwasser hatte. In der Trockenzeit setzte man rascher nach Mepe über.

Der Schulleiter akzeptierte mich, und ich begann, die zweite Klasse zu unterrichten. Damals war ich 22 Jahre alt. Die Mädchen in der Schule waren sehr überrascht, daß ich unverheiratet war und keine Kinder hatte. Sie wußten nicht, daß man als Mädchen zur Mittelschule gehen und die siebte Klasse absolvieren kann. Für sie endete die Schule mit der sechsten Grundschulklasse; danach heirateten sie und bekamen Kinder. Ich ermunterte die Mädchen, weiter zur Schule zu gehen, aber so etwas wie mich hatten sie vorher noch nicht gesehen, denn in der Mittelschule gab es nur Jungen. Ich war glücklich in Mepe. Ich verdiente vier Pfund Sterling und vier Schilling in Monat. Zum Monatsende zahlten sie oft nicht, weil kein Geld da war. Ich kaufte eine kleine Cassavafarm von einem Viertel acre für wenig Geld, 30 Schilling. Ein Bauer pflanzte den Cassava und kümmerte sich drum. Wenn ich den Cassava geerntet hatte, gab ich die Parzelle wieder an den Bauer, und er pflanzte erneut.

Zu der Zeit aßen die Leute gerne *Kokonte,* man aß mehr Kokonte als Mais. Kokonte wird aus Cassavamehl hergestellt. Man kocht Wasser auf, gibt das Cassavamehl hinzu und rührt die Masse lange Zeit, bis sie sämig wird. Kokonte ähnelt Fufu. Man ißt es heiß oder kalt, mit Erdnuß-, Palmnuß- oder Okrasuppe. Die meisten Leute hatten wenig Geld, sie kauften Cassava und machten Kokonte daraus. Man kann mit einem Mal so viel herstellen, daß er einen Monat lang reicht. Er verdirbt nicht.

Über das Wochenende teilte man mir manchmal einige Schulkinder zu, die mir halfen. Ich nahm sie mit auf die Farm. Sie gruben den Cassava aus und brachten ihn nach Haus. Meine Haushilfe und ich schälten den Cassava und schnitten ihn in Stücke. Damals benutzten wir eine Reibe und rieben den Cassava zu einem Teig. Heutzutage kann man ihn in einer Kornmühle mahlen lassen. Damals machten wir das mit der Hand. Den Teig gaben wir in ein Stück Tuch oder in ein Sieb und legten einen Stein darauf, um das Wasser auszupressen. Danach gab ich Salz zu, damit der Cassava nicht verdarb. Ich tat den Teig in eine Schlüssel und bedeckte sie mit einem Tuch. Auf diese Weise hielt sich der Cassava eine ganze Woche lang. Am nächsten Freitag gingen wir wieder aufs Feld und holten frischen Cassava.

Nach Schulschluß, um vier Uhr, schnitt ich ein Stück von dem Teig ab und bereitete daraus Yakayake, Cassavaküchlein. Das ist ein Spezialität aus Anloga. Wir essen Yakayake mit eingekochten grünen Blättern. Erst nimmt man ein Sieb und entfernt die schmutzigen Teile aus dem Cassavateig. Wenn der Teig durchgesiebt ist, tun wir ihn in eine besondere Schüssel mit einem Loch in der Mitte. Dieses Loch deckt man mit Blättern zu. Dann setzt man die Schüssel auf einen mit Wasser gefüllten Topf und stellt den auf eine Feuerstelle. Den Cassavateig legt man auf die Blätter zum Dämpfen. Innerhalb von zwei Minuten ist der Yakayake fertig. Man legt immer nur einen Yakayake in die Schüssel, danach den nächsten usw.. - Wir benutzten langes Brennholz, das gleiche wie heute für den Kenkey. Aber unsere Feuerstellen waren klein. Die normale Feuerstelle, auf der man das Essen kochte, war nicht so groß wie die Feuerstelle, die ich heute benutze, um Kenkey zu kochen. Heutzutage haben wir Aluminiumtöpfe. Aber in meiner Kindheit, auch als ich noch in Mepe war, benutzten wir unsere einheimischen Töpfe aus gebranntem Ton. Ich bereitete den Yakayake früh am Morgen, und mein Mädchen, sie ging noch zur Schule, zog damit los und verkaufte ihn vor Schulbeginn, jedes Küchlein für einen halben Penny.

Ich mochte mein Leben in Mepe, so wie es war, und alle hatten mich gern. Morgens endete die Schule um halb zwölf, am Nachmittag ging der Unterricht von halb zwei bis vier Uhr. Ich nähte auch, über Mittag oft ein oder zwei Schuluniformen. Ich hatte keine eigene Nähmaschine, sondern lieh mir eine von einem Schneider, wann immer es etwas zu nähen gab.

Wir waren neun Lehrer in der Schule, ich war die einzige Frau. Einige der Lehrer hatten eine entsprechende Ausbildung. Unser Schulleiter war als Lehrer ausgebildet und gab mir Ratschläge. Ich fühlte mich nicht arm. Die anderen Lehrer dachten, meine Familie schicke mir Geld von zu Hause, weil ich nicht klagte. Sie klagten ständig, aber ich sagte nie, ich hätte kein Geld.

Außer meinem Mädchen wohnten zwei andere Kinder bei mir, die Tochter meines Onkels aus Adidome, die andere war die Tochter einer Freundin. Sie halfen mir bei der Arbeit und ich ernährte sie. Zu der damaligen Zeit war das nicht teuer. Am Wochenende bereitete ich den neuen Teig zu, wusch meine Kleider und machte mir Notizen für die Woche. Sonntags gingen wir zur Kirche.

Mit meinem Ehemann

In Mepe arbeitete ich vier Jahre lang als Lehrerin. Zu dieser Zeit traf ich Edward Tordzro wieder. Wir hatten gemeinsam in Keta die Schule beendet. Danach ging er zwei Jahre lang auf das Lehrer-Kolleg in Amezofe. Während ich in Mepe lehrte, hielt er um meine Hand an. Mir war nicht wohl, als er davon anfing. Ich befürchtete, die Leute würden über uns reden und unsere Klassenkameraden dächten, wir hätten etwas miteinander gehabt, als wir noch zur Schule gingen, weil wir eng befreundet gewesen waren, alle hatten das gewußt, selbst der Klassenlehrer. Aber da war nichts gewesen, wir waren nur gute Freunde. Nachdem er die Sache zum ersten Mal zur Sprache gebracht hatte, ging er für das zweite Jahr auf das Lehrer-Kolleg, bevor er darauf zurückkam. Jetzt bedrängte er mich. Und meine Zeit war reif. Ich war im Heiratsalter. Ich sagte mir, da kann ich nichts machen, ich habe das Alter erreicht, um zu heiraten. Ich war bereit zu heiraten, mir gefiel der Gedanke. Und da nun Mepe nicht meine Heimatstadt ist - die Leute dort mochten mich, aber ich mochte sie nicht sonderlich - wollte ich dort nicht bleiben, um zu heiraten. Ich war gekommen, um in der Stadt zu arbeiten, und nun sollte ich dort heiraten? Nein, so hatte ich mir das nicht vorgestellt. Ich mochte mich nicht an eine andere Stadt verheiraten. Ich wollte in meiner Heimatstadt heiraten.

Edwards Eltern waren tot. Sein Onkel sorgte für ihn und dieser Onkel war gegen unsere Heirat. Ich stamme aus der Familie der Tamakloe. Unsere Familie ist sehr groß, und die Leute reden über uns. Edwards Onkel fürchtete sich vor unserer Familie, er dachte, sie würden viele Sachen von ihm verlangen, er fürchtete die Ausgabe. Er mochte den Gedanken nicht, aber wir beachteten ihn nicht weiter. Damals heirateten wir nicht vor dem Gesetz. Nach unserem Brauch muß der Mann der Familie der Frau bestimmte Geschenke überbringen. Wer kein Geld hat, kann nicht heiraten. Edward tat den ersten und entscheidenden Schritt, er sagte meiner Familie, er wolle mich heiraten und präsentierte zwei Flaschen Schnaps. So geht das nach unserem Brauch.

Ich arbeitete weiterhin in Mepe als Lehrerin, und als Edward das Lehrer-Kolleg beendet hatte, versetzten sie ihn an eine Schule in Adidome. Nur an den Wochenenden setzte er über den Fluß und besuchte mich. Ich wurde bald schwanger. Nun konnte ich nicht mehr unterrichten, mir ging es nicht gut. Mir geht es nie gut, wenn ich schwanger bin. Ich fühle mich krank, ich muß mich übergeben und bin schwach. Ich zog zu meiner Mutter nach Koforidua. Ich erzählte ihr von unsere Verbindung und über meine Schwangerschaft. Sie wußte nichts davon. Mein

Keta 1953

Ellens Ehemann
mit Tochter, 1953

Ehemann   Ellen   Berekum 1966

Abb. 7 Ellen Tamakloe mit ihrem Ehemann

Ellen mit Sohn Kobla, Keta 1964   Ellen in Kwanyakon 1974

Ellen mit sieben ihrer Kinder, Keta 1969

Abb. 8 Ellen Tamakloe mit ihren Kindern

Mann kam zwei Wochen später nach. Er stellte sich meiner Mutter vor und brachte ihr einige Flaschen Schnaps mit. Mein Mann bat meine Mutter, es ihm nachzusehen, daß er erst jetzt - wo ich schwanger war -zu ihr kam und bekniete sie, sich um mich zu kümmern. So kümmerte sich meine Mutter an seiner Stelle um mich. Ich blieb neun Monate lang bei ihr. Ich blieb so lange bei ihr, weil sein Lehrergehalt nicht ausreichte. Man konnte nicht davon leben. Er ging als Lehrer zurück nach Adidome und kam von Zeit zu Zeit auf Besuch. Wenn ich schwanger bin, kann ich den Geruch von Männern nicht haben.

Ich habe neun Kinder geboren. Nur das erste und das letzte waren Mädchen. Der letzte Junge wurde tot geboren. Ich mag es gern, so viele Jungen zu haben. Als ich jung war und noch zur Schule ging, wurden viele Mädchen schwanger. Es passierte oft, daß sie irgendwelche selbstgebrannte Medizin tranken, um abzutreiben und daran starben. Ich sagte mir schon damals, wenn ich heirate, möchte ich nicht so viele Töchter haben. Wenn ich ein oder zwei kriege, dann ist es mir recht. Und so passierte es auch. Ich selbst wollte nicht so viele Kinder haben. Wenn man ein Baby erwartet, ist man nicht glücklich, sondern eher krank. Und wenn das Baby kommt, ist das sehr, sehr schmerzhaft. Deshalb wollte ich nicht so viele Kinder kriegen, aber sie kamen einfach. Es gab für mich kein Mittel, um sie zu verhüten. Ich wollte keine Medizin nehmen, um die Schwangerschaft zu vermeiden. Wenn man sie nimmt, schadet man sich nur für die Zukunft. Ich mag keine Medizin.

Nach unserem zweiten Kind heirateten wir vor dem Gesetz, das heißt in der Kirche und auf dem Standesamt. In den Ferien fuhren mein Mann und ich zu meinem Vater. Damals unterrichtete mein Mann in Abor. Mein Mann fragte meinen Vater, wann und wo wir heiraten sollten. Mein Vater sagte, wir sollten es in Abor in den Ferien tun, und so geschah es auch. Mein Vater sagte, mein Mann solle das Aufgebot bestellen und öffentlich anzeigen, daß er seine Tochter heiraten wolle.Ich fuhr zu meiner Mutter nach Koforidua zurück und dort kaufte ich von dem Geld, das mein Mann mir dafür gegeben hatte, ein glänzendes weißes Kleid und einen Schleier für meine Hochzeit. Mein Mann gab mir eine Truhe, um die Sachen hineinzupakken. Er kaufte Tuch, ungefähr vier *half pieces*, er kaufte nur vier, sein Geld reichte nicht für mehr, dazu zwei Kleider, Schuhe, zwei goldene Ketten, zwei Paar Ohrringe und zwölf Flaschen mit verschiedenen Getränken: Gin,Whisky und Schnaps. Die Flaschen legte er in eine Deckelschüssel. Wer genug Geld hat, legt noch ein paar Scheine dazu, aber er hatte keins. Er übergab alle Geschenke meinem Vater, bevor der sie an mich weiterreichte.

Nach zwei Jahren in Akropong hatte mein Mann seine Prüfung bestanden, das war 1954. Nun war er Lehrer in Abor, an der Evangelisch-Presbyterianischen Mittelschule. Dann kam unser drittes Kind, Kofi. Im Anschluß wurde mein Mann nach

Keta versetzt, dort lebten wir im Hause meines Vaters. Mein Mann studierte immer zu Hause. Mir war das recht. Wenn ich etwas dagegen gehabt hätte, hätte ich ihm keine Ruhe gelassen, sondern mit ihm gestritten, weil ich auch ein Lehrerkolleg besuchen wollte, aber ich tat es nicht. Ich wußte, wenn es ihm gut geht, ist zu Hause alles in Ordnung. Ich ließ ihm also die Zeit zum Studieren. Wir waren noch jung. Sein nächster Posten war in Afiadenyigba. Dort kam 1959 unser viertes Kind, Gamelie zur Welt. Noch bevor ein Jahr herum war, ging er zur Fortbildung an die Universität in Legon. Ich blieb mit den Kindern in Keta, im Hause meines Vaters. Mein Mann kam drei Mal im Jahr über die Ferien nach Hause. Die Regierung zahlte ihm sein Lehrergehalt weiter, er gab mir immer etwas Geld. Ich arbeitete den ganzen Tag, um die Familie über Wasser zu halten. Morgens früh um drei Uhr stand ich auf, um Doughnuts zu backen, ich verkaufte sie an die Schulkinder. Danach ging ich zum Nähen, das war bei meiner Tante; sie hatte einen Lagerraum, den niemand benutzte. Die Leute kamen mit ihrem Tuch und bestellten Kleider. Wenn ich damit gegen vier am Nachmittag fertig war, begann ich, Abolo zuzubereiten. Ich kochte ihn am Straßenrand, gegenüber von meinem Haus. In Keta wird gerne Abolo gegessen, man kann ihn rasch verkaufen. Sobald der erste Topf verkauft war, stellte ich den zweiten aufs Feuer. Abolo ist nicht wie Kenkey. In einem Topf dünstet man ca 20 Portionen. Damals verkaufte ich drei Stück für drei Pence. Nicht jede kann Abolo zubereiten, nicht einmal alle Anloga-Frauen. Die Zubereitung macht so viel Arbeit, daß es nicht lohnt, kleine Mengen herzustellen, das ist Zeitverschwendung. Man kauft ihn deshalb lieber auf der Straße. Heutzutage bereitet man ihn mit Backpulver, Hefe und Mehl zu. Damals benutzten wir als einzigen Zusatz Süßkartoffeln, kein Backpulver, keine Hefe, kein Mehl, und wir mahlten den Mais ganz frisch, zu unserer Mütter Zeit noch auf dem Stein. Abolo ist das Hauptgericht der Anlogs, wie der Kenkey für die Ga.

Die Kinder lebten bei mir zu Hause. Zugleich wohnten ein Hausmädchen und meine jüngere Schwester bei mir, die jüngste aus meiner Mutter zweiter Ehe. Sie war zehn Jahre alt. Damals kam unser fünftes Kind, ein Sohn, wir nannten ihn Senu. Ich hatte noch immer Schwierigkeiten mit meinen Schwangerschaften. Meine Mutter besuchte mich zur Niederkunft.

Mein Mann ging insgesamt zweimal auf die Universität in Legon. Nach dem Zwei-Jahres-Kurs lehrte er ein Jahr lang auf dem Lehrer-Kolleg in Berekum, Brong Ahafo, bevor er erneut auf die Universität ging, um sein Diplom abzulegen. Wir lebten zusammen in Berekum. Dort gebar ich 1964 unser sechstes Kind, Kobla.

In Berekum war ich Kenkeyfrau. Ich verkaufte Kenkey und Suppe an die Studenten. Sie kamen früh am Morgen, um Kenkey zu kaufen. Ich arbeitete abends oft bis kurz vor Mitternacht. Um drei oder halb vier am Morgen mußte ich schon wieder auf den Beinen sein. Mein Mann ging früher zu Bett und stand später auf.

Hätte ich länger geschlafen, wäre der Kenkey nicht fertig geworden. Die Studenten kamen morgens schon gegen sechs, um Kenkey zu kaufen. Nur samstags kam ich früh ins Bett, denn am Sonntag kochte ich nicht. Ein Hausmädchen hatte ich nicht, nur die Kinder halfen mir, die Kenkeyklöße zu wickeln. Nach dem Verkauf ging ich auf den Markt, um frische Palmnüsse und den Fisch für die Suppe am kommenden Tag zu kaufen. Auch den Mais für den Kenkey kaufte ich auf dem Markt. Damals gab es den Mais noch nicht in Körnern, man kaufte ihn am Kolben, nur die Blätter waren vom Kolben entfernt. Einhundert Kolben kosteten vier Schillinge und sechs Pence. Zu Hause mußten wir den Mais erst vom Kolben puhlen, bevor wir ihn mahlen lassen konnten. Als mein Mann wieder nach Legon ging, kehrte ich mit den Kindern nach Keta zurück, zurück zu den drei täglichen Arbeiten: Doughnuts, Nähen, Abolo.

Mit dem Diplom in der Tasche nahm mein Mann wieder den Unterricht am Presbyterianischen Lehrer-Kolleg in Berekum auf. Dort erhielt er ein Auslands-Stipendium, und ich gebar mein siebtes Kind, Emanuel. Das war im Jahre1966. Das Verhältnis zwischen meinem Mann und mir war nicht gut. Er wollte oft nicht reden und ich wußte auch nicht, was ich sagen sollte. 1966 ging er ins Ausland und studierte Erziehungswissenschaft. Ein Jahr in England, dann ein Jahr in Los Angeles. Ich lebte wieder in Keta. Er kam nie auf Besuch. Er schrieb nur Unsinn, und ich ärgerte mich regelmäßig.

1971 wurde mein Mann nach Dzodze versetzt. Dzodze liegt nur wenige Meilen von Tadzewu entfernt, wo meine Mutter begraben ist. Wir packten unsere Sachen. Ich kann überall leben, wohin ich auch gehe. Mein Mann war Leiter der Mittelschule. Wir hatten ein Haus auf dem Schulgelände. Neben meiner Hausarbeit kochte und verkaufte ich Kenkey, Abolo und Kakloe. Ich hatte auch Aufträge, Schuluniformen zu nähen. Inzwischen hatte ich meine eigene Nähmaschine. - Die Beziehung zu meinem Mann wurde immer schlechter. Im Grunde hatte das angefangen, als er ins Ausland ging und begann, mir in seinen Briefen diesen Unsinn zu schreiben. Von da an hatte es sich bis Dzodze fortgesetzt.

Gewöhnlich ging ich zwei Mal die Woche zu einer Frauenvereinigung. Als wir in Abor lebten, war ich zum ersten Mal dabei. In Ghana tun sich die Presbyterianische und die Methodistische Kirche zusammen und verabschieden ein Programm für diese Frauenvereinigungen für das ganze Jahr. Wir lernen da unterschiedliche Sachen. Wir sprechen über Gott und die Bibel. Wir lernen Singen und wie man sein Haus in Ordnung hält, selbst wie man mit seinem Mann, seinen Kindern und seinen Nachbarn lebt.

Auf Wanderschaft

Am 19. Oktober 1973 floh ich mit Aku, meiner jüngsten Tochter, meinem Haus-mädchen und einem anderen Mädchen, das schon seit der Zeit in Kibi bei mir wohnte, aus dem Haus. Wir waren zu viert. Geld oder kein Geld, ich habe immer Menschen um mich. Ich hatte großes Glück. Ich sah einen leeren *Trotro* und der Mann sagte, er führe ohne Passagiere nach Accra. Wir packten meine Nähma-schine, meine großen Kochtöpfe, meine Pfannen und meine Truhe auf den Wa-gen und fuhren nach Accra.

Wann immer mein Mann zu seiner Freimauererloge nach Tsito fuhr, kam er sehr früh am nächsten Morgen zurück. Wenn sie ihre Sitzung beendeten gönnte er sich keine Ruhe, er kam früh. Aber an diesem Tag kam er nicht. Er wußte nicht, daß ich davonlaufen wollte, sonst wäre er nach Hause gekommen. Ich hatte ge-betet, Gott möge einen Weg für mich finden, dieses Haus zu verlassen. Wäre er früher zurückgewesen, hätte er mir meine kleine Tochter weggenommen und hätte versucht mich festzuhalten. Vielleicht hätte er mir einige meiner Sachen ab-genommen, so daß ich nicht hätte fortgehen können. - Wir fuhren früh am Mor-gen. Er konnte nichts dagegen tun, gar nichts.

Vier meiner jüngeren Söhne ließ ich bei meinem Mann zurück. Ich konnte sie nicht mitnehmen und hätte sie auch nicht genommen. Hätte ich sie mitgenom-men, hätte er denken können, ich wollte eine Scheidung. Aber ich wollte mich nicht scheiden lassen, ich dachte nicht daran, für immer zu gehen. Ich ging fort, weil ich dachte, wir sind immer zusammen, vielleicht ist er müde von mir. Manch-mal, wenn wir einige Monate voneinander getrennt waren, ging es danach bes-ser. Meine Söhne waren mit meinem Weggehen einverstanden. Sie machten sich immer Sorgen um mich. Aber hätte ich gewußt, daß er sich nicht um die Kin-der kümmern würde, dann hätte ich sie nicht dort gelassen. Ich war überrascht, daß er sich um seine eigenen Kinder nicht kümmerte. Als ich ging, dachte ich, um den Rest kann er sich kümmern. Aber er tat es nicht. Die Kinder sagten mir später, wenn er und seine neue Frau etwas Besonderes zum Essen hatten, dann aßen sie es ohne die Kinder. Sie kauften den Jungen auch keine Anziehsachen. Sie kauften Kleidung für sich selbst. Die Kinder flochten Körbe und taten alles mögli-che, um Geld zu verdienen.

Wir zogen zu meiner Schwester nach Accra, zu der Schwester, die nach mir kommt, wir sind aber von verschiedenen Vätern. Ihre Tochter unterrichtete in dem Dorf Kwanyakon, in der Nähe der Makrog Junction, Western Region. Sie hatte ein Baby, aber kein Hausmädchen. Ich sagte meinerSchwester, ich wolle dorthin gehen und mich um ihr Baby kümmern. Meine Truhe ließ ich bei meiner Schwe-ster in Accra, meine Töpfe, Pfannen und Nähmaschine nahm ich aber mit in das Dorf, in dem meine Nichte als Lehrerin arbeitete. Als ich dorthin fuhr, war ich mit

meinem Geld am Ende. Meine Schwester gab mir zwei Cedis, wir nannten sie
weiterhin 'ein Pfund'. Noch am gleichen Tag kam ich im Hause meiner Nichte an,
ging auf den Markt und kaufte für diese zwei Cedis Mais. Ich weichte ihn sofort
ein und begann mein Kenkeygeschäft. Jeden Morgen verkaufte ich Kenkey, bevor ich das Baby wusch. Mein Mädchen, das ich von Dzodze mitgenommen hatte,
konnte nicht bleiben. Nach einer Woche mußte ich sie nach Hause schicken, weil
sie immerzu weinte. Vielleicht hatte sie einen Freund in Dzodze. Nur das Mädchen aus Kibi blieb bei mir, aber sie ging zur Schule und konnte mir nicht viel
helfen. Zu der Zeit war ich gesund, ich konnte alles alleine erledigen. Ich wollte
auf ein paar Wochen oder Monate fortbleiben und dachte, mein Mann käme eines Tages und bäte mich, nach Hause zurückzukommen. Aber er kam nicht. Er
wußte nicht, wo ich war. Er fragte einen meiner Vettern in Accra, der sagte ihm,
ich sei weggegangen. Sie gingen beide zu meiner Schwester und zur Frau meines Bruders, aber sie fanden mich dort nicht. Ich hörte, er sei mit Frauen zusammen. Jetzt hatte er die Gelegenheit. Er ging zu vielen Frauen, bevor er die fand,
mit der er jetzt zusammenlebt. Ich blieb acht Monate lang bei meiner Nichte in der
Western Region. Danach ging ich zurück, um mich etwas auszuruhen und dann
eine Arbeit zu finden. Ich wohnte bei einer Verwandten in Nima, Accra, sie ist
meine Tante und meine beste Freundin.

Elf Monate vergingen, bis ich meinen Mann wiedersah. Er kam nach Nima. Er
suchte das Haus, in dem ich wohnte. Als er mich traf, sagte er, er hätte von Aku
geträumt. In seinem Traum sei Aku schwer krank gewesen. Und tatsächlich, Aku
hatte an diesem Tag Temperatur, aber sie war zuvor nicht krank gewesen. Seine
Geschichte von dem Traum war erlogen. Als er sie anfaßte, merkte er an der
Temperatur, daß ihr nicht wohl war. So fand er etwas zu sagen.

Mein Mann kam nur für eine halbe Stunde auf Besuch. Ich war gerade dabei
Banku zu kochen, und wollte um vier Uhr zu einem Frauentreffen gehen. Ich
kochte für meine Verwandten und mich, nur ein bißchen Banku in einem kleinen
Topf auf dem Holzkohleofen. Als er mich später wegen der Scheidung vor Gericht
brachte und sie über das Unterhaltsgeld sprachen, sagte er, er hätte gesehen,
wie ich in Nima Kenkey zum Verkauf gekocht hätte. Dabei hatte ich meine Kenkeytöpfe noch nicht einmal bei mir, ich hatte sie bei meiner Nichte im Dorf gelassen. Der Richter fragte ihn, ob der Kenkey für das Essen im Hause gewesen sei
oder zum Verkauf. Er antwortete, ich hätte ihn in einem großen Topf gekocht, um
ihn zu verkaufen. Vor Gericht habe ich mich darüber nicht mehr ausgelassen.

Bevor mein Mann nach Nima kam, war er in Koforidua gewesen. Sein Vetter dort
hatte ihm gesagt, wo ich in Nima wohnte. Von da an versuchte er mich auszu-
kundschaften. Er wollte wissen, ob ich mit einem Mann zusammen war. Ich fühlte
mich nicht frei, noch einmal mit einem Mann zusammenzuleben. Nach all meiner

Erfahrung mit ihm hatte ich vor jedem Mann Angst.

Drei Wochen nach dem Besuch meines Mannes erhielt ich den ersten Brief vom Gericht. In dem hieß es, ich hätte meine Sachen gepackt und sei ohne Grund davongelaufen. Er hatte das Scheidungsverfahren eingeleitet und hatte in Nima nur die Hausnummer gesucht, damit das Gericht mir den Brief zustellen konnte. Damit hatte ich nicht gerechnet. Ich wollte keine Scheidung, nicht einmal zu diesem Zeitpunkt, der Kinder wegen. Ich wollte sie nicht. Er hatte nie gewollt, daß unsere ältere Tochter in sein Haus kam. Und meine Mutter ist tot. Wo sollte sie hingehen? Das war einer der Gründe, warum ich weggelaufen war. Wenn meine Tochter nun etwas brauchte, konnte sie zu mir nach Nima kommen.

Ich lebte im Haus meiner Tante in Accra-Nima. Sie arbeitete als Buchhalterin beim Rundfunk. Meine Tante lebte auch getrennt und ihre drei Kinder wohnten bei ihr. Die Kinder waren klein und sie hatte keine Hilfe. Deshalb sah ich nach ihnen. Sie ist zwar meine Tante, aber ich bin älter als sie. Sie nannten mich alle Dada (Mammi). Manche Leute dachten, sie sei meine Tochter, andere dachten, sie sei meine Schwester. Wir hatten eine gute Zeit miteinander. Wir wohnten fast drei Jahre zusammen, von 1974 bis 1977, hatten Spaß an unserer Zeit als Junggesellinnen. Mein Mädchen war bei mir, Du kennst sie, Yawa, die mir noch immer hilft. Sie war zehn Jahre alt, als ich sie aus dem Dorf mitnahm, heute ist sie 22. Yawa ging ein Jahr lang zur Schule, aber sie ist nicht sehr intelligent. Ich habe sie zu Hause unterrichtet, sie ist nicht schlau. In Nima hatte meine Tante nur ein Zimmer und einen Hausflur. Wir schliefen mit den Kindern alle zusammen in dem Zimmer und kochten im Hausflur. Ich stellte Kakloe und Doughnuts her, Yawa verkaufte sie auf dem Markt. Nur Aku wohnte in der Zeit bei mir. Wenn die Jungen zu Besuch kamen, fehlte es an Platz.

In Madina

Einer meiner Vettern fand für mich eine Bleibe in Madina . Aber der Hauseigentümer war ein Trunkenbold. Er machte mir zu viele Scherereien. Nach zwei Wochen verließ ich das Haus wieder. Ich fand ein anderes Zimmer, und ein Jahr später besorgte mir ein Mitglied unserer Kirchengemeinde den Platz, an dem ich noch heute wohne. Ich wohne hier seit 1978 und will nicht mehr ausziehen. Dieser Flecken ist ruhig, ich mag ihn. Das Grundstück gehört einem Polizisten. Ich wohne in den *boys quarters*. Die große Betonplatte davor, auf der ich mein Brennholz und meinen Mais trockne, ist das Fundament des eigentlichen Wohnhauses, das der Polizist eines Tages bauen will. Aber ich habe den Mann seit drei Jahren nicht mehr gesehen. Um das Haus kümmert sich ein Mitglied unserer Kirchengemeinde, an ihn zahle ich auch die Miete. Zu Anfang zahlte ich 12 Cedis im Monat, seit Rawlings an die Macht kam, zahle ich 40 Cedis. Die Mauer um das Grundstück war anfangs nicht da, alles war offen. Ich schlug dem Eigentümer vor, eine Mauer zu bauen, aber er hörte nicht darauf. Dann kamen Diebe und stahlen ihm all seinen Baustahl. Hier in den boys' quarters gibt es zwei Zimmer auf jeder Seite. Ich habe zwei Zimmer gemietet, aber ich benutze auch die andere Seite: ich stelle meine Töpfe und meinen Mais dort unter. Es ist ein ruhiges Grundstück, wo ich jetzt lebe, niemand kann mich behelligen. Ich hatte keine Möbel, nur ein paar Kisten und meine Truhe. Ich kann mir auch keine kaufen, der Kinder wegen. Wenn etwas Geld übrig ist, dann zahle ich davon die Schulgebühren für die Kinder usw. Ein Bett, ja, das habe ich mir gekauft.

Es war ein Samstag, als ich in Madina ankam. Am folgenden Tag, am Sonntag, ging ich zur Kirche. Ich wußte nicht, wo die Kirche lag. Auf der Straße sah ich ein paar Leute mit dem Gesangbuch unserer Kirche unter dem Arm. Ich brauchte ihnen nur zu folgen, um die Kirche zu finden, zu der ich gehöre, die Presbyterianische Kirche. Ich stellte mich dem Leiter der Bibelklasse vor. Ich kannte niemanden in Madina. Aber als Mitglied der Kirche hat man Brüder und Schwestern überall. Als ich nach Madina kam, hatte ich kein Geld. Aber das Kenkeygeschäft kann man auch anfangen, wenn man nur seine Töpfe hat. Man holt sich auf Kredit einen Sack Mais von einer der Maishändlerinnen und drei Tage später fängt man an, Kenkey zu verkaufen.

Ich mag Sachen aus dem Laden nicht verkaufen. Das ist nichts für mich. Ich koche gerne und verkaufe gerne Essen. In der Kolonialzeit hat man vielleicht mehr Gewinn gemacht, wenn man Sachen kaufte und wiederverkaufte, aber man lief auch immer Gefahr, geschnappt zu werden. Manchmal schlug man nur einen Penny auf und verkaufte die Milch für 23 statt für 22 pence und die Polizei griff ein. Dabei ist der Penny vielleicht gar nicht genug für Dich. Ich mag solche Sachen nicht, ich ziehe meine eigene Arbeit vor.

Kannst Du Dich entsinnen, als die Regierung den Makolamarkt abreißen ließ? Damals haben die Händlerinnen die Leute zu sehr ausgenommen. Alles ließ sich verkaufen, aber sie wollten zuviel Geld verdienen. Sie kauften das Tuch für ¢ 1.000,-, sie hätten es für ¢ 1.200,- oder ¢ 1.500,-weiterverkaufen können, das wäre in Ordnung gewesen, aber sie verkauften es für ¢ 5.000,- oder für ¢ 10.000,-. Nur wenige Leute hatten soviel Geld und die Mehrheit nagte am Hungertuch. Selbst ein Stück Tuch konnte man sich nicht leisten.

Wenn Du Essen herstellst, um es zu verkaufen, benutzt Du es auch im Haus. Du nimmst ein bißchen zur Seite und merkst es nicht und daneben hast Du Dein Geld aus dem Verkauf. Wenn Du damit umzugehen weißt, hast Du einen vollen Magen und kannst doch noch verkaufen, in Deinem Haus ist alles in Ordnung. Wenn Du aber Tuch verkaufst, kannst Du, wenn Du nicht vorsichtig bist, Dein Geld leicht aufbrauchen, selbst den Kostenpreis.

Eines Tages ging ich zu einer Freundin in Madina, sie ist auch Kenkeyfrau. Das war 1977, ein Hungerjahr. Leute kamen vorbei und schrieben ihren Namen auf eine Liste. Die Regierung wollte Mais an die Kenkeyfrauen liefern. Ich fragte den Mann :" Warum schreibst Du meinen Namen nicht auch auf?" Er tat es. Später gingen wir zu der Stelle, wo sie den Mais auslieferten und Bezugspässe ausgaben. In das Paßbuch trugen sie das Datum und die abgegebene Menge Mais ein. Man kaufte den Mais zu einem ziemlich niedrigen Preis. Damals verlangten sie noch keine Gewerbesteuer. Ich habe in all den Jahren nie Steuern gezahlt. Erst vor drei Jahren fingen sie mit der Steuer an. Aber jetzt verkaufen wir unseren Kenkey am Abend. Die Steuereintreiber arbeiten abends nicht, so kann mich niemand fragen.

Eine Nichte meines geschiedenen Mannes, sie heißt Charity, wohnt bei mir. Charity ist über dreißig und hat einen sechs Jahre alten Sohn, aber sie will den Vater ihres Sohnes nicht heiraten. Jetzt hilft sie mir im Kenkeygeschäft. Bevor Charity kam, half mir Jeanet. Du kennst Jeanet, sie ist Mitglied unserer Genossenschaft wie Yawa und Kaa. Jeanet ist eine Kusine meiner Stiefschwester und lebt in der gleichen Gegend wie ich. Sie kam immer früh morgens, so gegen vier Uhr, um den Kenkeyteig zu rühren. Um sieben Uhr ging sie ins Burma Camp zur Büroarbeit. Jeanet hat in der Zwischenzeit aufgehört, für mich zu arbeiten, Charity und sie hatten zuviel Streit miteinander.

Yawa und Linda, sie ist die Tochter meines Bruders und geht zur Schule, leben ebenfalls bei mir. Linda ist 19 Jahre alt und ist grad schwanger. Ich habe ihr gesagt, sie kann bei mir bleiben. Jetzt verkauft sie den Kenkey auf der Straße. Der große Junge heißt Sure. Er ist der Sohn meiner Halbschwester. Ich habe ihn aufgenommen, als er vierzehn war, und ich schicke ihn zur Schule. Er beendet erst die vierte Mittelschulklasse und dabei ist er schon 22 Jahre alt und so groß. Juwle, Jeanets 13 Jahre alter Sohn, lebt auch bei mir. Sie helfen alle, den Kenkey herzustellen und zu verkaufen. Zur Zeit sind noch drei meiner eigenen Kinder während der Ferien da: Kobla, Aku und Emanuel. Emanuel habe ich vergangene Woche zu seinem Vater geschickt. Aber er kommt bald wieder zurück. Ich ernähre sie alle. Wir leben von Kenkey und gebratenem Fisch, ich kann es mir leisten.

Kaa, die Frau aus dem Norden, kommt früh am Morgen mit einem oder zwei ihrer Kinder. Inzwischen ernähre ich sie aber nicht mehr, ich zahle ihr einen Lohn. Du kennst sie, sie ist gut, sie arbeitet hart. Sie kommt früh am Morgen und bereitet den Kenkeyteig zu. Über Mittag geht sie nach Hause, um nach ihren Kindern zu sehen. Abends trägt sie den Tisch und die Schüsseln mit dem Kenkey an den Straßenrand. Linda setzt sich an den Tisch und verkauft Kenkey und Fisch.

Mit Ausnahme von Kaa essen alle in meinem Haus. Sie essen alle hier, und mir macht es nichts aus. Du weißt, mit Kenkey macht man kein großes Geld. Das

Kenkeygeld lege ich zur Seite, wir rühren es nicht an, um Essen zu kaufen. Ich brauche es für Brennholz, Blätter, Pfeffer, Salz und für den Mais natürlich. Am Ende des Monats gebe ich jeder ihren Anteil, je ¢1.000,-, und ich zahle Strom, Wasser, Miete und die Schulgebühren für die Kinder.

Der Fisch, der gebratene Fisch, den wir mit dem Kenkey verkaufen, den Gewinn aus dem Fischverkauf, den essen wir jeden Tag auf. Das Geld benutzen wir, um Essen für uns zu kaufen. Wir kaufen die ganz kleinen Fische, nicht mehr als einen halben Finger lang. Meist kaufen wir zwei *american tins* am Tag und wenn wir ihn mit dem Kenkey verkaufen, dann bringt der gebratene Fisch uns einen Gewinn von ungefähr ¢ 250,- am Tag. Jetzt im Juli haben wir Heringssaison, da kaufen die Leute mehr Hering. Da verkaufen wir nur ein *american tin* am Tag. Der Fischverkauf bringt's. Ich sage meinen Leuten, der Fisch hilft uns im Haus. Von dem Gewinn aus dem Fischverkauf kaufen wir Palmöl, Okra, Tomaten und ein paar Zwiebeln für unsere Suppe am Abend, und außerdem braucht man Geld für Seife und Petroleum.

Morgens muß ich früh aufstehen. Ich stehe als erste auf, zur Zeit gegen fünf Uhr. Wenn wir schon zwischen drei und halb vier aufstehen müssen, dann frieren die anderen. Zur Zeit ist es sehr kalt. Yawa vor allem klagt jeden Morgen. Ihr ist kalt und sie hat entweder Kopf- oder Bauchschmerzen. Zur Zeit schlafe ich also bis fünf Uhr, dann wecke ich die anderen: Zeit aufzustehen. Dann fangen wir an, den Teig herzustellen. Momentan verkaufen wir morgens gar nicht, nur abends.

Meist essen wir zweimal am Tag. Morgens kochen sie Koko, das ist wie Haferschleim, nur aus Mais. Sie nehmen ein bißchen Kenkeyteig und kochen ihn in Wasser auf. Sie fügen etwas Zucker hinzu, manchmal auch ein paar Erdnüsse. Wir Afrikaner können ohne Zucker nicht leben. Wenn der Kenkeyteig fertig ist, tun sie den Koko aufs Feuer. Wir frühstücken meist gegen acht. Sie teilen sich einen Topf Koko. Manchmal gehen sie auch und kaufen Bohnen und Gari zum Frühstück, aber ich habe ihnen gesagt, für die Kinder sollen sie Koko kochen. Sie sollen ihn kochen, bevor sie Bohnen kaufen gehen. Wenn sie tagsüber Hunger haben, kaufen sie Bohnen oder ein Stück Yam und kochen ihn. Am Abend nehmen wir ein Stück vom Kenkeyteig und machen Banku daraus, den essen wir mit der Suppe. Zu trinken gibt es Wasser, das ist alles. Manchmal trinken wir morgens auch Tee. Wenn wir am Morgen Tee trinken, können wir bis mittags ohne Essen auskommen, weil wir den Tee mit viel Zucker und Kondensmilch trinken. - In Madina wurde ich allmählich wieder zu einer Kenkeyfrau. Und jetzt will ich nichts anderes mehr sein. Ich führe ein ruhiges Leben. Niemand behelligt mich.

5.2 Felicia Sowah[2]

Eltern

Mein Vater und meine Mutter stammen beide aus Labadi. Ihre Familien zählen zum Clan der *Osabu*. Es gibt noch andere Clans in Labadi, sieben insgesamt. Jeder Ga zählt zu einem dieser Clans, ich meine, jeder, der aus Labadi stammt. Ein Clan ist so etwas wie ein Ort oder ein Hof. Du weißt, Du kommst von einem bestimmten Grundstück und jemand anders kommt von einem anderen, dann gehört er zu einem anderen Clan. Angehörige eines Clans können in ein anderes Haus hineinheiraten, das hat immer stärker zugenommen, so daß die Clans heute über ganz Labadi verbreitet sind. Meine Eltern haben mir über die Geschichte von Labadi nie etwas erzählt, ich kenne nicht einmal unseren ursprünglichen Clan, wo unsere Vorfahren herkamen, sie erzählen nichts, es sei denn Du fragst sie danach. Wenn wir von den Ga reden, dann meinen wir die Menschen, die von alters her in dem Gebiet der Greater Accra Region leben. Wenn man aber sagt, ich komme aus Osu, Labadi oder Teshie, dann wissen die Leute, wo man herkommt. Osu hat seine eigene Geschichte, ebenso wie Labadi oder Teshie.

Der Vater meiner Mutter hatte zwei Frauen. Seine erste Frau gebar ihm zehn Kinder, dazu zählte auch meine Mutter. Mit der zweiten Frau hatte er acht Kinder. Meine Großmutter stammte aus Labadi und wurde später Bäuerin in Asamankese, Eastern Region, 80 Meilen von Accra entfernt. Mein Großvater hatte das Ackerland gekauft und ein Haus mit 16 Zimmern gebaut. Er kaufte das Land von den *Akim*. Das Land war sein Eigentum. Seine beiden Frauen und die achtzehn Kinder lebten dort.

Mein Vater hat zwei Schwestern und vier Brüder, alle von einem Vater und einer Mutter. Mein Vater war der Älteste. Er hat nie außerhalb von Labadi gelebt. Inzwischen ist er alt. Er spricht ein bißchen Englisch, aber ist nie zur Schule gegangen. Mein Vater ist Schreiner. Er hat bei einer regierungseigenen Gesellschaft gearbeitet, der State Construction Corporation, sein ganzes Leben lang. Er lebt seit 20 Jahren im Ruhestand. Jetzt macht er im Haus seine eigene Arbeit, fertigt Hocker und Tische für Hausfrauen an, manchmal Schulstühle für die Kinder, wenn die Eltern sie bestellen. Bis heute arbeitet er als Schreiner, seine Frau und er leben von dem, was er verdient.

Mein Vater und meine Mutter trafen sich und heirateten, als sie noch sehr jung waren. Sie waren fast gleichaltrig. Sie hat zehn Kinder von ihm geboren, fünf Söhne und fünf Töchter. Wir sind alle hier in diesem Compound zur Welt gekom-

---

[2] Felicia Sowah, ca. 45 Jahre alt, hat mir im Februar und März 1987 in neun Abschnitten ihre Lebensgeschichte erzählt. Die folgenden Auszüge umfassen etwa die Hälfte davon.

men, dem Familienhaus meiner Mutter. Am Abend mußten wir das Essen, das meine Mutter gekocht hatte, zu meinem Vater bringen. Meine Mutter ging später am Abend zum Haus meines Vaters, um die Nacht bei ihm zu verbringen, aber nicht immer. Sie nahm das jüngste Kind mit und kam am nächsten Morgen zurück. Wir anderen kümmerten uns um einander, solange sie weg war.

Meine Mutter verkaufte *Akpeteshie*. Früher war das ein gutes Geschäft. Es gab nicht viele, die ihn verkauften. Sie verdiente genug, um uns zu ernähren. Sie baute sogar ein kleines Schlafhaus auf dem Hof, das gleiche Haus, in dem sie noch immer lebt. Heutzutage kann man vom Schnapsverkauf kein Haus mehr bauen, das Bauen ist zu teuer.

Meine Mutter kaufte den Akpeteshie von Leuten aus dem Dorf. Sie brachten ihn in Petroleum-Kanistern. In den 1950er Jahren war es verboten, Schnaps zu brennen und zu verkaufen. Es war ein Schmuggelgeschäft. Die Dorfbewohner kamen mitten in der Nacht, um die Petroleum-Kanister anzuliefern. Sie kamen mit einem LKW. Damals gab es noch keine Polizeikontrollen auf den Straßen. Wenn die Polizei einen beim Akpeteshie-Verkauf erwischte, nahm sie einen mit auf die Polizei-Station. Wer nicht aufpaßte, konnte leicht im Gefängnis landen. Die Leute aus dem Dorf brachten zwei oder drei Kanister die Woche. Eine Woche später kamen sie wieder, um ihr Geld abzuholen und Nachschub zu bringen. Meine Mutter konnte einen Kanister am Tag verkaufen. Sie verkaufte nur an Leute, die sie persönlich kannte. Sie kamen zu jeder Tageszeit. Man konnte den Akpeteshie nicht auf den Tisch stellen, um ihn zu verkaufen. Manche kamen mit Flaschen, um ihn zu kaufen, manche wollten nur ein Glas trinken. Meine Mutter hatte einen kleinen Platz, wo die Leute sitzen und ihr Glas genießen konnten. Ein kleines Glas kostete sechs Pence, ein großes Glas einen Shilling. Für den vollen Kanister à eine Gallone zahlte sie ¢ 30,-, das waren 15 Pfund. Den Trunksüchtigen schenkte meine Mutter nicht aus. Wenn man einen Betrunkenen sah, wußte jeder gleich, was los war. Manche Kunden brachten Bierflaschen, die meine Mutter für sie füllte. Wenn diese Leute sich in ihrem eigenen Haus betranken, wußte keiner, wo der Schnaps hergekommen war.

Meine Mutter betrieb dieses Geschäft über viele Jahre. Erst nach der Unabhängigkeit vergab die Regierung Lizenzen für Akpeteshie-Verkäufer aus, jeder konnte offen verkaufen. Als die Convention People's Party unter Nkrumah an die Macht kam, erlaubte sie jedem, Akpeteshie zu verkaufen. In unserer Gegend fand man danach an jeder Ecke eine Akpeteshie-Bar. Das verdarb den Markt. Meine Mutter gab das Geschäft in den frühen 1960er Jahren auf. Zuvor war das Geschäft gut gegangen. Sie verdiente genug, um uns alle aufzuziehen. Die meisten Ausgaben für Essen, Kleidung und Schulgebühren bestritt sie aus ihrem Geschäft; nicht mein Vater, damals war es viel, wenn er mit seiner Arbeit als Schreiner einen Shilling verdiente.

Danach betrieb meine Mutter eine kleine Garküche im Hause. Sie verkaufte Fufu und Suppe an Schulkinder und an jeden, der kaufen mochte. Die Garküche betrieb sie vier Jahre lang. Als ihre Mutter 1969 starb, fuhr sie in das Dorf Asamankese, wo meine Großmutter mit ihren Söhnen gelebt hatte. Meine Mutter blieb einige Monate in dem Dorf. Sie trauerte um ihre tote Mutter. Sie trat für einige Zeit an ihre Stelle, das ist so Sitte bei uns. Wenn Dein Mann, Deine Mutter, Dein Vater oder eins Deiner Kinder stirbt, dann kannst Du nicht mit dem fortfahren, was Du gewöhnlich tust. Du mußt Dein Geschäft für einige Monate liegen lassen und im Hause bleiben. Wenn andere von dem Todesfall erfahren und kommen, um die Familie zu grüßen, dann muß jemand im Haus sein. Diese Rolle fiel meiner Mutter zu. Als sie sechs Monate später zurückkam, hatte sie die Kundschaft ihrer Garküche verloren. Sie nahm das Geschäft nicht wieder auf. Sie sagte, sie sei müde und alt. Jetzt lebt sie im Hause und kümmert sich um ihre Großkinder.

Kindheit

Von früh auf habe ich bei meiner Tante, der jüngeren Schwester meines Vaters, sie kommt nach ihm, in Accra gelebt. Meine Tante nahm mich als Kind zu sich, sobald meine Mutter mich nicht mehr stillte, ich war drei Jahre alt. Sie war verheiratet, aber unfruchtbar. Deshalb gaben meine Eltern mich an sie. Meine Tante war meine ältere Mutter. So nennen wir das, denn die Schwester meines Vaters ist für mich die wichigste Person der Großfamilie. Sie hat sich in meiner Kindheit um mich gekümmert, jetzt kümmere ich mich um sie.

Meine Tante betrieb eine Garküche neben der Brauerei von Accra. Sie lebte mit ihrem Mann in einem gemieteten Zimmer auf einem riesigen Hof, gleich um die Ecke. Ihr Mann arbeitete auf dem nahegelegenen Bahnhof, er war Büroangestellter. Meine Tante verkaufte Essen an die Arbeiter, Fufu und Suppe. Sie hatte sechs Helfer, denn sie konnte am Tag mehr als 200 Portionen verkaufen. Sie betrieb diese Küche mehr als dreißig Jahre, ihr ganzes Arbeitsleben lang. Als ich sechs oder sieben Jahre alt war, stand ich mit meiner Tante um vier Uhr morgens auf. Als erstes hatte ich das Haus zu kehren. Danach mußte ich Wasser holen, in kleinen Eimern von der öffentlichen Wasserleitung. Um halb sechs verließen wir das Haus und gingen in die Garküche. Dort angekommen, frühstückten wir, *Koko* oder ähnliches. Brot aßen wir nicht. Manchmal, wenn man krank war und das schwere Essen nicht vertrug, ging man und kaufte etwas Brot. Nach dem Frühstück half ich in der Küche. Ich deckte den Tisch, räumte die Teller wieder ab und wusch das Geschirr. Meine Tante kaufte Kleidung für mich, alles, was ich brauchte. Als ich acht oder neun Jahre alt war, schickte sie mich zur Schule.

Damals gab es noch kein Einschulungsalter von sechs Jahren. Man ging in jedem Alter zur Schule. Noch mit zehn oder zwölf Jahren konnte man in der ersten Klasse anfangen. Wir waren 46 Kinder in einer Klasse, und dabei gab es noch A und B Klassen. Zusammen waren wir 80 Jungen und Mädchen. Die Schule ging vormittags von acht bis zwölf und nachmittags von halb zwei bis halb fünf. Ich stand weiterhin früh auf und half, bevor ich zur Schule ging. Manchmal brachte ich meiner Tante Sachen in die Küche, bevor ich zur Schule ging. Abends half ich mit dem Rest. Ich war ganz gut in der Schule. Zu meiner Zeit waren die Schulen besser als was ich heute sehen kann. Und wenn man in der Schule aufpaßte, konnte man etwas lernen. Die Primarschule dauerte sechs Jahre, die Mittelschule vier Jahre. Da ich schon ziemlich alt war, als ich mit der Schule anfing, schloß ich nur die zweite Mittelschulklasse ab. Ich ging acht Jahre lang zur Schule. Jetzt kann ich einigermaßen Englisch sprechen, lesen und schreiben.

Meine erste Periode hatte ich mit elfeinhalb Jahren. Ich wußte von nichts. An dem Tag weinte ich und sagte meiner Tante, etwas fließe unten aus mir heraus. Sie kam und sah nach und sagte, ich sei noch nicht alt genug, meine Periode zu haben, und brachte mich ins Krankenhaus. Der Arzt bestätigte aber, ich hätte meine Periode und nichts Beunruhigendes. Er sagte, ich solle Geduld haben, das sei keine Krankheit. Zu Hause erklärte meine Tante mir, das sei ganz natürlich und ich sei nicht krank, es gebe also keinen Grund zum Weinen. Als die Woche vorbei war, sagte sie, wenn ich einen Mann nähme, dann würde ich schwanger, aber ich wußte nicht, was sie meinte.

Meine Tante und ihr Mann hatten nur ein Zimmer und ich schlief im gleichen Raum. Als ich älter wurde, konnte ich wegen ihres Mannes nicht mehr in einem Zimmer mit ihnen schlafen. Ich kam in das Haus meiner Mutter zurück, als ich vierzehn Jahre alt war. Aber ich weiß, meine Tante ist meine ältere Mutter, sie lebt noch immer. Ich mag sie gern. Sie war eine gute Mutter.

Kleinhandel

Ich wollte Schneidern lernen. Aber als ich mein Kind geboren hatte, wurde ich krank im Unterleib. Irgendetwas mit meiner Gebärmutter war nicht in Ordnung. Ich muß 17 oder 18 Jahre alt gewesen sein. Mein genaues Alter weiß ich nicht, weil mein Vater alle Papiere verloren hat. Diebe haben ihm die Kiste gestohlen, in der er seine Dokumente aufbewahrte. Aber wahrscheinlich war ich 17 Jahre alt und nachdem ich mein Kind hatte, ging ich nicht wieder zur Schule.

Man kann keine Zeit aufs Lernen verschwenden, bevor man nicht etwas zum Essen hat. Das ist hartes Geschäft. Du mußt auf den Zahltag warten, bevor Dir Dein Mann einen kleinen Betrag geben kann. Wenn Du selbst arbeitest, dann kannst Du diesen kleinen Betrag Deinem eigenen Geld hinzufügen. Aber Du mußt doch kämpfen, bevor Deine Kinder und Du etwas im Kochtopf haben. In der damaligen Zeit verdienten die Männer nicht viel. Am Zahltag holten sie ihr Geld ab und verteilten es in kleinen Portionen. Manche haben zwei oder drei Frauen, dann müssen sie ihr Geld in zwei oder drei Teile aufteilen und müssen ja selbst auch noch von dem gleichen Geld leben. Er gibt Dir also nur wenig, und wenn Du nicht selbst hart arbeitest, kannst Du nicht überleben. Früher habe ich in einer Kantine gearbeitet und am Zahltag hatte ich neun Cedis. Davon mußte ich mein Kind und mich ernähren. Davon konnte ich sogar etwas Tuch und Kleider für mein Kind kaufen. Heute kann man mit neun Cedis nichts mehr anfangen, die reichen nicht einmal für einen Kloß Kenkey. Wenn Dein Mann Dir heute ¢ 400,- gibt, oder gar ¢1.000,-, hast Du nichts in der Hand.

Als mein Sohn Adjei vier Monate alt war, fing ich mit dem Kleinhandel an, ich verkaufte Babyhemden, -kleider und -puder. Ich hatte eine Freundin in Kaneshie. Sie schenkte mir viele Sachen, als mein Baby kam. Als ich den Kleinhandel aufnehmen wollte, ging ich zu ihr und erzählte von meiner Idee. Sie gab mir ¢ 200,-. Sie sagte, ¢ 40,- könne ich behalten, die ¢160,- solle ich später zurückzahlen. Von dem Geld kaufte ich auf dem Makolamarkt Babykleider. Viele Sachen. Heute brauchte man für die gleiche Menge ¢ 30.000,-. Einige Sachen benutzte ich für mein Baby. Die anderen arrangierte ich auf einem Tablett und verkaufte sie als fliegende Händlerin.

Wegen meines Kindes kam meine ältere Mutter jeden Tag zu unserem Compound. Seit der Geburt hatte ich nie Last mit dem Kind, wann immer ich wegging, nahm sie das Baby. Der Verkauf lief ganz gut. Jeden Tag verkaufte ich ein paar Kleider. Dann kaufte ich wieder neue auf dem Makolamarkt, bevor ich von dem Geld etwas fürs Essen abzweigte. Ich legte auch Susu zurück, das war mein Gewinn. Nach ungefähr einem Jahr hatte ich genug Geld, um meiner Freundin das geliehene zurückzuzahlen.

In den Zeiten des National Liberation Council [1966-69] wurde der Handel immer schwieriger. Inzwischen kaufte und verkaufte ich Gläser, Becher und Teller. Ich handelte mit allem, was Leute kaufen wollten. Wenn man an brandneue Sachen herankam, die frisch auf dem Markt waren, kauften die Leute rasch. Ich verkaufte Aschenbecher, Kopftücher, Kondensmilch, Sardinendosen, Seife, alles. Wenn man en gros kauft, im Karton, dann zahlt man einen anderen Preis. Dann schlägt man einen Penny auf, und das ist der Gewinn. Ich kaufte meine Sachen auf dem Makolamarkt von irgend einer Händlerin. Ich hatte nichts vom Handeln gelernt, bevor ich meinen Kleinhandel aufnahm. Ich zog einfach mit meinem Tablett auf dem Kopf umher und ging von Haus zu Haus. Ich hatte nie einen Tisch oder einen Kiosk am Straßenrand. Ich habe immer vom Tablett verkauft, genauso wie ich heute meinen Kenkey verkaufe. Wenn man von Haus zu Haus zieht, verkauft man rascher als vom Kiosk. Zum Kiosk kommen nur die, die etwas brauchen.

Aber wenn man umherzieht, trifft man viele Frauen in den Höfen, und wenn die etwas sehen, das ihnen gefällt, dann kaufen sie es, ohne lange darüber nachzudenken, ob sie wirklich brauchen, was sie gerade kaufen. Sie kaufen schneller.

Als Adjei in die Schule kam, brauchte ich mehr Geld. Ich ging in der Regel zu den Eltern seines Vaters. Manchmal gaben sie mir etwas, manchmal gaben sie mir nichts. Ich mußte zu viel von meinem eigenen Geld für Schulgeld, Schuluniform und alles andere ausgeben, was der Junge brauchte. So verlor ich nach und nach mein kleines Handelskapital, bis es verschwunden war. Aber es half mir, bis der Junge die Schule fast beendet hatte. Danach verkaufte ich Brot, bis meine Schwester mich bat, ihr im Kenkeygeschäft zu helfen.

Unser Compound

In unserem Compound leben nur Familienmitglieder, zusammen sind wir dreißig Erwachsene. Zählt man die Kinder dazu, sind wir 70 und mehr Personen. Wir sind zahlreich. Von den Erwachsenen sind ungefähr zwölf Männer, manche sind die Söhne des Bruders meiner Mutter, die anderen die Söhne ihrer Schwestern. Ihre Frauen leben nicht bei uns, sie leben in den Häusern ihrer eigenen Familie. Manche der Zimmer haben wir an Fremde vermietet. Sie sind Fantis. Zwei Ehepaare mit Kindern.

Wir haben fünf Gebäude. Ein Haus hat zwei Zimmer, das nächste, in dem ich wohne, zwei Zimmer plus eine kleine Veranda, das dritte ebenso, zwei Zimmer plus eine kleine Veranda. Das vierte Haus hat fünf Zimmer, das letzte vier. In meinem Zimmer leben wir zu dritt. In anderen leben neun oder zehn zusammen. Es kommt ganz darauf an, wie viele Kinder man hat, denn alle Kinder schlafen da, wo Du schläfst. Wir schlafen immer bei unseren Kindern. Jede hat ihren eigenen Haushalt. Aber wenn Du etwas brauchst und Deine Schwester hat es, dann kannst Du sie fragen. Ich koche für mich und die drei Kinder. Hinter den Häusern haben wir drei Badeplätze. Sie sind von Mauern umgeben. Wir haben eine Toilette und benutzen zugleich die öffentliche Toilette. Die jungen Frauen und Männer müssen die öffentliche Latrine benutzen. Das Klo auf dem Compound ist für die alten Frauen bestimmt. Zur öffentlichen Latrine geht man eine halbe Meile und muß jedes Mal zwei Cedis zahlen.

In unserem Hof gibt es eine Wasserzapfstelle. Die benutzen alle. Wenn die Wasserrechnung kommt, teilen wir sie auf. Wer das Leitungswasser für sein Geschäft benutzt, muß mehr zahlen; wer das Wasser nur zum Kochen, Baden und Waschen benutzt, zahlt weniger. Vida und ich, wir brauchen viel Wasser in unserem Kenkeygeschäft, und Salome, die Fischbraterin, auch. Wir zahlen dreimal soviel wie die anderen. Die Fischbraterin hat einen Jungen, der ihr die Bücher führt.

Wenn die Wasserrechnung kommt, prüft er, wer wieviel Wasser verbraucht hat und achtet darauf, daß alle zahlen. Die letzte Rechnung belief sich für drei Monate auf ¢ 5.000,-, mein Anteil war ¢ 220,-.

Für den Strom benutzen wir ein Punktsystem. Eine Glühbirne ist ein Punkt. Wenn Du außer einer Glühbirne nichts hast, zahlst Du für zwei Punkte, weil Du ja auch bügelst. Ich muß für zwei Punkte zahlen, obgleich ich kein Bügeleisen habe. Das letzte Mal habe ich ¢ 200,- für zwei Monate gezahlt. Manche haben einen Ventilator, einen Herd oder einen Kühlschrank. Die kosten drei Punkte. Nur die alten Frauen zahlen nichts. Ihr Anteil wird bei uns aufgeschlagen. Sie zahlen nicht, weil sie kein Geld haben.

Nach ihrer Kindheit schliefen meine Brüder nicht mehr in unserem Compound. Ab etwa zehn Jahren können sie nicht mehr bei ihren Schwestern und ihrer Mutter schlafen. Abends gingen sie in das Familienhaus meines Vaters. Die Familie meines Vaters kümmert sich um die Männer. Aber morgens kamen sie zu uns und verbrachten den Tag bei uns. Meine Mutter ernährte sie größtenteils. Meine Brüder sind alle zur Schule gegangen. Sie haben alle einen Beruf erlernt und mit einer Ausnahme leben sie heute außerhalb von Accra.

Unsere Väter und Mütter haben sich früher um die Schule nicht geschert. Als die Regierung aber anfing zu sagen, jeder solle seine Kinder zur Schule schicken, da schickten sie die Jungen und ließen die Mädchen zu Hause. Nur wenige Mädchen gingen zur Schule. Unsere Eltern wußten nichts vom Hintergund der Schule. Sie wußten nur, die Jungen würden für die Regierung arbeiten und die Mädchen würden heiraten. Sie sagten, für Frauenarbeit brauche man keine Bücher. Mädchen brauchten keine Schulbildung. Also schickten sie die Mädchen nicht zur Schule. Sie wußten, die Jungen würden später helfen. Aber heute steuern Frauen Flugzeuge und Schiffe. Jetzt haben Jungen und Mädchen im Kopf, zur Schule zu gehen.

Meine Schwestern leben in unserem Compound, aber keiner ihrer Ehemänner. Vida ist die älteste, sie muß 58 Jahre alt sein. Sie verkauft Kenkey. Meine Schwester Salome ist die Fischbraterin auf unserem Hof. Sie ist ungefähr 48 Jahre alt. Im Fischgeschäft ist mehr Geld zu verdienen als im Kenkeygeschäft. Sie verkauft nur auf unserem Hof. Auch die Kenkeyfrauen kommen und kaufen bei ihr. Die Leute essen gerne gebratenen Fisch mit ihrem Kenkey. Deshalb brauchen die Kenkeyfrauen Fisch. Sie verkaufen ihn mit dem Kenkey. Jede Woche brät Salome etwa zehn Kisten Fisch. Sie brät nur jeden dritten Tag, etwa vier Kisten auf einmal. Natürlich braucht sie eine Menge Öl und Brennholz. Aber sie macht trotzdem gutes Geld. Ihre vier Kinder haben alle die Mittelschule beendet; alles Jungen, aber noch nicht verheiratet. Abends kommen sie zum Essen zu ihrer Mutter, aber sie schlafen im Hause ihres Vaters. Der Vater hat eine zweite

Felicias Ziehmutter, 1958

Felicia, 1982

Felicia 1987

Abb. 9 Felicia Sowah

Frau, er ist Elektriker.

Nur meine jüngeren Schwestern Beatrice und Lydia haben die Schule abgeschlossen. Beatrice hat mittlerweile acht, Lydia zwei Kinder. Meine Mutter achtet tagsüber auf sie. Beatrice hat Schneidern gelernt. Ihr Mann hat für ihre Ausbildung gezahlt. Aber dann kamen die vielen Kinder und der Mann konnte ihr keine Nähmaschine kaufen. Beatrice ist heute im Kleinhandel. Sie verkauft Okra. Beatrice und Lydia gehen morgens früh aus dem Haus. Lydia verkauft Seife, *garden eggs*, Tomaten und andere Sachen. Heute dies, morgen das. Sie verkaufen beide auf dem Makolamarkt.

Meine Kenkeyküche

Es muß 1977 gewesen sein, als ich mit dem Kenkeygeschäft begann. Ich half meiner Schwester. Vida kochte und ich zog umher und verkaufte den Kenkey auf der Straße. Damals verbrauchten wir einen Sack Mais in drei bis vier Tagen. Heute gibt es mehr und mehr Kenkeyfrauen. Das Geschäft hat abgenommen. Nach jedem Sack Mais rechnete Vida ab. Sie entnahm das Geld für den Mais und teilte den Rest in drei Teile auf. Einen Teil tat sie für Brennholz und Blätter auf die Seite, einen Teil gab sie mir, einen Teil behielt sie für sich selbst. Wir teilten den Gewinn zu gleichen Teilen. So hielten wir es die ganze Zeit.

Seit fast einem Jahr betreibe ich mein eigenes Kenkeygeschäft. Der Grund, warum wir uns getrennt haben, war folgender: wir müssen für unsere Mutter ein großes Ritual[3] ausrichten. Wir Kinder müssen uns die Kosten dafür aufteilen. Vida sagte, sie könne aus dem einen Geschäft nicht die beiden Teile für sich und für mich aufbringen. Ich solle lieber einen ihrer Töpfe nehmen und meinen eigenen Kenkey kochen und verkaufen. Und wenn ich etwas Susu machte, dann könne ich meinen eigenen Anteil für das Ritual zurücklegen. Darum habe ich meine eigene Kenkeyküche aufgemacht.

Der Kleinhandel ist heute nicht so einfach. Vielleicht hätte er mir Spaß gemacht. Aber ich hatte kein Geld, um mit dem Verkaufen anzufangen. Es gab auch niemanden, der mir das Startkapital vorschießen konnte. Aber wenn ich auf Kredit kaufte, konnte ich mit dem Kenkeygeschäft anfangen. Kenkey ist ein Geschäft für Mütter mit Kindern, denn zu jeder Zeit ist etwas zum Essen im Haus, entweder der Teig oder der Kenkey. Selbst wenn Du kein Geld hast, es ist immer Essen da.

3 Felicias Mutter hat 10 Kinder geboren. Aus diesem Anlaß hat - nach dem traditionellen Brauch der *Ga* - der Kindsvater für die Familie der Frau ein Fest zu veranstalten und bestimmte Kulthandlungen zu verrichten. Aus Geldmangel hatte Felicias Vater dieses Ritual nie ausrichten können, deshalb mußten die - mittlerweile erwachsenen - Kinder diese Pflicht nun für ihn übernehmen

Jetzt sorge ich für drei Kinder. Mein Sohn Adjei lebt noch bei mir. Er ist inzwischen 27, fast 28 Jahre alt, aber er hat keine richtige Arbeit. Die meiste Zeit füttere ich ihn durch. Und mein Mann hat mir seine beiden Kinder aus seiner ersten Ehe aus dem Dorf geschickt. Der Junge lebt schon seit vier Jahren bei mir. Im letzten Schuljahr schickte er auch seine 15 Jahre alte Tochter. Im Dorf gibt es keine richtige Schule, darum hat er das Mädchen geschickt.

Im Kleinhandel kannst Du Dein Geld verlieren. Dann bleibt nichts, um die Kinder zu ernähren. Der Kleinhandel kann auch Geld abwerfen. Wenn Du die richtigen Artikel hast, die gut gehen, kannst Du rasch verkaufen. Meine Schwester Beatrice, die mit den acht Kindern, mag das Kenkeygeschäft nicht, die Arbeit ist ihr zu schwer. Und sie sagt, wenn ihre Kinder sie Kenkey kochen sehen, dann würden sie drei bis vier Klöße am Tag essen. Wenn der Kenkey im Haus ist, dann würden sie nicht aufhören zu essen. Meine Schwester zieht es vor, auf dem Makolamarkt zu verkaufen und etwas von dem Geld zu benutzen, um Kenkey oder Teig zum Essen zu kaufen.

Jeden Morgen stehe ich zwischen halb vier und vier auf. Wenn ich meinen Platz gefegt habe, zünde ich das Feuer an und setze den Kenkey für das Mädchen auf, das morgens für mich verkauft. Sie verläßt das Haus gegen sieben Uhr. Wenn sie auf ihrer Tour ist, bereite ich den Teig für den frischen Kenkey zu. Ich rühre den Aflata immer selbst. Das kostet mich eine bis anderthalb Stunden. Danach muß ich mich einen Moment ausruhen. Ich setze mich hin und frühstücke. Vorher habe ich keine Zeit, mich zu setzen, aber ich mag nur essen, wenn ich mich dabei hinsetzen kann. Ich esse einen Kloß Kenkey und etwas Fisch oder Gari mit Bohnen. Zum Trinken nehme ich das Wasser aus der Leitung. Danach nehme ich mein Bad. Ich hole mir einen Eimer voll Wasser und gehe an unseren Badeplatz. Nach dem Bad schütte ich das schmutzige Wasser vor dem Hof aus. Dann gehe ich in mein Zimmer, pudere meine Haut und lege etwas Gel auf. Das ist alles.

Wenn der Junge und das Mädchen meines Mannes am Morgen Schule haben, gehen sie früh aus dem Haus. Sie essen morgens nichts, aber sie nehmen Geld mit in die Schule. Wenn ich sage, sie sollen sich setzen und etwas essen, dann wissen sie, ich gebe ihnen kein Geld mit, um etwas zu kaufen. Sie wollen ¢ 20,- haben, sonst sind sie nicht zufrieden. Sie mögen den Reis oder die Bohnen von den Frauen, die an der Schule verkaufen. Alle Kinder haben Geld dabei und wenn Du den eigenen keins gibst, fühlen sie sich ausgeschlossen.

Wenn ich mich gewaschen habe und nirgends hin muß, fange ich an, die Kenkeyklöße zu formen. Die Frau meines Bruders hilft mir dabei. Sie hat keine Arbeit, deshalb kommt sie morgens und hilft mir. Ich gebe ihr am Tag ¢ 70,-. Zur Zeit machen wir Klöße für ¢ 1.000,- am Tag, das sind 100 Klöße. Sie zu formen und in

Blätter einzuwickeln dauert ungefähr anderthalb Stunden. Genau um drei Uhr am Nachmittag setze ich den Kenkey aufs Feuer. Den Kenkey für den nächsten Morgen lege ich zur Seite. Spätestens um fünf Uhr gehe ich auf meine Verkaufstour. Ich lege die Klöße in eine Schüssel, tue den gebratenen Fisch dazu und ein bißchen Soße in einen Napf, daneben kommt das Einwickelpapier. Gestern hatte ich Kenkey für ¢ 700,- dabei, aber ich habe nur für ¢ 450,- verkauft. Auf meiner Tour gehe ich immer durch die gleichen Straßen. Wenn ich auf jemanden treffe, der kaufen will, dann verkaufe ich. Aber ich habe auch einige regelmäßige Kunden, zehn oder elf Häuser, zu denen ich jeden Tag gehe. Sie warten auf mich. Ich gehe in den Hof und rufe die Leute im Haus. Manche kaufen, andere brauchen heute nichts, brauchen aber morgen wieder. Manche meiner Kunden kaufen für ¢ 60,-, andere für ¢100,- und manche vielleicht für ¢150,-. Wenn ich Glück habe, werde ich allen Kenkey an meine Kunden los. An anderen Tagen kaufen sie nicht. Gestern zum Beispiel war Sonntag, da kochen viele zu Hause.

Wenn Du zu allen freundlich bist und wenn Du ihnen für morgen oder das nächste Mal einen dash versprichst, dann mögen sie Dich. Manche Kunden kaufen regelmäßig und fragen nie nach einer Zugabe. Nach zwei oder drei Wochen gebe ich ihnen von mir aus einen Kloß unentgeltlich dazu. Andere versuchen, mich zu drängen. Sie kaufen zwei oder drei Mal und dann verlangen sie einen dash. Manche sagen, 'ach, heute habe ich kein Geld. Gibst Du mir Kenkey? ich zahle morgen.' Diese Leute warten jeden Tag auf mich. Selbst wenn ich nicht pünktlich bin, warten sie auf mich und kaufen von keiner anderen Kenkeyfrau. Sie wissen, wenn sie regelmäßig von mir kaufen, dann gebe ich ihnen auch an dem Tag Kenkey, wenn sie kein Geld haben, um ihn gleich zu bezahlen.

Die Steuereintreiber tragen Uniformen, grün von oben bis unten. Sie gehen an jede Ecke, zu jedem Tisch am Straßenrand. Wenn sie zu einem Verkaufstisch kommen, fragen sie nach Deiner Karte. Wenn Du eine gültige Karte vorzeigen kannst, sind sie zufrieden, sonst zwingen sie Dich zu zahlen. Zehn Cedis für einen Tag oder ¢ 150,- für den Monat. Die jährliche Einkommenssteuer ist noch etwas anderes. Im vergangenen Jahr zahlten wir jede ¢ 500,- für das Gewerbe, das wir im Hause ausüben. Vida, die Fischbraterin, und ich. Aber dieses Jahr wissen wir nicht, was wir bezahlen müssen, sie sind noch nicht gekommen. Und jetzt verabschieden sie ihren Haushalt, wir wissen noch nicht, was sie verlangen werden.

Die Mädchen, die für meine Schwester und mich morgens den Kenkey verkaufen, treffen auf die Kartenverkäufer. Sie kommen von der Stadtverwaltung. Wenn Du sie triffst, mußt Du zahlen. Manchmal kannst du sagen, 'es tut mir leid, ich habe nichts verkauft, ich kann die Karte jetzt nicht bezalen, vielleicht kann ich zahlen, wenn wir uns wieder treffen.' Dann lassen sie Dich. Aber wenn Du sie beschimpfst oder beleidigst, dann können sie Dir leicht Deinen Kenkey abnehmen und mit ins Büro nehmen. Dann mußt Du dorthin gehen und Deine Karte bezahlen. Im Büro sitzen nur Männer, auf der Straße sind die meisten Steuereintreiber Frauen. In manchen Wochen triffst Du sie zwei, drei Mal. In anderen Wochen triffst Du sie überhaupt nicht. Wenn Du sie rechtzeitig siehst und noch eine Straßenecke erreichst, kannst Du ihnen aus dem Wege gehen und Dich verstecken. Weil ich am Abend auf meine Tour gehe, treffe ich sie nie. Ich verkaufe lieber am Abend. Morgens sind so viele Kenkeyverkäuferinnen unterwegs. Abends kannst Du lange laufen, bevor Du auf eine triffst. Und abends sind die Arbeiter zu Hause. Wenn sie nichts zu essen haben, kaufen sie Kenkey. Ich komme abends gegen halb neun oder neun Uhr wieder nach Hause. Aber am Morgen verläßt das Mädchen den Hof zwischen sieben und halb acht Uhr. Manchmal hat sie um zwölf Uhr noch nicht alles verkauft. Viele Kenkeyverkäuferinnen sind auf der Straße. In jeder Straße triffst Du auf drei oder vier.

Das Mädchen, das morgens für mich verkauft, ist die Tochter meiner Schwester, der Schwester mit den acht Kindern. Sie ist elf Jahre alt und geht zur Schule. Zur Zeit geht sie nachmittags zur Schule. Sie wechseln alle zwei Wochen vom Vormittags- zum Nachmittagsunterricht. Wenn sie morgens zur Schule geht, kann sie nicht verkaufen. Dann verkauft niemand für mich am Morgen und ich versuche, allen Kenkey abends abzusetzen. Ich gebe ihr nicht viel Kenkey mit auf die Tour. Nur für ¢ 200,-, 20 Klöße. Wenn das Geschäft nicht gut geht, braucht sie drei bis vier Stunden, bis sie zurück ist. Ich gebe ihr ¢ 30,- für den Verkauf. Von dem Geld ißt sie für ¢ 20,- in der Schule, ¢ 10,- legt sie als Susu zurück. Wenn sie ihre Sandalen verliert, kann sie von ihren Ersparnissen neue kaufen. Es sind zu viele Kinder, die Mutter kann nicht für alle sorgen. Das Mädchen verkauft gerne. In den Ferien verkauft sie jeden Tag. Selbst wenn sie nur ¢ 10,- zurücklegt, kann sie noch ¢ 20,- ausgeben. Sie kann auch alles zurücklegen, denn sie kann zu Hause essen, ob sie auf Verkaufstour geht oder nicht, sie kann immer zu Hause essen. Sie kann von ihrer Mutter zu essen kriegen, von meiner Schwester Vida oder von mir. Sie kann überall so viel essen wie sie mag und kann das Geld behalten.

Die Jungen gehen nur zur Schule und nach der Schule streunen sie herum. Es gibt einen Unterschied: die Mädchen nehmen den Kenkey und verkaufen ihn, die Jungen tun das nicht. Wenn die Jungen überhaupt dazu bereit wären, träfen sie ihre Freunde und die würden sagen, 'Du großer Junge ziehst mit Kenkey herum', und am nächsten Tag würde er nicht wieder gehen. Es gibt eine Arbeitsteilung: die Jungen sind von Anfang an frei, die Mädchen müssen sich anstrengen und wenn sie herangewachsen sind, müssen sie sich noch mehr anstrengen.

Mein Ehemann

Mein Mann heißt Seth Godji. Er ist ein Flugzeugmechaniker, früher haben sie bei der Luftwaffe Flugzeuge montiert. Er war bei der Luftwaffe. Seit er den Dienst quittiert hat, arbeitet er als Bauer in seinem Heimatdorf Asutsuare in der Nähe von Akuse, Greater Accra Region. Mein Mann ist kein Ga, er gehört zum Stamm der *Krobo*. Unsere Sprachen sind ähnlich. Ga und Krobo können miteinander auskommen. Ich habe ihn vor acht Jahren geheiratet. Als wir vier Jahre miteinander verheiratet waren, schied er aus der Luftwaffe aus. In den ersten Jahren sahen wir uns fast jeden Tag. Tagsüber arbeitete und lebte ich wie zuvor, abends ging ich mit dem Essen zu ihm. Er wohnte in einem gemieteten Zimmer in einem der Compounds in Labadi. Manchmal wohnte ich einige Tage bei ihm. Wir hatten eine gute Zeit miteinander. Es war unsere Anfangszeit.

Er suchte eine Büroarbeit in Accra, aber fand keine. Zur gleichen Zeit starb sein Vater. Mein Mann ist der älteste Sohn, er mußte an die Stelle des Vaters treten. Wir zogen beide in das Dorf und ich blieb anderthalb Jahre dort. Aber als wir dort wohnten, wollte ich auch arbeiten, es gab aber nur Arbeit auf dem Feld. Damit kenne ich mich nicht aus. Ich habe Feldarbeit nie gelernt. Ich kann das nicht. Sie ist mir zu schwer. Mein Mann begann eine Cassava-Farm auf dem Land der Familie. Wir kauften Cassava-Stöcke aus einem anderen Dorf und mieteten einen Pflug für das Feld. Wir gaben all unser Geld aus, bevor die Farm etwas abwarf. Ich war nur für das Kochen und Saubermachen zuständig. Ich ging mit ihm aufs Feld und verbrachte den Tag dort, konnte aber nur mit Kleinigkeiten helfen, die ich verstehe, ich kann nicht auf dem Feld arbeiten. Ich sagte zu meinem Mann, nun sitzen wir alle im Dorf und eines Tages fallen wir um. Ich will nach Labadi zurück und meinem Geschäft nachgehen. Ich schlug vor, ich wolle meinen Kenkey herstellen und versuchen, etwas Geld zur Seite zu legen und er solle seiner Feldarbeit nachgehen, wenn er Hilfe brauche, würde ich ihm helfen. Zuerst mochte er den Gedanken gar nicht. Aber eines Tages brauchten wir Geld, er hatte keins, und ich auch nicht. Da änderte er seine Meinung, er verstand mich. Ich mußte einfach meine eigene Arbeit fortsetzen, deshalb kam ich zurück. Es ist nicht so, daß wir uns nicht sehen. Manchmal besuche ich ihn und er kommt auch zuweilen nach Accra, zu Genossenschaftstreffen. Er hat jetzt eine Reis-Farm. Vor einem Jahr und zwei Monaten kam ich nach Labadi zurück. Ich würde gerne mit meinem Mann zusammenleben. Es gibt keinen Streit zwischen uns, überhaupt keinen. Das einzige Problem ist, er hat kein Geld. Manchmal gibt er mir etwas Geld, aber meist dauert es lange, bis er einen kleinen Betrag für uns übrig hat. Was das Geld anbelangt, übernehme ich den größeren Teil in unserer Ehe. Ich sorge für seine beiden Kinder. Wenn ich für sie das Schulgeld und die Schuluniformen ausgelegt habe, dann zahlt er nur, wenn er mal Geld übrig hat. Neulich habe ich für das Mädchen ¢ 500,- Schulgeld bezahlt und ¢ 200,- für den Jungen. Ich machte meinem Mann die Rechnung auf, bislang hat er nicht gezahlt; das gleiche gilt für die Schuluniformen. Die Kinder helfen mir im Haus. Ich muß für sie aufkommen. Früher, in unserer Anfangszeit, als mein Mann bei den Streitkräften seinen Sold verdiente, gab er mir jeden Monat Essensgeld.

In Zukunft möchte ich nicht gerne ohne meinen Mann leben. Nur im Dorf kann ich nichts tun. Es ist ein Dorf, in dem zehn oder zwanzig Menschen in einem Haus wohnen und man muß lange laufen, bis man zum nächsten Compound gelangt. Alle kochen für sich selbst und niemand kauft fertiges Essen, niemand. Der Markt ist weit entfernt. Man muß sieben oder acht Meilen fahren, um zum nächsten Markt zu gelangen. Und ich habe da nichts zu verkaufen. Auch ein Kleinhandel brächte nichts. Ich wäre ständig unterwegs, weil die Häuser so weit auseinanderliegen. Es ist nicht wie in Labadi. Du mußt so weit laufen wie zum El Wak Stadion, bis Du das nächste Haus erreichst und von da so weit wie bis zum Flughafen, bis Du zum nächsten kommst. Das ist kein Ort um Handel zu treiben und deshalb kein Ort, an dem ich Geld verdienen kann. Ich kann nicht im Dorf leben, ohne etwas zu tun, und er kann in Accra keine Arbeit finden.

6 Ergebnisse

Die vier ihren jeweils eigenen Fährten nachspürenden Teile meiner Untersuchung haben die einleitend aufgeworfenen Fragen perspektivisch verengt und den Blick damit vertieft. Die historische, soziologische, teilnehmend beobachtende und biographische Erkundung der sozialen Welt des Maiskloßes und seiner Herstellerinnen hat manche Thesen in Frage gestellt, die unter dem Stichwort 'Frauen und Entwicklung' rasch auftauchen: Bei den Kenkeyfrauen ging und geht es in aller Regel nicht ums nackte Überleben; die Frauen sind nicht als ungelernte Arbeiterinnen in die städtischen Sekundärindustrien abgedriftet; wir haben es nicht mit einem transitären oder Migrationsphänomen zu tun, Kenkey herzustellen ist meist lebenslanges Los. Die Kenkeyfrauen haben weder im Zuge der Verarmung Arbeiten übernommen, die nicht in ihre traditionelle Geschlechterrolle hineinpassen, noch ist ihre Arbeit 'unsichtbar'. Die unterstellte mangelnde Ausdrucksfähigkeit erwies sich als Schimäre, die Lebensgeschichten zeugen beredt vom Gegenteil. Dieses 'technische' Problem stellt sich womöglich vornehmlich Männern im Umgang mit Frauen. Die Frauen waren weder darin geübt noch geneigt, sich meinem Fragerhythmus und Erkenntnisinteresse unterzuordnen oder anzupassen, geduldiges Lauschen und sich Einhören war gefordert, nicht Ausfragen. Die Frauen gaben in ihrem eigenen Rhythmus und Duktus einen tiefen Einblick in ihre Geschichte, ihr Empfinden und ihre Wahrnehmungsweise.

In meinen Gesprächen mit Kenkeyfrauen entstanden tatsächlich "Bilder der Gesellschaft von einer Art, wie sie Männer auf den ersten Blick kaum akzeptieren können" (Ardener 1975: 3), nicht nur zweier getrennter Welten: einer männlichen und einer weiblichen; die individuellen Lebensgeschichten vermitteln sich vielmehr in einem geschichtslosen und unpolitischen Raum, im Beziehungsnetz von Arbeit, Familie, Verwandtschaft und Kirche. Auf meine Frage etwa, was sie im Zusammenhang mit der politischen Unabhängigkeit Ghanas im Jahre 1957 erinnere, eine typisch männliche Frage, die ich auf Anregung meines Mannes stellte, der überhaupt nicht verstehen konnte, warum sie in ihrer Lebensgeschichte Politik nie erwähnt hatte, antwortete Ellen Tamakloe spontan: "Diese Dinge spielten für mich keine Rolle. In dieser Zeit, erinnere ich mich, hatte ich gerade Kofi, mein drittes Kind, geboren; ich war dreißig." Die wesentliche Orientierung an unmittelbaren natürlichen Ereignissen, vor allem an Geburten, Kindern sowie an anderen Frauen (Schwestern, Tanten, Müttern, Großmüttern) hat insbesondere bei älteren Frauen existentielle Gründe. Die Einblicke in ihr Leben haben mir verdeutlicht, wie flüchtig und rasch veränderlich die äußeren Bedingungen ihres Lebens sind. Stabil sind nur zwei Grunddaten: sie sind Teil eines Netzes von Verwandtschaftsbeziehungen und sie kochen Kenkey für ihren Lebensunterhalt. Alles andere ist flüchtig: ihre Verkaufsplätze, die Größe ihres Geschäfts, die Zusammensetzung ihres Haushalts oder Betriebs. Aus familiären Anlässen stellen sie das Kenkeykochen heute ein und nehmen es kurze Zeit später wieder auf.

Kenkeyfrauen fallen innerhalb des ghanaischen Zensus nicht in die Kategorie der 'homemaker', sondern zählen zur arbeitenden Bevölkerung. Ihre korrekte statistische Klassifizierung besagt indes gar nichts. Die Kenkeyproduktion bleibt ebenso wie alle sonstigen Garküchen von staatlichen Zuwendungen unberührt und für staatliche Regulierungsversuche ungeeignet. Aus der Sicht des Department for Cooperatives etwa kann die Einkaufsgenossenschaft in Madina nicht mehr als eine Aktenleiche sein, deren wirtschaftliches Leben die Beamten durch gefälschte Angaben vortäuschen zu müssen glauben. Tatsächlich haben wir es jedoch mit einem lebendigen, nur eben staatlich nicht erfaßbaren sozialen Gefüge zu tun, mit wirtschaftlich arbeitenden und rechnenden Klein- und Kleinstbetrieben, die mit dem Auf und Ab des Wirtschaftslebens vertraut und an Kredite und gegenseitige Abhängigkeiten gewöhnt sind, auch wenn die Kredite nicht aus dem staatlichen oder dem offiziellen Bankensystem stammen. Dieses fein verästelte, hochgradig arbeitsteilige System hat zudem noch einen Vorteil: es paßt sich organisch den Knappheits- und Überflußlagen an, legt Betriebsteile still, wiederbelebt oder verdoppelt sie ohne alle 'overhead'-Kosten. Die Kenkeyfrauen arbeiten in einer den Ernte- und Versorgungszyklen unterliegenden, vom Staat weitgehend losgelösten Sphäre.

Den Staat, der im übrigen auch historisch an der Verbreitung von Mais und Kenkey nur als Nachfrager beteiligt war, aber nie investieren mußte, nehmen die Kenkeyfrauen nur als Ausbeuter wahr, als parasitäre Einrichtung, die grüngekleidete Beamte zum Abkassieren der täglichen Platz- oder der jährlichen Gewerbesteuern ausschickt, denen man tunlichst aus dem Wege geht, denn eine Gegenleistung ist nicht erkennbar, und dessen komplizierte Regularien, etwa zu den Genossenschaften, an ihrer Wirklichkeit vorbeigehen.

Mein Augenmerk galt den Strategien, die Frauen wirtschaftlich und sozial entwickeln, um zu überleben und ihren veränderten Fürsorgepflichten nachzukommen. Dabei hat sich die These: im Verlauf des 20. Jahrhunderts habe die Möglichkeit der Frauen abgenommen, den ihnen zugeschriebenen sozialen Verantwortlichkeiten gerecht zu werden (Bay 1982: 6) als für die Kenkeyfrauen nicht zutreffend erwiesen, das Gegenteil ist vielmehr der Fall. Auch Margaret Fields Darstellung der in Geldangelegenheiten so beneidenswerten Ga-Frauen, deren finanzielle Verantwortung fast zu vernachlässigen sei (Field 1940: 54), hat sich bei den Kenkeyfrauen in Labadi nicht bestätigt. Bei ihnen finden wir fast alle wirtschaftlichen Grundzüge wieder, die Oskar Lewis als besonders charakteristisch für die 'Kultur der Armut' bezeichnet: den ständigen Kampf ums Dasein, die niedrigen Löhne, ungelernte Berufe und Kinderarbeit, das Fehlen von Ersparnissen, dauernde Geldknappheit und Anleihen zu Wucherzinsen, ebenso die bemerkenswerte Stabilität und Beständigkeit dieser Lebensform, die sich in den Familien von Generation zu Generation vererbt (Lewis 1982: 29).

Kenkeyfrauen zählten zwar immer zu den Frauen ohne Kapital, aber nicht notwendig immer zu den Armen. Ihre heutige Situation ist eher das Resultat eines Prozesses, der sich innerhalb von ein bis zwei Generationen vollzogen hat. Von den alten Frauen sagten alle, die 'olden days' seien besser gewesen. Für alle ghanaischen Frauen ist 'a piece of cloth' (12 yard Wachsdrucktuch) ein feststehender und wertbeständiger Begriff. Wohlstand bemißt sich bei den Frauen traditionell nach der Anzahl der Stücke Tuch in ihrer Truhe. In den 1930er Jahren kostete ein Stück Tuch 15 Shilling und ein Kenkeykloß 1/2 Penny. Der Erlös von 360 Kenkeyklößen reichte, um es zu kaufen, heute braucht man dafür 1.000 Klöße, und dabei ist ihr Arbeitsaufwand gleich geblieben, denn technologisch hat sich in diesem Zeitraum nichts geändert. Die Preisrelationen haben sich im Verlauf von zwei Generationen deutlich zuungunsten der Kenkeyfrauen verschoben.

Der wirtschaftliche Fortschritt komme den Männern als Lohnempfängern im modernen Sektor zugute, während die Lage der Frauen unverändert bleibe oder sich verschlechtere, wenn der Wettbewerb der wachsenden modernen Sektoren die von Frauen betriebenen traditionellen Geschäfte ins Abseits dränge. Auf diese Weise entstehe in der Regel ein Einkommensgefälle zwischen den Männern mit steigenden Löhnen im modernen Sektor und Frauen mit gleichbleibenden oder sinkenden Einkommen in den schrumpfenden traditionellen Sektoren, schreibt Boserup (1970: 139). Diese Einschätzung trifft für die Kenkeyfrauen so nicht zu. Kenkeyküchen können, sofern man den Eigenverzehr mitberechnet, ein weit höheres Einkommen erzielen, als ein Arbeiter verdient. Das Gefälle zwischen Mann und Frau entsteht auf andere Art, durch die Verlagerung der wirtschaftlichen Verantwortung auf die Frauen, deren traditionelle Unabhängigkeit diesen Prozeß begünstigt hat.

Um diesen Aspekt, scheint mir, ist in unserem Zusammenhang der Begriff von der Feminisierung der Armut (Illich 1982: Fn 48) zu ergänzen, der mit Bezug auf Ester Boserup nur auf zwei Faktoren abhebt: die Frauen seien durch die Ausweitung des Geldumlaufs ungleich stärker als Männer von jeder Form materieller Wertschöpfung abgedrängt und zugleich mit mehr Arbeit belastet worden. Wir haben es weniger mit einer Feminisierung der Armut als mit einer Feminisierung der Fürsorge zu tun.

Die Frauen benannten wiederholt die beiden wesentlichen Determinanten für die Wahl eines Gewerbes: erstens das notwendige Kapital und zweitens ihren Familienstatus, insbesondere das Alter der Kinder, für die sie Sorge zu tragen haben; je jünger die Kinder, desto geringer ihre Bewegungsfreiheit. Die Kenkeyfrauen haben kein Kapital und häufig auch keine physische Bewegungsfreiheit, das drängt sie in einen Bereich mit geringem Wachstumspotential, in einen Beruf, den sie sich meist nicht ausgesucht haben, sondern in den die Umstände sie treiben. Ihre Arbeit, das benennen die Frauen selbst ausdrücklich, ist am untersten Ende einer Hierarchie angesiedelt, die von den Maishändlerinnen angeführt wird. Sie diktieren die Preise, über die die Kenkeyfrauen schlecht informiert sind, da sie sich höchstens zum Verkauf des Kenkey von ihren Töpfen fortbewegen.

Die Kenkeyherstellung war zwar von Anfang an wahrscheinlich nicht Bestandteil traditioneller Komplementarität von Männer- und Frauenarbeit. Die Frauen stellten die Nahrung her und nutzten vermutlich die sich bietenden Chancen, unabhängiges, familiär nicht gebundenes Einkommen zu erzielen, als mit dem Wachstum städtischer Zentren mit vornehmlich männlicher Bevölkerung (Migration) eine Nachfrage nach Gütern und Dienstleistungen entstand, die Frauen auf gewerblicher Basis, z.B. in Garküchen, befriedigen konnten. Dennoch bestanden vielfältige Formen der Kooperation zwischen Mann und Frau. Die Väter der Kenkeyfrauen verdienten meist als Bauern oder Fischer ihren Lebensunterhalt und arbeiteten durch Zulieferungen (Mais oder Fisch) oder Dienstleistungen (Transport) mit ihren Frauen zusammen. Die Ehemänner der heutigen Kenkeyfrauen üben in der Mehrzahl moderne Berufe aus, die kaum noch Möglichkeiten der Kooperation zwischen den Eheleuten bieten. Zugleich hat die rapide zunehmende Verstädterung ihnen die nutzbare Umwelt zerstört, die ihren Eltern noch unentgeltlich viele Lebensnotwendigkeiten lieferte. Das frühere Farmland in Labadi ist längst bebaut, die Männer sind meist Lohnarbeiter, alles, was zum Lebensunterhalt benötigt wird, ist in Geld zu bezahlen.

Boserup hat aufgezeigt, daß die weiblichen Anbausysteme Afrikas eine charakteristische Form der Anpassung an den kolonialen Kapitalismus herausgebildet haben. Sie funktionierten unter allen Umständen und lieferten dem modernen Sektor eine männliche Bevölkerung, die unterhalb der Kosten für Kinder, Alters-, Kranken- und Arbeitslosenvorsorge entlohnt werden konnte. Meillassoux bezeichnet ein Lohnniveau unterhalb der Lebenshaltungskosten für die Familie als Merkmal peripheren Kapitalismus, der von der Erhaltung weiblicher Subsistenzwirtschaft lebt (1976: 107 ff.). Kenkey herzustellen habe ich als eine monetarisierte Form der Subsistenzwirtschaft bezeichnet, so paradox das auch klingen mag. Die Frauen rechnen zwar ausschließlich in Geldeinheiten, aber das eigentliche Ziel ist, was zunächst als naturalisierter Nebeneffekt erscheint: aus dem gewerblichen Kochtopf zugleich die Familie zu ernähren. Diesen Verdienst, die physische Subsistenz der Angehörigen, nehmen sie als solchen gar nicht wahr. Verdienst ist für die Kenkeyfrauen, was beim Geschäft übrig bleibt. Der Kenkey bleibt nicht übrig, er wird verzehrt. Dennoch: die zunehmende Monetarisierung greift allmählich auch auf die innerfamiliären Arbeitsverhältnisse über.

Sanjeks zählen die Kenkeyfrauen zu den 'working-class traders', denn deren eigentliche Investition sei ihre eigene Arbeit, der Zins auf ihr schmales Kapital gering und vollständig von ihrer fortbestehenden physischen Kraft und Gesundheit abhängig (Sanjek &Sanjek 1976: 14). Sudarkasa hat darauf hingewiesen, wie falsch es sei, von den Kleinhändlerinnen zu sagen, sie 'besäßen' ihr Geschäft, ihr Geschäft 'seien' sie vielmehr selbst (1975: 94 f.). Sanjeks sprechen von dem sogenannten 'Kapital' der Kleinhändlerin als dem 'funktionalen Äqivalent' zur Hacke des Landarbeiters (Sanjek 1976: 14). Der Kochtopf der Kenkeyfrau ist ihr Äquivalent zur Hacke. Damit schließt sich auch der Kreis: was Boserup, Meillassoux und Guyer (1980: 358 f.) von weiblicher Subsistenzarbeit auf dem Lande als dem Nährboden des modernen Sektors oder des peripheren Kapitalismus sagen, gilt in gleichem Umfang für die monetarisierte Subsistenzarbeit der Kenkeyfrauen in der Stadt. Sie ernähren ein ganzes Volk zu ländlichen Preisen und setzen durch Übernahme der Fürsorge für Groß-, Geschwister-, Pflege- und eigene Kinder die Männer der Familie für moderne Arbeiten frei. Kenkey zu kochen ist für viele die letzte Zuflucht, eine nur auf Frauenrücken ausgetragene subsistenzielle Kranken-, Alters-, Arbeitslosen- und zugleich Unterbezahlungsversicherung.

Kenkeyfrauen betreiben seit Jahrhunderten ein Gewerbe, das außer der Einführung der Getreidemühlen keine Innovation erlebt hat. Die Entwicklung der letzten einhundert Jahre hat die innere Verfassung dieses Gewerbes also kaum beeinflußt. Alles, was sonst unter Modernisierung verstanden oder als deren Folge damit verbunden wird: Verstädterung, Migration, zunehmende Arbeitsteilung, Geld- statt Subsistenzwirtschaft etc., ist hier schon seit Jahrhunderten Tradition. Marginalisierung hat unter solchen Bedingungen eine spezifische Bedeutung: die äußeren Rahmenbedingungen können trotz stabiler innerer Verhältnisse ein Gewerbe an den Rand des Geschehens drängen, nicht so sehr als Folge von Konkurrenz, etwa des Weißbrots, sondern weil die im Überfluß angebotene Frauenarbeit insgesamt immer geringer bewertet wird, die betroffenen Frauen keinen gegensteuernden Einfluß geltend machen können, ihnen auch fast regelmäßig die Einsicht in die Zusammenhänge fehlt.

Bei aller Unabhängigkeit ist an verschiedenen Stellen die Kontrolle der Männer über die Frauen deutlich geworden. Zu Recht beklagt Jane Guyer, wie wenig wir darüber wissen, auf welche Weise die Männer die Kontrolle über die Frauen ausüben (Guyer 1981: 96). Im Falle der Kenkeyfrauen ist diese Kontrolle weder wirtschaftlichen Ursprungs, noch ergibt sie sich aus der Organisation der Produktion, sondern sie resultiert aus sozialen und kulturellen Anrechten und Ansprüchen.

Hinter dem auf den ersten Blick fast gleichförmigen Bild der Verarmung, denn Beschreibungen von Mexiko City (Arizpe 1977: 37) oder von Kinshasa (Cutrufelli 1983: 108) könnten ebensogut auf Accra zutreffen, und hinter den universellen und scheinbar uniformen Strukturen verbergen sich vielfältige Unterschiede, die sich erst beim genaueren Hinsehen offenbaren. Dann erscheint die sozioökono-mische Wirklichkeit von Garküchen in Guayaquil, wo Männer in einen zuvor den Frauen vorbehaltenen Einkommensbereich eindringen, Frauenarbeit jedoch die Voraussetzung für den männlichen Handel und Gewinn bleibt, denn die Frauen kochen, was die Männer verkaufen (Moser 1981: 26), plötzlich in ganz anderem Licht als die von Accra. Die Frauen in Ghana brauchen weder beim Betrieb ihrer Garküchen noch beim Verkauf des Essens männlichen Wettbewerb zu fürchten, Kochen und Verkaufen ist Frauenarbeit.

Das gleiche gilt für 'women-headed households', die in neueren Untersuchungen einen besonderen Platz einnehmen, weil ihre Zahl überall in der Welt stark zuge-nommen hat. Dieser steigende Trend ist Folge hoher Trennungs- und Schei-dungsraten sowie der Migration in die Städte. Bei den Ga-Frauen haben wir es fast durchweg mit einem ähnlichen Phänomen zu tun. Auch sie betreiben 'wo-men-headed households', nur hat das mit anderen - traditionellen und sozialen - Aspekten zu tun, ist keine neue Erscheinung, kulturell längst eingeübt und Teil ei-nes komplizierten Geflechts von Beziehungen innerhalb der Großfamilien, das starken Belastungen und Veränderungen unterworfen ist, und in dem sich, wie wir gesehen haben, Verantwortung und Fürsorge immmer mehr von den Män-nern auf die Frauen verlagern.

Anhang

Glossarium

Abolo	Fladen aus unfermentiertem Maisteig unter Beigabe von Süßkartoffeln oder Weizenmehl und auf Blättern gedämpft
Aflata	der fermentierte und teilweise gekochte Kenkeyteig
Akpeteshie	lokaler Gin
Akple	Klöße aus trocken gemahlenem, unfermentiertem Mais
American tin	Blechdosen von ca. 3 l Inhalt, handelsübliches Hohlmaß entspricht bei Mais ca. 2,5 kg (ein Sack Mais wiegt zwischen ca. 110 und 120 kg)
Ampesi	gekochter Cocoyam, Yam oder gekochte Plantain
Banku	Klöße, je zur Hälfte aus fermentiertem Maisteig und gestampftem Cassava, uneingewickelt gedämpft
Boys quarters	Bedienstetenunterkunft
Cassava	Maniok
Cedi	Bis 1957 war die Währungseinheit das Gold Coast £, 1£ = 20 sh à 12 p; bis 1965 dann das Ghana £. Im Juli 1965 führte die Regierung das Dezimalsystem ein, die Währungseinheit wurde der Cedi. Für das Ghana £ erhielt man damals ¢ 2,40. Die heutige ghanaische Währungseinheit ist der Cedi, 1 ¢ = 100 Pesewas. 1982 lag der Wechselkurs bei 1 US-$= ¢ 2,75; 1986: 1 US-$ = ¢ 150,-; seit Ende 1986 wird der Kurs auf allwöchentlichen Versteigerungen ermittelt und lag Ende 1987 bei 1 US-$ = ¢ 176,-.
Cocoyam	Wurzelknolle der *Xanthosoma*-Pflanze, deren Blätter als Gemüse verwendet werden; wird wie Yam verarbeitet
Dash	kostenlose Zugabe
Doughnuts	Pfannkuchen
Fufu	eine gestampfte, zu länglichen Klößen geformte Masse, aus gekochtem Yam, Cocoyam und/oder grünen Kochbananen
Gallone	1 'Imperial Gallon' = 4 1/2 Liter
Garden Eggs	Eierfrüchte; kleine, weiße Auberginenart
Gari	gerösteter und gemahlener Cassava
Gigi	gemahlener und in heißem Wasser gedünsteter Cassava
Homowo	Erntedankfest der Ga
Kakloe	kleine, in Öl gebratene Kuchen aus Mais, zerstampften Kochbananen und Zwiebeln

Kalabasse	die harte Schale aus der Frucht des Kalabassenbaums wird halbiert und als Trink- und Schöpfgefäß benutzt
Kalabule	Geschäfte, die auf Schmuggel, künstlicher Verknappung von Gütern, auf Bestechung, Schwarzmarkt oder 'besonderen Beziehungen' basieren
Kellewele	mit Pfeffer und Ginger gewürzte, in Stücke geschnittene, gebratene, reife Kochbananen
Kerosine-tins	Hohlmaß, 6 Kerosine-tins = 1 Sack Mais
Koko	Brei aus fermentiertem Maisteig, traditionelle Kost für Kleinkinder, auch Ersatz für Muttermilch
Kokonte	Klöße aus Cassavamehl
Mammielorry	Kleinlastwagen zwischen 3,5-7 t
Okro	Gemüse, in der Türkei als Okra, in Indien als Ladyfingers bekannt
Pito	Hirsebier
Plantain	Kochbananen
Susu	traditioneller Sparverein
Trotro	Kleinbus
Yakayake	Cassaveküchlein

Fragebogen
(Zur Untersuchung der Kenkeyküchen in Labadi, Kapitel 3)

Der erste Teil des Fragebogens bezog sich auf allgemeine Lebens-, der zweite auf betriebliche Daten. Dieser Teil bestand aus den folgenden Fragen:

1. For how many years have you been producing Kenkey?
2. What were you doing before?
3. Why did you change to Kenkey?
4. From whom and when did you learn your Kenkey business?
5. Since when are you selling Kenkey at the present place?
6. Where were you selling Kenkey before?
7. Is Kenkey your only business?
8. On which days of the week or on which occasions do you not sell Kenkey?
9. When do you sell most of your Kenkey?
10. Do you have a permanent table where you sell your Kenkey?
11. Which part of your Kenkey is sold on a tour?
12. Do you always go on the same tour?
13. How long does the tour take?
14. How many balls of Kenkey do you sell to regular customers every day?
15. How many 'american tins' of maize do you prepare every day?
16. How long does one maxi bag of maize last you?
17. How many balls of Kenkey did you sell yesterday?
18. For how many Cedis do you sell when the market is good/bad?
19. In the course of one year, which is the best/worst season?
20. How do you buy your maize?
21. How and where do you get your firewood?
22. How and where do you get your salt?
23. How and where do you get your leaves?
24. How and where do you get your wrapping paper?
25. How much do you pay for grinding one bag of maize?
26. How do you carry the maize to the mill?
27. How many pots of which size do you have?
28. Which other utensils do you have?
29. Are you a member of a susu?
30. For what do you use the money you saved?
31. What are your main problems in the Kenkey business?
32. Looking back, which was the best period for your Kenkey business?
33. And which period was the worst?
34. Do you like to be a Kenkey woman? What else would you like to do?
35. Are you sometimes losing money in the Kenkey business?
36. Have you ever been a member of a co-operative?

Bibliographie

Acquah, Ioné. 1972 (1958). *Accra Survey*. Accra: Ghana Universities Press.

Afshar, Haleh (Hrsg.) 1985. *Women, Work, and Ideology in the Third World*. London: Tavistock Publications.

Anker, Richard; **Buvinic**, Mayra; **Youssef**, Nadia H. 1982. *Women's Roles and Population Trends in the Third World*. London.

Ardener, Edwin. 1975. Belief and the Problem of Women. In: Ardener, Shirley (Hrsg.) 1975. *Perceiving Women*. London: Malaby Press.

Arizpe, Lourdes. 1977. Women in the Informal Labor Sector: The Case of Mexico City. In: The Wellesley Editorial Committee (Hrsg.) 1977. *Women and National Development. The Complexities of Change*. Chicago: The University of Chicago Press.

Ashworth, Georgina; **Bonnerjea**, Lucy (Hrsg.) 1985. *The Invisible Decade. UK Women and the UN Decade 1976-1985*. Vermount: Gower Publ. Company.

Asiama, Seth Opuni. 1984. The Land Factor in Housing for Low Income Urban Settlers: The Example of Madina, Ghana. *Third World Planning Review* 6 (2).

Astley, Thomas (Hrsg.) 1745. *A New General Collection of Voyages*. London.

Atkins, John. 1735. *A Voyage to Guinea, Brasil and the West-Indies*. London.

Azu, Diana Gladys. 1974. *The Ga-family and Social Change*. Cambridge: African Studies Centre.

Barampama, Angelo. 1984. Secteur non structuré en Afrique: Cacophonie de la survie et lueurs d'espoir. *Genêve-Afrique* 22 (1).

Barbot, John. 1732. *Description of the Coasts of North and South-Guinea*. London.

Bardouille, Raj. 1980. The Sexual Division of Labor in the Urban Informal Sector: A Case Study of Lusaka. In: Woldring, Klaas; Chibaye, Chibwe (Hrsg.) 1980. *Beyond Political Independence*. New York: Mouton Publishers.

Bascom, William. 1952. The Esusu: A Credit Institution of the Yoruba. *Journal of the Royal Anthropological Institute* 82.

Bataille, Gretchen M.; **Mullen Sands**, Kathleen. 1984. *American Indian Women. Telling Their Lives*. Lincoln: University of Nebraska Press.

Baumann, Hermann. 1928. The Division of Work According To Sex In African Hoe Culture. *Africa* 1 (3).

Bay, Edna G. (Hrsg.) 1982. *Women and Work in Africa*. Boulder, Colorado: Westview Press.

Bediako-Amoa, Betty. 1973. *Studies on Kenkey, a Ghanaian Fermented Cereal Food*. Thesis, University of Leeds.

Beecham, John. 1841. *Ashantee and the Gold Coast*. London.

Beneria, Lourdes; **Sen**, Gita. 1980. Women's Role in Economic Development: Political and Theoretical Implications of Class and Gender Inequalities. In: Swerdlow, Anny; Lessinger, Hanna (Hrsg.) 1983. *Class, Race, and Sex*. New

York.

Beneria, Lourdes (Hrsg.) 1985 (1982). *Women and Development*. New York: Praeger.

Benson, Susan; **Duffield**, Mark. 1979. Women's Work and Economic Change: the Hausa in Sudan and in Nigeria. *IDS Bulletin* 10 (4).

Birmingham, Walter u. a. (Hrsg.) 1966/67. *A Study of Contemporary Ghana*. London: Allen & Unwin. 2 Bde.

Blair, Juliet. 1981. Private Parts in Public Places: The Case of Addresses. In: Ardener, Shirley (Hrsg.) 1981. *Women and Space*.London: Croom Helm.

Blake, John William. 1942. *Europeans in West Africa, 1450-1560*. London. 2 Bde.

Bock, Hieronymus. 1546. *Kreüter Buch*.

Bohannan, Paul. 1954. *Tiv Farm and Settlement*. London: Her Majesty's Stationery Office.

Bohannan, Paul; **Dalton**, G. (Hrsg.) 1962. *Markets in Africa*. Evanston, Ill.: North-Western University Press.

Bohner, Heinrich. 1890. *Im Lande des Fetischs. Ein Lebensbild als Spiegel des Volkslebens*. Basel: Verlag der Missionsbuchhandlung.

Boserup, Esther.1970. *Woman's Role in Economic Development*. New York: St. Martin's Press.

Bosman, Willem. 1705. *A New and Accurate Description of the Coast of Guinea*. London.

Bosman, Willem. 1967 (Nachdruck). *A New and Accurate Description of the Coast of Guinea*.Hrsg. von J.D.Fage und R.E. Bradbury. London.

Boulding, Elise. 1983. Measures of Women's Work in the Third World: Problems and Suggestions. In: Buvinic, Mayra u. a. (Hrsg.) 1983. *Women and Poverty in the Third World*. Baltimore: The Johns Hopkins University Press.

Brackenbury, Henry. 1874. *The Ashanti War. A Narrative in two Volumes*. London. 2 Bde.

Braun, Samuel. 1624. *Schiffahrten*. Basel.

Bromley, Ray; **Gerry**, Chris. 1979. Who are the Casual Poor? In: Bromley, Ray; Gerry, Chris (Hrsg.) 1979. *Casual Work and Poverty in Third World Cities*. New York.

Bromley, Ray. 1985. Small may be beautiful, but it takes more than beauty to ensure success. In: Bromley, Ray (Hrsg.) 1985. *Planning for small enterprises in Third World Cities*. Oxford: Pergamon Press.

Brydon, Lynne. 1976. *Status Ambiguity in Amedzofe-Avatime: Women and Men in a Changing Patrilineal Society*. Ph. D. Thesis, Cambridge.

Brydon, Lynne. 1983. Avatime Women and Men, 1900-80. In: Oppong, Christine (Hrsg.) 1983. *Female and Male in West Africa*. London: Allen & Unwin·

Brydon, Lynne. 1985. The Dimension of Subordination: a Case Study from Avatime, Ghana. In: Afshar, Haleh (Hrsg.) 1985. *Women, Work, and Ideology in the*

Third World. London: Tavistock Publications.

Bujra, Janet. 1978. Proletarianization and the "Informal Economy": A Case Study from Nairobi. *African Urban Studies* 3.

Bukh, Jette. 1979. *The Village Woman in Ghana.* Uppsala: Scandinavian Institute of African Studies.

Burchards, Eckehard. 1983. *Strukturen und Funktionen des informellen Sektors in Ghana.* Hamburg: Institut für Afrika-Kunde.

Buvinic, Mayra u. a. (Hrsg.) 1983. *Women and Poverty in the Third World.* Baltimore: The Johns Hopkins University Press.

Caldwell, John C. 1967. Population change. In: Birmingham, Walter u. a. (Hrsg.) 1966/67. *A Study of Contemporary Ghana.* London: Allen & Unwin. Bd. 2.

Caldwell, John C. 1969. *African Rural-Urban Migration. The Movement to Ghana's Towns.* London.

Campbell-Platt, Kiran. 1978. The Impact of Mechanization on the Employment of Women in Traditional Sectors. In: National Council on Women and Development. 1978. *Proceedings of the Seminar on Ghanaian Women in Development (4th-8th September 1978).* Accra.

Cardinall, A. W. 1931. *The Gold Coast, 1931.* Accra.

Church, Katie. 1978. A Study of Socio-Economic Status and Child-Care Arrangements of Women in Madina. In: National Council on Women and Development. 1978. *Proceedings of the Seminar on Ghanaian Women in Development (4th-8th September 1978).* Accra.

Churchill, Awnsham John. 1732. *Collection of Voyages and Travels.* Buch 1-6. London.

Chuta, Enyinna; **Liedholm**, Carl. 1985. *Employment and Growth in Small-Scale Industry: Empirical Evidence and Policy Assessment from Sierra Leone.* A study prepared for the ILO.

Clark, Gracia C. 1983. *The Position of Asante Women Traders in Kumasi Central Market, Ghana.* Ph. D. Thesis, Cambridge.

Clark, Mari H. 1984. Woman-headed Households and Poverty: Insights from Kenya. *Signs, Special Issue on Women and Poverty*

Cortes, Hernando. 1550. *Von den Newen Hispanien...zwo Historien.* Übersetzt von Sixt. Birck und Andreas Diether, Augsburg.

Crone, C. R. (Hrsg.) 1937. *The Voyages of Cadamosto and other Documents on Western Africa in the Second Half of the Fifteenth Century.* London: Hakluyt Society.

Crooks, J. J. (Hrsg.) 1923. *Records Relating to the Gold Coast Settlements from 1750 to 1874.* Dublin.

Cruickshank, Brodie. 1853. *Eighteen Years on the Gold Coast of Africa.* London. 2 Bde.

Curtin, P. D. 1969. *The Atlantic Slave Trade: A Census.* Madison: University of Wisconsin Press.

Cutrufelli, Maria R. 1983. *Women of Africa: Roots of Oppression.* London: Zed

Press.
van Dantzig, Albert. 1974. Willem Bosman's New and Accurate Description of the Coast of Guinea: How accurate is it? *History in Africa*. Madison. 1.
van Dantzig, Albert. 1975 -1984. English Bosman and Dutch Bosman: a comparison of texts. *History in Africa* 2 (1975) bis 11 (1984).
Dapper, Olfert. 1670. *Umbständliche und eigentliche Beschreibung von Africa*. Amsterdam.
Date-Bah, Eugenia. 1985. Technologies for Rural Women in Ghana: Role of Socio-cultural Factors. In: Iftikhar, Ahmed (Hrsg.) 1985. *Technology and Rural Women*. London: Allen & Unwin.
Davey, P. L. H. 1962. *The National Food and Nutrition Survey*. Accra: Food Research Institute.
Davies, K. G. 1957. *The Royal African Company*. London.
Dei-Tutu, John. 1965. *Some Mechanical Aspects of Kenkey Preparation*. Accra: Food Research Institute.
Demol, Erik; **Nihan**, Georges. 1982. The Modern Informal Sector in Yaoundé. *International Labour Review* 121 (1).
Dex, Shirley. 1985. *The Sexual Division of Work. Conceptual Revolutions in the Social Sciences*. Brighton.
Dickson, K. B. 1969. *A Historical Geography of Ghana*. Cambridge: Cambridge University Press.
Donnan, Elizabeth. 1930 ff. *Documents Illustrative of the History of the Slave Trade to America*. Bd.1: *1441-1700*. Washington D.C. 1930. Bd. 2: *The Eighteenth Century*. Washington D.C. 1931.
Dovlo, Florence E. 1968. *Maize: Its Processing and Preparation for Food in Ghana*. Accra: Food Research Institute.
Dovlo, Florence E. 1970. *Maize in the Ghanaian Diet. Special Report on Local Foods*. Accra: Food Research Institute.
Dumor, Ernest. 1982. Commodity Queens and the Distributive Trade in Ghana: a Sociohistorical Analysis. *African Urban Studies* 12.
Dutta-Roy, D. K.; **Mabey**, S. J. 1968. *Household Budget Survey in Ghana*. Legon: ISSER, Technical Publications Series (2).
Eden, Richarde. 1577. *The History of Travayle in the West and East Indies, and other Countreys lying Eyther Way*. London.
Etienne, Mona. 1980. Women and Men, Cloth and Colonization. In: Etienne, Mona; Leacock, E. (Hrsg.) 1980. *Women and Colonization*. New York.
Evans-Pritchard, E .E. 1965. *The Position of Women in Primitive Societies and other Essays in Social Anthropology*. London: Faber & Faber.
Field, Margaret. 1937. *Religion and Medicine of the Gã People*. London: Oxford University Press.
Field, Margaret. 1940. *Social Organization of the Ga People*. London: Crown Agents.

Field, Margaret. 1960. *Search for Security*. London: Faber & Faber.

Fowler, D. A. 1981. The Informal Sector in Freetown: Opportunities for Self-Employment. In: Sethuraman, S. V. (Hrsg.) 1981. *The Urban Informal Sector in Developing Countries*. Genf: ILO.

Franciscus, Erasmus. 1669. *Guineischer und Americanischer Blumen-Pusch*. Nürnberg.

Franke, Gunther (Hrsg.) 1984. *Nutzpflanzen der Tropen*. Leipzig. 2 Bde.

Fuchs, Leonhardt. 1542. *Newes Kreüter Buch*.

Gerry, Chris; **Birkbeck**, Chris. 1981. The Petty Commodity Producer in Third World Cities: Petit-Bourgeois or 'Disguised' Proletarian. In: Bechhofer, Frank; Elliott, Brian (Hrsg.) 1981. *The Petite Bourgeoisie*. London.

Goodwin, A. J. H. 1939. The origins of certain African food plants. *South African Journal of Science* 36.

Goody, Esther N. 1982. *Parenthood and Social Reproduction: Fostering and Occupational Roles in West Africa*. Cambridge: Cambridge University Press.

Goody, Jack; **Buckley**, Joan. 1973. Inheritance and Women's Labour in Africa. *Africa* 18 (2).

Goody, Jack (Hrsg.) 1975. *Changing Social Structure of Ghana*.London: International African Institute.

Goody, Jack. 1982. *Cooking, Cuisine and Class*. Cambridge: Cambridge University Press.

Gore, Charles. 1978. The terms of trade of food producers as a mechanism of rural differentiation. *IDS Bulletin* 9 (3).

Greenstreet, Miranda. 1972. Social Change and Ghanaian Women. *Canadian Journal of African Studies* 6 (2).

von der Groeben, Otto Friedrich. 1694. *Guineische Reisebeschreibung, nebst einem Anhange der Expedition in Morea*. Marienwerder.

Gugler, Josef; **Flanagan**, William G. 1978. *Urbanization and Social Change in West Africa*. Cambridge: Cambridge University Press.

Guyer, Jane J. 1980. Food, Cocoa and the Division of Labour by Sex in Two West African Societies. *Comparative Studies in Society and History* 22 (3).

Guyer, Jane J. 1981. Household and Community in African Studies. *African Studies Review* 24 (2/3).

Guyer, Jane J. 1984. Naturalism in Models of African Production. *Man* 19 (3).

Hafkin, Nancy J.; **Bay**, Edna G. (Hrsg.) 1976. *Women in Africa*. Stanford: Stanford University Press.

Harlan, Jack Rodney u. a. (Hrsg.) 1976. *Origins of African Plant Domestication*. Den Haag: Mouton.

Harris, Olivia. 1981. Households as Natural Units. In: Young, Kate; Wolkowitz, Carol; McCullagh, Roslyn (Hrsg.) 1984 (1981). *Of Marriage and the Market*. London: Routledge & Kegan Paul.

Hart, Keith J. 1970. Small-scale Entrepreneurs in Ghana and Development Planning. *Journal of Development Studies* 6 (4).

Hart, Keith J. 1973. Informal Income Opportunities and Urban Employment in Ghana. *Journal of Modern African Studies* 11 (1).

Hart, Keith J. 1982. *The Political Economy of West African Agriculture.* Cambridge: Cambridge University Press.

Hart, Keith J. 1985. The Social Anthropology of West Africa. *Annual Review of Anthropology* 14.

Hay, Margaret; **Stichter,** Sharon (Hrsg.) 1984. *African Women South of the Sahara.* London: Longman.

Heyzer, Noeleen. 1981. Towards a Framework of Analysis. *IDS Bulletin* 12 (3).

Heyzer, Noeleen. 1986. *Working Women in South-East Asia. Development, Subordination and Emancipation.* Philadelphia: Open University Press.

Hill, Polly. 1962. (a) *Notes on the Distribution of Certain Ghanaian (and other West African) Foodstuffs with Special Reference of Wholesaling.* Cambridge.

Hill, Polly. 1962. (b) Some Characteristics of Indigenous West African Economic Enterprise. *The Economic Bulletin* (published by the Economic Society of Ghana) 6 (1).

Hinderink, J.; **Sterkenburg,** J. 1978. Income Inequality under Changing Urban Conditions in Tropical Africa. A Case Study of Cape Coast, Ghana. *Tijdschrift voor Economische en Sociale Geografie* 69 (1/2).

Hopkins, Anthony G. 1973. *An Economic History of West Africa.*New York: Columbia University Press.

House, William. 1984. Nairobi's Informal Sector: Dynamic Entrepreneurs or Surplus Labor? *Economic Development and Cultural Change* 32 (2).

Iftikhar, Ahmed (Hrsg.) 1985. *Technology and Rural Women.* London: Allen & Unwin.

Illich, Ivan. 1983. *Genus. Zu einer historischen Kritik der Gleichheit.* Reinbek bei Hamburg: Rowohlt.

International Labour Office. 1972. *Employment, Income and Equality: A Strategy for Increasing Productive Employment in Kenya.* Genf.

Irvine, F. R. 1953 (1934). *A Text Book of West African Agriculture Soils and Crops.* Oxford: Oxford University Press.

Isert, Paul Erdmann. 1790. *Neue Reise nach Guinea und den Caribäischen Inseln in Amerika, in den Jahren 1783 bis 1787 nebst Nachrichten von dem Negerhandel in Afrika.* Berlin und Leipzig.

Jeffreys, M. D. W. 1954. The History of Maize in Africa. *South African Journal of Science* 50 (8).

Jeffreys, M. D. W. 1957. The Origin of the Portuguese Word Zaburro as their Name for Maize. *Bulletin de l´Institut Français d´Afrique Noire* 19 (1-2).

Jelin, Elizabeth. 1982. Women and the Urban Labour Market. In: Anker, Richard; Buvinic, Mayra; Youssef, Nadia H. 1982. *Women's Roles and Population Trends in the Third World.* London.

de Jesus, Carolina Maria. 1983. *Tagebuch der Armut: Das Leben in einer bra-*

silianischen Favela. Bornheim-Merten: Lamuv-Verlag.

Jobson, Richard. 1623. *The Golden Trade or a Discovery of the River Gambra.* London.

Jones, Adam. 1983. Gedruckte Quellen für die Geschichte der Elfenbein- und der Goldküste, 1550 - 1750. In: Voßen, Rainer; Claudi, Ulrike (Hrsg.) 1983. *Sprache, Geschichte und Kultur in Afrika. Vorträge gehalten auf dem III. Afrikanistentag, Köln, 14./15. Oktober 1982.* Hamburg: Helmut Buske Verlag.

Jones, Adam. 1983. *German Sources for West African History 1599 - 1669.* Wiesbaden: Steiner. Studien zur Kulturkunde (66).

Jones, Adam. 1985. *Brandenburg Sources for West African History 1680 - 1700.* Wiesbaden: Steiner. Studien zur Kulturkunde (77).

Jones, Gavin W. 1984. Economic Growth and Changing Female Employment Structure in the Cities of Southeast and East Asia. In: *Women in the urban and industrial workforce, Southeast and East Asia.* Camberra: The Australian National University.

Jones, W. O.1972. *Marketing Staple Food Crops in Tropical Africa.*Ithaca.

Kaplan, Irving u. a.1971. *Area Handbook for Ghana.* London.

Keesing, Roger M. 1985. Kwaio Women Speak: The Micropolitics of Autobiography in a Solomon Island Society. *American Anthropologist* 87 (1).

Kemp, Dennis. 1898. *Nine Years at the Gold Coast.* London: Macmillan.

Kilson, Marion. 1974. *African Urban Kinsmen. The Ga of Central Accra.* London.

Klingshirn, Agnes. 1982. *Frauen und ländliche Entwicklung in Afrika.* Köln: Weltforum Verlag. Forschungsberichte des Bundesministeriums für Wirtschaftliche Zusammenarbeit (32).

Kohl, Karl-Heinz. 1986. *Abwehr und Verlangen. Zur Geschichte der Ethnologie.* Frankfurt: Campus Verlag.

Lamphere, Louise. 1974. Strategies, Cooperation and Conflict Among Women in Domestic Groups. In: Rosaldo, Michelle Z.; Lamphere, Louise (Hrsg.) 1974. *Woman, Culture and Society.* Stanford: Stanford University Press.

Lartey, B. L. 1967. *Evaluation of the Kenkey Production Project.* Accra: Food Research Institute.

Lawson, Rowena. 1966. *Changes in Food Consumption on the Lower Volta, 1954-1965.* Accra: University of Ghana. Studies in Rural Economic Growth (2).

Lawson, Rowena. 1971. The Supply Response of Retail Trading Services to Urban Population Growth in Ghana. In: Meillassoux, Claude (Hrsg.) 1971. *The Development of Indigenous Trade and Markets in West Africa.* London: Oxford University Press.

Leis, Nancy B. 1974. *Ijaw Women's Associations.* In: Rosaldo, Michelle Z.; Lamphere, Louise (Hrsg.) 1974. *Woman, Culture and Society.* Stanford: Stanford University Press.

Lewis, Oskar. 1982 (1961). *Die Kinder von Sanchez: Selbstporträt einer mexikanischen Familie.* Bornheim-Merten: Lamuv-Verlag.

Little, Kenneth. 1973. *African Women in Towns.*Cambridge: Cambridge University Press.

Longhurst, Richard. 1982. Resource Allocation and the Sexual Division of Labor: A Case Study of a Muslim Hausa Village in Northern Nigeria. In: Beneria, Lourdes (Hrsg.) 1985 (1982). *Women and Development*. New York: Praeger.

McCall, Daniel F. 1961. Trade and the Role of Wife in a Modern West African Town. In: Southall, Aidan (Hrsg.) 1965 (1961). *Social Change in Modern Africa*. London: Oxford University Press.

McCall, Daniel F. 1962. The Koforidua Market. In: Bohannan, Paul; Dalton, G. (Hrsg.) 1962. *Markets in Africa*. Evanston, Ill.: North-Western University Press.

MacCormack, Carol; **Strathern**, Marilyn (Hrsg.) 1980. *Nature, Culture and Gender*. Cambridge: Cambridge University Press.

MacCormack, Carol. 1982. Control of Land, Labor, and Capital in Rural Southern Sierra Leone. In: Bay, Edna G. (Hrsg.) 1982. *Women and Work in Africa*. Colorado: Westview Press.

Mac Ewen Scott, Alison. 1979. Who are the Self-Employed? In: Bromley, Ray; Gerry, Chris (Hrsg.) 1979. *Casual Work and Poverty in Third World Cities*. New York.

MacGaffey, Janet. 1983. How To Survive And Become Rich Amidst Devastation: The Second Economy in Zaire. *African Affairs* 82 (326).

de Marees, Pieter. 1603. *Warhaftige historische Beschreibung des gewaltigen goltreichen Königreichs Guinea*. Hrsg. von De Bry, Johann T. und Johann I. Frankfurt am Main.

de Marees, Pieter. 1987. *Description and Historical Account of the Gold Kingdom of Guinea (1602)*. Translated from the Dutch and edited by Albert van Dantzig and Adam Jones. London: Oxford University Press.

Mazumdar, Dipak.1976. The Urban Informal Sector.*World Development* 4 (8).

Meillassoux, Claude (Hrsg.) 1971. *The Development of Indigenous Trade and Markets in West Africa*. London: Oxford University Press.

Meillassoux, Claude. 1976. *Die wilden Früchte der Frau. Über häusliche Produktion und kapitalistische Wirtschaft*. Frankfurt: Syndikat.

Michaelis, S. 1984. Mais, Heimat und Verbreitung. In: Franke, Gunther (Hrsg.) 1984. *Nutzpflanzen der Tropen*. Leipzig. Bd.2.

Mies, Maria. 1982. *The Dynamics of the Sexual Division of Labor and Integration of Rural Women into the World Market*. In: Beneria, Lourdes (Hrsg.) 1985 (1982). *Women and Development*. New York: Praeger.

Mikell, Gwendolyn. 1984. Filiation, Economic Crisis and the Status of Women in Rural Ghana. *Canadian Journal of African Studies* January 84.

Mintz, Sidney W. 1971. Men, Women and Trade. *Comparative Studies in Society and History* 13.

Miracle, Marvin P. 1965. The Introduction and Spread of Maize in Africa. *Journal of African History* 6 (1).

Miracle, Marvin P. 1966. *Maize in Tropical Africa*. London: The University of

Wisconsin Press.

Miracle, Marvin P. 1980. Informal Savings Mobilization in Africa. *Economic Development and Cultural Change* 28 (4).

Monrad, H. C. 1822. *Contribution to a Portrayal of the Guinea Coast and its Inhabitants, and to a Description of the Danish Colonies on this Coast, collected during my Stay in Africa in the Years 1805 to 1809.* Kopenhagen.

Moser, Caroline O. N. 1978. Informal Sector or Petty Commodity Production: Dualism or Dependence in Urban Development? *World Development* 6 (9/10).

Moser, Caroline O. N. 1981. Surviving in the Suburbios. *IDS Bulletin* 12 (3).

Da Mota, A. Teixeira; **Carreira**, António. 1966. Milho Zaburro and Milho Maçaroca in Guinea and in the Islands of Cabo Verde. *Africa* 36.

Mueller, Eva. 1983. Measuring Women's Poverty in Developing Countries. In: Buvinic, Mayra u. a. (Hrsg.) 1983. *Women and Poverty in the Third World.* Baltimore: The Johns Hopkins University Press.

Müller, Wilhelm. 1673. *Die Africanische / Auff der Guineischen Gold-Cust gelegene Landschaft Fetu.* Hamburg.

Nadel, Siegfried Frederick. 1942. *A Black Byzantium.* London.

Nadig, Maya. 1986. *Die verborgene Kultur der Frau. Ethnopsychoanalytische Gespräche mit Bäuerinnen in Mexiko.*Frankfurt: Fischer Taschenbuch Verlag.

National Council on Women and Development. 1978. *Proceedings of the Seminar on Ghanaian Women in Development (4th-8th September 1978)* Accra.

Nelson, Nici. 1979. How Women and Men get by: The Sexual Division of Labour in the Informal Sector of a Nairobi Squatter Settlement. In: Bromley, Ray; Gerry, Chris (Hrsg.) 1979. *Casual Work and Poverty in Third World Cities.* New York.

Nyanteng, V. K. 1972. *The Storage of Foodstuffs in Ghana.* Legon: ISSER. Technical Publications Series (18).

Nypan, Astrid. 1960. *Market Trade: A Sample Survey of Market Traders in Accra.* Accra: University College of Ghana. African Business Series (2).

Oettinger, Johann, Peter. 1886. *Unter kurbrandenburgischer Flagge...*Nach dem Tagebuch des Chirurgen J.P. Oettinger, unter Mitwirkung des...Vize-Admirals ...von Henk, herausgegeben von...Paul Oettinger. Berlin.

Oppong, Christine. 1974. *Marriage Among a Matrilineal Elite.* Cambridge: Cambridge University Press.

Oppong, Christine (Hrsg.) 1983. *Female and Male in West Africa.* London: Allen & Unwin.

Ortner, Sherry B. 1974. Is Female to Male as Nature is to Culture? In: Rosaldo, Michelle Z.; Lamphere, Louise (Hrsg.) 1974. *Woman, Culture and Society.* Stanford: Stanford University Press.

Oyeneye, Olatunji Y. 1984. The Contribution of the Informal Sector to Industrial Skill Training in Nigeria. *Genêve-Afrique* 22 (1).

Paulme, Denise (Hrsg.) 1971 (1960). *Women of Tropical Africa.* Berkeley: University of California Press.

Peil, Margaret. 1975. Female Roles in West African Towns. In: Goody, Jack

(Hrsg.) 1975. *Changing Social Structure of Ghana.*London: International African Institute.

Pellow, Deborah. 1977. *Women in Accra. Options for Autonomy.* Algonac, Michigan: Reference Publications.

Poleman, Thomas. 1961. *The Food Economies of Urban Middle Africa: The Case of Ghana.* A Publication of the Food Research Institute, Stanford University. Reprinted from *Food Research Institute Studies* 2 (2).

Prescott, William H. 1902. *History of the Reign of Ferdinand and Isabella the Catholic.* Edited by John Foster Kirk. London. Bd.2.

Purchas, Samuel. 1624. *Pilgrimes.* London.

Purseglove, J. W. 1976. The Origins and Migrations of Crops in Tropical Africa. In: Harlan, Jack Rodney u. a. (Hrsg.) 1976. *Origins of African Plant Domestication.* Den Haag: Mouton.

Ravenstein, E. G. (Hrsg.) 1898. *A Journal of the First Voyage of Vasco da Gama 1497 - 1499.* Translated and Edited with Notes, an Introduction and Appendices. London.

Rein-Wuhrmann, Anna. 1925. *Mein Bamunvolk im Grasland von Kamerun.* Stuttgart.

Reiter, Rayna (Hrsg.) 1975. *Toward an Anthropology of Women.* London: Monthly Review Press.

Remy, Dorothy. 1975. Underdevelopment and the Experience of Women: A Nigerian Case Study. In: Reiter, Rayna (Hrsg.) 1975. *Toward an Anthropology of Women.* London: Monthly Review Press.

Report of the Commission of Enquiry into Trade Malpractices in Ghana. Accra. August 1965.

Reusse, Eberhard; **Lawson**, Rowena. 1969. The Effect of Economic Development on Metropolitan Food Marketing: a Case Study of Food Retail Trade in Accra. *East African Journal of Rural Development* 2 (1).

Riesman, Paul. 1977. *Freedom in Fulani Social Life: An Introspective Ethnography.* Chicago: University of Chicago Press.

Roberts, Pepe. 1979. The Integration of Women into the Development Process. Some Conceptual Problems. *IDS Bulletin* 10 (3).

Robertson, Claire. 1974. Economic Woman in Africa: Profit-Making Techniques of Accra Market Women. *Journal of Modern African Studies* 12 (4).

Robertson, Claire. 1976. Socioeconomic Change in Accra: Ga Women. In: Hafkin, Nancy J.; Bay, Edna G. (Hrsg.) 1976. *Women in Africa.* Stanford: Stanford University Press.

Robertson, Claire. 1984. *Sharing the Same Bowl. A Socioeconomic History of Women and Class in Accra, Ghana.* Bloomington: Indiana University Press.

Rosaldo, Michelle Z.; **Lamphere**, Louise (Hrsg.) 1974. *Woman, Culture and Society.* Stanford: Stanford University Press.

Rosaldo, Michelle Z. 1980. The Use and Abuse of Anthropology: Reflections on

Feminism and Cross-Cultural Understanding. *Signs* 5 (3).

Rott, Renate.1986. Frauen im Entwicklungsprozeß. In: Schwefel, Detlef (Hrsg.) 1986. *Soziale Wirkungen von Projekten in der Dritten Welt.* Berlin: Nomos Verlag. Schriftenreihe der Deutschen Stiftung für Internationale Entwicklung.

Sai, Florence. 1978. Women Traders. In: National Council on Women and Development. 1978. *Proceedings of the Seminar on Ghanaian Women in Development (4th-8th September 1978)* Accra.

Sandbrook, Richard; **Arn**, J. 1977. *The Labouring Poor and Urban Class Formation: The Case of Greater Accra.* Montreal: Mc Gill University, Centre for Developing Area Studies. Occasional Monograph Series (12).

Sandbrook, Richard. 1982. *The Politics of Basic Needs. Urban Aspects of Assaulting Poverty in Africa.* London: Heinemann.

Sanjek, Roger; **Sanjek**, Lani Morioka. 1976. Notes on Women and Work in Adabraka. *African Urban Notes* 2 (2).

Sauer, Carl Ortwin. 1966. *The Early Spanish Main.*Berkeley: University of California Press.

Sauer, Carl Ortwin. 1969 (1952). *Agricultural Origins and Dispersals. The Domestication of Animals and Foodstuffs.*Cambridge, Mass.: MIT Press.

Schwabe, Johann Joachim. 1748. *Allgemeine Historie der Reisen zu Wasser und Lande, ... Durch eine Gesellschaft gelehrter Männer im Englischen zusammengetragen, und aus demselben ins Deutsche übersetzt.*

Sethuraman, S. V. 1976. The Urban Informal Sector: Concept, Measurement and Policy. *International Labour Review* 114 (1).

Sethuraman, S. V. (Hrsg.) 1981. *The Urban Informal Sector in Developing Countries.* Genf: ILO.

Shephard, C. Y. 1936. *Report on the Economics of Peasant Agriculture in the Gold Coast.* Ordered by his Excellency the Governor to be printed. Gold Coast.

Signs. 1981. 7 (2).Special Issue: Development and the Sexual Division of Labor.

Simms, Ruth; **Dumor**, Ernest. 1976/77. Women in the Urban Economy of Ghana: Associational Activity and the Enclave Economy. *African Urban Notes.* 2 (3).

Simon, Carl P.; **Witte**, Ann D. 1982. *Beating the System. The Underground Economy.* Boston.

Smith, M. F. 1963. *Baba of Karo: A Woman of the Moslem Hausa.* New York: Praeger.

Smithies, Edward. 1984. *The Black Economy in England since 1914.* Dublin.

Southall, Aidan (Hrsg.) 1965 (1961). *Social Change in Modern Africa.* London: Oxford University Press.

Spieth, J. 1906. *Die Ewestämme.* Berlin.

Steckle, I. 1972. *Effects of Industrialization on Food Consumption Patterns. A Study in two Ewe Villages.* Legon: ISSER. Technical Publication Series (20).

Steel, William F. 1977. *Small-Scale Employment and Production in Developing Countries, Evidence from Ghana.* New York: Praeger.

Steel, William F. 1981. Female and Small-Scale Employment under Modernization in Ghana. *Economic Development and Cultural Change* 30.

Strobel, Margaret. 1982. African Women. *Signs* 8 (1).

Sudarkasa, Niara. 1973. *Where Women Work. A Study of Yoruba Women in the Marketplace and in the Home.* Ann Arbor: University of Michigan Press.

Sudarkasa, Niara. 1975. Commercial Migration in West Africa, with Special Reference to the Yoruba in Ghana. *African Urban Notes* (Ser. B.) 1.

Sudarkasa, Niara. 1977. Women and Migration in Contemporary West Africa. In: The Wellesley Editorial Committee (Hrsg.) 1977. *Women and National Development. The Complexities of Change.* Chicago: The University of Chicago Press.

Swantz, Marja Liisa. 1985. *Women in Development: A Creative Role Denied? The Case of Tanzania.* London: Hurst.

Tetteh, P. Austin. 1966. Marriage, Family and Household. In: Birmingham, Walter u. a. (Hrsg.) 1966/67. *A Study of Contemporary Ghana.* London: Allen & Unwin.

Tiffany, Sharon W. 1978. Models and the Social Anthropology of Women, A Preliminary Assessment. *Man* 13 (1).

Tinker, Irene. 1981. New Technologies for Food-Related Activities: An Equity Strategy. In: Dauber, Rosalyn u. Cain, Melinda (Hrsg.) 1981. *Women and Technological Change in Developing Countries.* Boulder Colorado: Westview Press.

Ulsheimer, Andreas Josua. 1971 (1616). *Warhaffte Beschreibung ettlicher Reisen in Europa, Africa, Asien und America 1596-1610.* Hrsg. von Sabine Werg. Tübingen.

Verdier, Yvonne.1982. *Drei Frauen. Das Leben auf dem Dorf.* Stuttgart: Klett-Cotta.

Ward, W.E.F. 1949. *A History of the Gold Coast.* London.

Weeks, J. 1975. Policies for Expanding Urban Employment in the Informal sector of Developing Countries. *International Labour Review* 111 (1).

The **Wellesley Editorial Committee** (Hrsg.) 1977. *Women and National Development. The Complexities of Change.* Chicago: The University of Chicago Press.

Westwood, Sallie. 1978. *Class Formation in Urban Ghana: a Study of the Ga of James Town, Accra.* Ph. D. Thesis, Cambridge.

Whitehead, Ann. 1985. Effects of Technological Change on Rural Women: A Review of Analysis and Concepts. In: Iftikhar, Ahmed (Hrsg.) 1985. *Technology and Rural Women.* London: Allen & Unwin.

Willett, Frank. 1962. The Introduction of Maize into West Africa: An Assessment of Recent Evidence. *Africa* 32 (1).

Winsnes, Selena. 1987. Voices from the Past: Remark on the Translation and Editing of Published Danish Sources for West African History during the Eighteenth and Nineteenth Centuries. *History in Africa* 14. Madison.

Wipper, Audrey. 1984. Women's Voluntary Associations. In: Hay, Margaret;

Stichter, Sharon (Hrsg.) 1984. *African Women South of the Sahara.* London: Longman.

Women's Studies International Forum. Special Issue. 1985. *The UN Decade for Women. An International Evaluation.* Oxford: Pergamon Press.

Young, Kate; **Wolkowitz**, Carol; **McCullagh**, Roslyn (Hrsg.) 1984 (1981). *Of Marriage and the Market.* London: Routledge & Kegan Paul.

Summary

In the course of the last decades maize has become the main staple in southern Ghana. Maize is being transformed into various dishes but mainly into Kenkey: balls of fermented and boiled maizeflour wrapped in maize- or plantain-leaves. Kenkey is the bread of southern Ghana and has a symbolic value similar to "our daily bread" in Europe. Its price is one of the landmarks of the cost of living. Women own 80 to 90 % of all market stands in Accra. Producing and selling Kenkey is a pure domain of women.

'The author has lived and worked in Ghana from 1982 to 1988. In chapter 1 she discusses the state of social-anthropological research on women in Africa south of the Sahara. She defines her own approach as empirical analysis of women's daily life as defined by Denise Paulme in the 1960ies.

When, how and why maize came to the Gold Coast and how and why Kenkey became the staple dish in this region is subject of chapter 2. How women produce and sell kenkey today, how they live and work, how they think, how they plan and organize their lives and their work is the subject of chapters 3 to 5. Each of these chapters follows its own approach: chapter 3 is based on interviews in 46 kenkey-kitchens in Labadi (conducted in 1986), chapter 4 records the author's experience in working with a group of kenkeywomen from Madina (near Accra) from 1983 to the end of 1987, chapter 5 contains two biographies of kenkeywomen.

The research into the social world of the kenkeyball casts doubt on some fundamental assumptions on *women and development*. Kenkey women as a rule do not struggle for sheer survival, they have not migrated as unskilled labourers into the urban industries. We are not dealing with the transitionary phenomena of migration. To produce and to sell kenkey is, in most cases, a life long profession. Kenkeywomen have not, in the course of deprivation, taken over tasks which do not fit into their traditional gender-roles and their work is not *invisible* at all.

The author concentrates on the social and economic strategies, which women develop to survive and to adapt themselves in their attempt to cope with their changing social obligations. The assumption that in the course of the 20th century women's capacity to meet their social obligations has diminished, proves wrong in the case of the kenkeywomen. On the contrary: women assume more and more social responsibilities, which formerly belonged to the sphere of men, the kenkeywomen's relative economic independence has given impetus to this process. We are not so much witnessing a *feminisation of poverty* but rather a *feminisation of social obligations*.

Esther Boserup pointed out that the female agrarian production systems of Africa developed a particular form of adapation to the colonial capitalistic system. They functioned under all circumstances and supplied the modern sector with a cheap male labour force. Men could be paid less than the cost of maintaining a familiy, bringing up children, keeping them in health, etc. According to Meillassoux, capitalism at the periphery lived on the female subsistence economy.

The author characterizes the production of kenkey as a monetarized form of subsistence work. Although Kenkeywomen calculate in monetary units only, the real aim of kenkey production is, what at first appears to be but a useful side-effect: to feed the members of the family out of the commercial cooking pot.

Sudarkasa has emphasised how wrong it is to speak of petty trading women as *owning* their business, they rather *are* their business. Sanjeks speek of the so called *capital* of petty traders as the *functional equivalent* to the hoe of the agricultural labourer. The author sees the cooking pot of the kenkeywoman as their functional equivalent to the hoe of the subsistence farmer.

What Boserup, Meillassoux and Guyer say about female subsistence labour in the agrarian economy as the grazing ground for the modern sector is valid in the same way for the monetarized subsistence labour of the urban kenkeywomen. They do not only feed their children and children's children but a whole population at rural prices.

Angaben über die Autorin

Barbara Rocksloh-Papendieck. Nach Lehre als technische Zeichnerin auf dem zweiten Bildungsweg und als Stipendiatin der Friedrich-Ebert-Stiftung Studium der Soziologie an der Freien Universität Berlin ab 1970. Diplom-Soziologin im Sommer 1975. Promotion zur Dr. phil. im Januar 1988 mit der vorliegenden Dissertation.

Von 1976 bis 1978 freiberuflich in der Planung der Stadterneuerung im Auftrag des Berliner Senats, von 1978 bis 1982 in der Stadtplanung und angewandten Stadtforschung in Berlin tätig. Aufenthalt in Ghana als Ehefrau des DED-Beauftragten von September 1982 bis Juni 1988. Zusammenarbeit mit einer Genossenschaft von Kenkeyfrauen in Madina seit 1983, Feldforschung zwischen 1983 und 1987.

ARBEITEN AUS DEM
INSTITUT FÜR AFRIKA-KUNDE
52

Gabriele Zdunnek
Marktfrauen in Nigeria
Ökonomie und Politik im Leben der
Yoruba-Händlerinnen
V, 152 S., 5 Abb.

In Nigeria wird - ebenso wie in weiten Teilen
Westafrikas - fast der gesamte Binnenhandel und
ein Teil des Außenhandels von Frauen betrieben. In
der vorliegenden Arbeit wird am Beispiel des
Südwestens (überwiegend Yorubabevölkerung) untersucht, welchen Strukturveränderungen der Handel
während der Kolonialzeit unterworfen war und wie
sich die Kolonialpolitik auf die Händlerinnen
auswirkte. Vor diesem Hintergrund wird der Handel
als Erwerbsbereich für Frauen im heutigen Nigeria
dargestellt und dabei werden die Aktivitäten und
Funktionen von Händlerinnen-Organisationen besonders berücksichtigt.

INSTITUT FÜR AFRIKA-KUNDE

im Verbund der Stiftung Deutsches Übersee-Institut
Neuer Jungfernstieg 21, 2000 Hamburg 36

AFRIKA SPECTRUM

ist eine wissenschaftliche Zeitschrift für moderne Afrikaforschung. Die Beiträge sind schwerpunktmäßig auf verschiedene, anwendungsorientierte Problematiken ausgerichtet. Die Hefte enthalten außerdem Kurzbeiträge, Rezensionen und den juristischen Dokumentationsteil „Aus afrikanischen Gesetzblättern'', für den die Gesetzblätter von rd. 50 afrikanischen Ländern und Organisationen ausgewertet werden.
Afrika Spectrum wendet sich an alle Vertreter von Wissenschaft und Praxis mit afrikabezogenen Interessen.

Themen bzw. Schwerpunktbereiche:

Heft 81/1   Algerien: Industrie — Landwirtschaft — Öl und Gas — Planification — Sozialpolitik — Technologiepolitik — Hochschulen und Forschung

Heft 81/2   Beziehungen OAU-Arabische Liga — Tanzania: Wahlen 1980 — Somalia: Wirtschaft — Zaire: Verschuldung — National Party of Nigeria — Benin: Entwicklungsweg

Heft 81/3   SADCC — Zimbabwe: Wirtschaftspolitik/Verkehrskooperation — Mosambik: Dienstleistungsökonomie — Malawi/Lesotho: Entwicklungsweg

Heft 82/1   Islam im heutigen Afrika — Koranschulen und Erziehung in Nordnigeria — Mauretanien: Pol. Entwicklung — Liberia: Seeschiffahrt — Nigeria: Indigenisierung

Heft 82/2   Marokko: Innenpolitik, EG-Assoziierung — Nigeria: Prioritäten sozialwiss. Forschung — Außenpolitik und Erdöl

Heft 82/3   VR Kongo: Ernährungspolitik — Mauritius: Ferntourismus — Liberia: Innenpolitik — Reg. wirtsch. Zusammenarbeit — EG-ECOWAS — Afro-arabische Zusammenarbeit

Heft 83/1   Afrika: Ländliche Produktionssysteme — Traditionelle Erziehungsmuster — Zaire: Stabilität — Lesotho: Industrie — Elfenbeinküste: Entwicklungsplan

Heft 83/2   Äthiopien: Agrarreform — Ghana: Wirtschaft — Stadtentwicklung: Lusaka — Nordkamerun: Islam — Afrika, Ghana-Togo: Grenzen

Heft 83/3   Senegal: Wahlen — Elfenbeinküste: Entwicklungsweg — Südafrika: Kirchen + Staat — Zimbabwe: Bildungssystem — Pastoral-nomadischer Sektor

Heft 84/1   Südliches Afrika: Zollunion (SACU), SADCC v. RSA — Zambia: Kupferökonomie — Algerien: Eisenbahn

Heft 84/2   Afrika: Grundbedürfnisse — Äthiopien: Entwicklungsplanung — Somalia: Nomadismus — Sierra Leone: Holzkohle

Heft 84/3   Ökologie und Sozialstruktur im Sahel — Zaire: Ernährung — Botswana: Rindfleischprod. — Nigeria: Experten/Bauern — Japan: Rohstoffe in Afrika — Afrika: Militär

Heft 85/1   OAU — Südafrika: Gewerkschaften — Schwarzafrika: Agrarpolitik und Ernährung — Mosambik: Bildung und Gesellschaft — Nordnigeria: Grundbesitzverhältnisse

Heft 85/2   Afrika: USA/UdSSR/China — Ök. + wiss.-techn. Zusammenarbeit RGW-Afrika — UdSSR-Nigeria — Nigeria: Parteipolitik 1979 — 1983

Heft 85/3   Franc Zone in Afrika — USA: Südafrikapolitik — Zentralkamerun: Inform. Gewerbe — Nigeria: Parteipolitik — Sudan: Frauen und Bewässerungswirtschaft

Heft 86/1   Nigeria: Außenwirtschaft, Agro-Business — Zimbabwe: Schule und ländliche Entwicklung — Mauritius: Gewerkschaften

Heft 86/2   Nigeria: Außenwirtschaft, Primarschulen — Swasiland: Außenpolitik — Botswana: Wahlen 1984 — UDEAC — Somalia: Wirtschaftspolitik

Heft 86/3   Afrika: Grundbedürfnisse — Westsahara-Konflikt — Kongo: Ländliche Entwicklung — Afro-arabische Beziehungen — Mosambik: Wirtschaft — Nigeria: Außenpolitik

Heft 87/1   Afrika: Agroindustrie, AIDS, Krise u. Entwicklungspolitik — Tanzania: IWF-Abkommen — Sudan: Rolle der Frau

Heft 87/2   Madagaskar: Reismarkt — Äquatorialguinea: Schwierige Rehabilitation — Burkina Faso: Thomas Sankara — Nigeria: Nachrichtendienste — Niger: Legitimität und Souveränität

Heft 87/3   Horn von Afrika: Ogadenkrieg — Ghana: Polit. Kosten der Strukturanpassung — Nigeria: Gesundheitsdienste; Außenpolitik

Jahresabonnement (3 Hefte) DM 65,— zuzüglich Versandkosten (ab 88/1: DM 70,—)
Einzelheft: DM 23,— (ab 88/1: DM 25,—)
Bezugsquelle:

INSTITUT FÜR AFRIKA-KUNDE
Neuer Jungfernstieg 21, 2000 Hamburg 36

HAMBURGER BEITRÄGE ZUR AFRIKA-KUNDE

Die Hamburger Beiträge zur Afrika-Kunde werden vom Institut für Afrika-Kunde, Hamburg, herausgegeben. In Monographien werden hier praxisnahe Studien vorgelegt, die in loser Folge erscheinen und von den ständigen und freien Mitarbeitern des Instituts angefertigt worden sind.

Zu beziehen durch:

INSTITUT FÜR AFRIKA-KUNDE
Neuer Jungfernstieg 21
D—2000 Hamburg 36